# ATIVIDADE FÍSICA, NUTRIÇÃO E SAÚDE

## POLÍTICAS PÚBLICAS DE PREVENÇÃO E CONTROLE DE OBESIDADE EM ADOLESCENTE

MARCELO BARROS DE VASCONCELLOS

PACO EDITORIAL

**Conselho Editorial**

Profa. Dra. Andrea Domingues
Prof. Dr. Antônio Carlos Giuliani
Prof. Dr. Antonio Cesar Galhardi
Profa. Dra. Benedita Cássia Sant'anna
Prof. Dr. Carlos Bauer
Profa. Dra. Cristianne Famer Rocha
Prof. Dr. Eraldo Leme Batista
Prof. Dr. Fábio Régio Bento
Prof. Dr. José Ricardo Caetano Costa

Prof. Dr. Luiz Fernando Gomes
Profa. Dra. Magali Rosa de Sant'Anna
Prof. Dr. Marco Morel
Profa. Dra. Milena Fernandes Oliveira
Prof. Dr. Ricardo André Ferreira Martins
Prof. Dr. Romualdo Dias
Prof. Dr. Sérgio Nunes de Jesus
Profa. Dra. Thelma Lessa
Prof. Dr. Victor Hugo Veppo Burgardt

©2017 Marcelo Barros de Vasconcellos
Direitos desta edição adquiridos pela Paco Editorial. Nenhuma parte desta obra pode ser apropriada e estocada em sistema de banco de dados ou processo similar, em qualquer forma ou meio, seja eletrônico, de fotocópia, gravação, etc., sem a permissão da editora e/ou autor.

V331

Vasconcellos, Marcelo Barros de.
Atividade Física, Nutrição e Saúde: Políticas Públicas de Prevenção e Controle de Obesidade em Adolescente/Marcelo Barros de Vasconcellos -- 1. ed. -- Jundiaí, SP : Paco, 2017.
284 p.

Inclui bibliografia
ISBN: 978-85-462-0844-9

1.Ciências da Saúde. 2.Saúde Coletiva. 3.Saúde Publica. I. Vasconcellos, Marcelo Barros de .

CDD: 796.027

IMPRESSO NO BRASIL
PRINTED IN BRAZIL
Foi feito Depósito Legal

**PACO EDITORIAL**

Av. Carlos Salles Block, 658
Ed. Altos do Anhangabaú, 2º Andar, Sala 21
Anhangabaú - Jundiaí-SP – 13208-100
11 4521-6315 | 2449-0740
contato@editorialpaco.com.br

À minha esposa, Fátima, fonte de estímulo para uma vida de compromisso com Deus, com a família e com o trabalho. Mulher que compartilhou lutas e vitórias em prol deste sonho. A ela, meu carinhoso agradecimento.

Aos meus pais, pelo amor e educação que me deram e por me mostrarem em qual caminho deveria seguir, perseguir e progredir.

Aos filhos que tanto amo, Giovana e Miguel. Que vocês tenham sempre saúde, boa alimentação e sejam praticantes de atividade física.

# AGRADECIMENTOS

Ao Senhor Deus, por me segurar na mão em cada dificuldade e ser o maior ajudador neste processo de construção da obra. Em cada etapa difícil Sua voz ecoou na minha mente: "não pare, Deus está no controle".

Ao Professor Doutor Luiz dos Anjos, chefe do laboratório de pesquisa em Nutrição e Atividade Física da UFF, que me acolheu para pesquisar os adolescentes, profissional que ama a pesquisa, um nobre estimulador a conhecer mais e mais daquilo a que se propõe a pesquisar. Grande servidor público. Que Deus continue te usando na arte de ensinar.

Aos diretores das escolas de Niterói que prontamente atenderam ao pedido da Fundação Municipal para responderem à minha pesquisa.

Ao Professor Doutor Leandro Nogueira Salgado Filho, pelos conselhos, orientações e apontamentos feitos na banca de defesa do mestrado sobre o papel da política no combate a obesidade. Suas palavras serviram de estímulo para pesquisar essa área.

Aos pastores João e Gloria, pelo constante incentivo aos estudos. Grato pelas orações.

Ao professor de Educação Física e advogado, Roberto Corrêa, por conceder a entrevista e esclarecer dúvidas sobre a legislação vigente no país. Amigão! Obrigado!

Ao professor Sidnei Jorge Fonseca Junior que me estimulou a fazer doutorado em Nutrição na UFRJ.

Ao professor Fernando Correa, profissional que me fez repensar a prática e inserção do professor de Educação Física. Grato pelos ensinamentos.

Que Deus recompense a todos vocês por tudo.

Prevenir a obesidade é mais barato e
eficiente do que o seu tratamento
(Sociedade Brasileira de Pediatria, 2008)

Obesidade se combate com atividade.
(Conselho Federal de Educação Física –
Confef, 2013)

# SUMÁRIO

## APRESENTAÇÃO     13

## PREFÁCIO     15

## INTRODUÇÃO     19

## CAPÍTULO 1     29
HISTÓRIA DAS POLÍTICAS DE SAÚDE

1. PLANO INTERNACIONAL     29
2. PLANO NACIONAL     32
    2.1 Século XIX     *32*
    2.2 Século XX     *35*
    2.3 Século XXI     *62*
3. PLANO MUNICIPAL: NITERÓI     77

## CAPÍTULO 2     83
OBESIDADE, UM PROBLEMA DE SAÚDE PÚBLICA

1. OBESIDADE: CONCEITOS     84
2. TRANSIÇÃO EPIDEMIOLÓGICA, OBESIDADE COMO DCNT     88
    *2.1 Transição epidemiológica no Brasil*     *92*
    *2.2 Transição epidemiológica nos adolescentes*     *94*
3. PROBLEMAS ASSOCIADOS À OBESIDADE     99
    *3.1 Custos da obesidade*     *101*
4. CAUSAS DA OBESIDADE EXÓGENA     104

| | |
|---|---|
| 4.1 (Des)equilíbrio energético | 107 |
| 4.1.1 Balanço energético positivo | 111 |
| 4.1.2 Balanço energético negativo | 112 |
| 4.1.3 Equilíbrio energético | 114 |
| 4.2 Comportamento alimentar dos adolescentes | 118 |
| 4.3 Atividade física e adolescente | 124 |

## CAPÍTULO 3 — 137
### O CONTEXTO DAS POLÍTICAS PÚBLICAS PARA OBESIDADE

| | |
|---|---|
| **1. CONCEITUAÇÕES NA ÁREA DA POLÍTICA** | **137** |
| 1.1 Público e Privado | 138 |
| 1.2 Estado | 139 |
| 1.3 Política e políticas públicas | 140 |
| **2. PREVENÇÃO E PROMOÇÃO DA SAÚDE** | **147** |
| 2.1 Prevenção | 148 |
| 2.2 Promoção | 153 |
| 2.2.1 Promoção da saúde com uso de pirâmide | 165 |
| **3. COMBATE À OBESIDADE EXÓGENA** | **170** |
| **4. ESCOLA** | **174** |
| 4.1 Educação e participação política | 174 |
| 4.2 Espaço para construção de estilo de vida saudável | 182 |

## CAPÍTULO 4 — 189
### PESQUISA DE CAMPO: A QUESTÃO DA OBESIDADE NA PERCEPÇÃO DOS DIRETORES ESCOLARES DE NITERÓI

| | |
|---|---|
| **1. A PESQUISA** | **189** |
| **2. PROCESSO AMOSTRAL** | **190** |
| **3. PROCEDIMENTOS METODOLÓGICOS** | **192** |
| **4. DISCUSSÃO DOS RESULTADOS** | **202** |
| 4.1 Fator diretor | 203 |
| 4.2 Fator escola pública | 205 |

4.3 Fator pais 216
4.4 Fator programas do governo 218
4.5 Fator nutricionista 223
4.6 Fator professor de Educação Física 227
4.7 Fator amigos 231
4.8 Fator espaço público esportivo 232
4.9 Fator médico 235
4.10 Fator propaganda 237
4.11 Fator avanços tecnológicos 241
4.12 Fator segurança pública 243
4.13 Fator psicossocial 244

# CONSIDERACÕES FINAIS 249

# REFERÊNCIAS 257

# APRESENTAÇÃO

A obesidade tem afetado a população mundial. A perspectiva nutricional é importante para prevenirmos e combatermos a obesidade por causas exógenas. Porém, esse fenômeno é multifatorial.

Esta obra presta um serviço de utilidade pública reiterando a importância do profissional de Educação Física e da Educação Física escolar no processo de prevenção e de combate à obesidade exógena na adolescência. Sobretudo, alerta para a importância da inserção do profissional de Educação Física como agente privilegiado nas arenas de discussão e de decisão sobre políticas públicas para a área de Saúde.

Através de um levantamento meticuloso das publicações dos Ministérios da Saúde, da Educação e do Esporte e de uma pesquisa de campo na Cidade de Niterói, o autor estabelece um discurso sobre a participação do professor de Educação Física na proposição das políticas públicas para a prevenção e combate à obesidade exógena em adolescente. Para além da implementação desses projetos nas escolas e fora delas, os profissionais de Educação Física precisam atuar nos estágios decisórios das políticas públicas.

Com sua inserção nas áreas da Educação Física e da Nutrição, Marcelo Barros de Vasconcellos apresenta neste livro uma análise que permite ao leitor compreender a magnitude do problema relativo à obesidade em adolescentes e da interação necessária entre as áreas da Saúde na sua prevenção e combate.

Dr. Fernando Correa Macedo<br>
Doutor em Educação em Educação pela Universidade do Estado do Rio de Janeiro (UERJ)<br>
Docente da UERJ e do Centro Universitário Celso Lisboa

# PREFÁCIO

Século XXI iniciou apresentando o Brasil, para sua sociedade e mundo em geral, como país com elevadas perspectivas de desenvolvimento. Mas, chegando-se ao fim da segunda década, observa-se um período de grandes e profundas transformações culturais, econômicas e políticas que têm afetado diretamente os brasileiros.

Nesta obra, o estudioso, pesquisador e professor Marcelo Barros de Vasconcellos nos brinda com uma reflexão sobre a saúde dos brasileiros por meio da transversalidade entre políticas públicas de educação, esporte e saúde. Ao longo da obra, a partir de estudo cronológico que se inicia no século XIX, é possível verificar como os três segmentos se desenvolveram e afetaram o modo de vida da sociedade como um todo.

No passado, o cuidado com o corpo era uma orientação e diretriz política para prevenir a saúde dos trabalhadores visando minimizar prejuízos na produção industrial. Quando esta passa a ser resultado da intervenção tecnológica em sobreposição à força humana, não se tem mais tanta preocupação em mantê-la. Ademais, paralelo ao avanço tecnológico, também se observou a mudança no estilo de vida e o crescimento da expectativa de vida dos cidadãos.

Se antes as famílias residiam em amplos espaços e as crianças praticavam atividades físicas ao longo do dia concomitante a uma alimentação baseada em produtos da época elaborados na própria residência por um membro da família, na atualidade o cenário é diferente.

O crescimento urbano causou efeitos diretos na mobilidade das pessoas com consequências na estrutura familiar. Hoje é comum famílias morarem em pequenas residências e trabalharem em distâncias que embora muitas vezes não sejam longínquas, se tornam devido ao quantitativo de fluxos, engarrafamentos, ausência de transportes etc. Cada dia as pessoas possuem menos tempo, fato que produz efeitos na alimentação e na prática de atividade física.

Na tentativa de maximizar o tempo, buscam-se alternativas para alimentação mais rápida: alimentos processados e industrializados. Decisão influenciada pelo aumento de preço dos produtos *in natura* em contraposição ao barateamento dos chamados alimentos processados e industrializados e das estratégias de marketing utilizadas pelas indústrias desses tipos de alimentos que buscam sempre ampliar o número de consumidores.

Além disso, a ausência de grandes espaços para brincadeira se soma à sensação de insegurança, que induz a criança e/ou adolescente a passar o tempo com atividades sedentárias, tais como assistir TV, jogos *on-line* etc.

O resultado desse processo tem gerado o aumento de peso dos brasileiros e as respectivas doenças causadas pela obesidade, problema que afeta diretamente o custo com saúde por parte do Estado.

Marcelo estimula o leitor a ampliar seu pensamento em relação ao professor de Educação Física, a entender o profissional como ator comprometido com ações que podem promover a "medicina preventiva" e, assim, ser o elo fundamental entre as políticas de educação, esporte e saúde.

A obra não é direcionada para determinado segmento da sociedade, mas para todos que têm interesse em compreender de que forma as políticas interferem na vida dos cidadãos.

O livro *Atividade física, nutrição e saúde: políticas públicas de prevenção e controle de obesidade em adolescentes* chega no exato momento em que se discute as aulas de

Educação Física como disciplina optativa no Ensino Médio. O conteúdo é uma bússola para que possamos decidir uma rota cada vez menos custosa e mais cooperativa.

Fátima Priscila Morela Edra
Doutora em Ciência Política, ULHT (Portugal)
Professora Adjunta da Universidade Federal Fluminense

# INTRODUÇÃO

No decorrer da maior parte da história humana, o ganho de peso e o armazenamento de gordura foram vistos como sinais de saúde e prosperidade. Em épocas de trabalho duro e faltas frequentes de alimentos, garantir a ingestão de energia adequada para suprir as necessidades era a principal preocupação nutricional (Organização Mundial da Saúde – OMS, 2004).

Entretanto, com o passar do tempo e avanço dos estudos, ocorreram mudanças sobre a percepção da obesidade. Gracey (1995) afirma que estar acima do peso significa problema de saúde, e Silva e Silva (1995) corroboram com esta ideia, afirmando que em pessoas com obesidade a taxa de mortalidade é duas vezes maior quando comparados aos não obesos e que na maioria das vezes a causa, nesses casos, é devido à doença cardiovascular.

A obesidade passou a ser vista como uma síndrome do novo mundo, observada tanto em países desenvolvidos como em desenvolvimento, criando elevados encargos públicos no plano socioeconômico e da saúde em países mais pobres. A obesidade é consequência dos problemas vividos por vários países tais como: problemas sociais, econômicos e culturais (OMS, 2004).

Esta mudança se baseia no processo de industrialização e na expansão do comércio internacional que, na maioria dos países, teve dois efeitos contraditórios: ocasionou melhorias no padrão de vida e nos serviços para a população; mas, por outro lado, levou, direta e indiretamente, a padrões nutricionais e de atividade físicas prejudiciais. Este segundo efeito, de acordo com publicação da OMS (2004), contribuiu para o desenvolvimento da obesidade, que representa uma ameaça crescente para a saúde em todo o mundo. A seguir, elencamos alguns exemplos:

• Japão – Kotani et al. (1997) salientam que um terço das crianças obesas se transformou em adultos obesos;
• França – Delmas et al. (2007) mostram que a obesidade se tornou o problema mais prevalecente;
• Portugal – Pereira e Mateus (2003) apresentam que, no ano de 2002, foi estimado em 199,8 milhões de euros o custo indireto total da obesidade. A mortalidade contribuiu com 58,4% e a morbidade[1] com 41,6%, o que representa, respectivamente, 117 e 83 milhões de euros;
• Porto Rico – Tanasescu et al. (2000) alertam que a saúde, não só na vida adulta, mas também na infância sofre a influência negativa da obesidade;
• Índia – Kuriyan et al. (2007) mencionam que a obesidade infantil se apresenta como problema emergente na área urbana e o aumento na prevalência de sobrepeso e obesidade infantil podem ser importantes contribuintes para a epidemia de obesidade adulta.

Nos cinco exemplos anteriores, é possível obervar que a obesidade não aflige apenas parte da população, mas perpassa todas as faixas etárias, desde a infância à fase adulta. Nota-se, também, o problema relacionado ao custo, neste caso, do poder público.

Para Celestrino e Costa (2006, p. 47),
> a obesidade vem aumentando acentuadamente ao longo dos últimos anos principalmente entre os ado-

---

[1]. Os custos da morbidade advêm de mais de 1,6 milhões de dias de incapacidade anuais, principalmente por faltas ao trabalho associadas às doenças do sistema circulatório e diabetes tipo II (Pereira; Mateus, 2003).

lescentes, tornando-se importante preveni-la e tratá--la para que suas complicações não se estendam à vida adulta.

A preocupação é tamanha, que a OMS, em relatório divulgado em junho de 2013, pediu que os países investissem em Políticas Públicas de Combate a Obesidade. É interessante ressaltar que, embora essa solicitação tenha ocorrido em 2013, já nove anos antes, em 2004, a organização apontava a obesidade como problema de saúde pública e recomendava a adoção de estratégias para o controle da obesidade, assim como o monitoramento do peso, a promoção de dietas saudáveis e estilo de vida ativo como parte integral e importante das políticas públicas sobre nutrição e controle de Doenças Crônicas Não Transmissíveis (DCNT).

As alterações ambientais e comportamentais são as causas do crescimento epidemiológico da obesidade (OMS, 2004). Para o Ministério da Saúde do Brasil – MS (2006d), o cenário vivido é reflexo do modo de vida da sociedade moderna. Este tem determinado um padrão alimentar que, aliado ao sedentarismo, não favorece a saúde da população e contribui para a obesidade. E os dados relativos ao Brasil mostram que a situação do país é semelhante ao resto do mundo.

Em 2007, o Ministério de Educação (MEC) publicou que a obesidade também podia causar outros malefícios, tais como: dificuldade para respirar, caminhar e problemas na pele e que "a chance de uma criança obesa ser um adulto obeso é de 50%, e no caso de adolescentes esse percentual sobe para 70%" (MEC, 2007b, p. 46).

A Pesquisa de Orçamentos Familiares (POF), realizada no Brasil, mostrou que 20,5% dos adolescentes estão com sobrepeso e 4,9% são obesos (IBGE, 2010a). Para o MS (2005a), esses números aparecem como resultado da substituição de atividades de recreação ou lúdicas mais ativas por atividades de lazer mais sedentárias, tais como: ver televisão ou usar computadores e jogos eletrônicos.

No ano de 2013, as cirurgias bariátricas[2] realizadas pelo Sistema Único de Saúde (SUS)[3] tiveram a redução da idade mínima dos pacientes de 18 para 16 anos (Portaria n. 425/13 de 19 de março) e incluiu, ainda, a realização de cirurgias plásticas posteriores ao procedimento (D'Alama, 2013). Essa redução de idade demonstra o crescimento do problema em pessoas cada vez mais jovens.

A prevalência de obesidade vem inegavelmente aumentando nos últimos anos também em adolescentes, o que alerta para a necessidade de pesquisas científicas e de medidas preventivas nesta fase para evitar suas complicações na vida adulta.

De fato, a obesidade é um caso de saúde pública, e combatê-la é, sem dúvida, um desafio.

Antes havia um equilíbrio energético entre o que se comia e o que se gastava; hoje a tecnologia favorece menor gasto energético e, ao mesmo tempo, ingestão de alimentos com maior energia.

A ausência de atividade física origina uma maior acumulação energética, podendo este ser um fator decisivo para o desenvolvimento da obesidade (Mota; Sallis, 2002).

Acredita-se que a questão da obesidade embora esteja apresentada como resultado de maior ingestão de alimentos e menor realização de atividades físicas não se trata de uma equação simples com dois produtos. Busca-se identificar e entender os fatores exógenos que afetam o balanço energético e, consequentemente, contribuem para a obesidade. Entre as causas evitáveis de morte, a obesidade está

---

2. Conjunto de técnicas cirúrgicas indicadas para pessoas obesas que não responderam a outros tratamentos.
3. Sobre o SUS, criação, desenvolvimento, missão etc., são feitas explicações no Capítulo 1.

em segundo, sendo superada apenas pelo fumo. O ranking, no entanto, pode mudar na próxima década, pois a população mundial cada vez mais abre mão do cigarro, mas não de comer além do necessário (Grandelle, 2013).

Tem-se a hipótese que programas de governo são capazes de influenciar na prevenção da obesidade dos adolescentes a partir da identificação das causas exógenas.

A motivação para escolha do tema pode ser justificada por uma soma de fatores pessoais e profissionais vivenciados nos últimos anos: no aspecto pessoal, pelo fato de lidar com diversos adolescentes com sobrepeso e acompanhar de perto a dificuldade em manter o equilíbrio energético (EE)[4] perante a diversidade de avanços tecnológicos[5] (computadores, vídeo game, elevadores, controle remoto, transportes, escada rolante, etc.).

Como professor do Colégio de Aplicação da Universidade Estadual do Rio de Janeiro (Cap-UERJ), também fui estimulado a tentar entender melhor os adolescentes, pois convivo com 17 turmas de alunos adolescentes do ensino fundamental e médio, cerca de 510 alunos com idades compreendidas entre 8 e 19 anos.

Somado a isso, enquanto estudante no curso de mestrado, desenvolvi estudo de campo em escolas públicas, onde pude verificar, por meio do diagnóstico da pesquisa realizada, o quanto os adolescentes estão com excesso de peso. Acrescentado, também, da crescente mudança no perfil dos adolescentes quanto aos aspectos de práticas de atividades físicas e alimentação, fato que provoca o desequilíbrio energético.

---

4. As pessoas em equilíbrio energético não ganham nem perdem peso (MS, 2005a, p. 97).
5. Para Oliveira e Fisberg (2003): os avanços tecnológicos, como computadores e videogames, poderia explicar de certa forma a maior prevalência da obesidade encontrada nas escolas.

Por fim, e talvez o primeiro despertamento para a questão, tenha sido o período em que estive como pesquisador em laboratório de nutrição e atividade física da Universidade Federal Fluminense (UFF), ao longo de 2009 e 2010, onde foi possível diagnosticar que o perfil epidemiológico dos adolescentes cresceu nas últimas décadas e necessita ser controlado. Naquela época, pode-se verificar que as políticas públicas não contemplavam os adolescentes, pois estavam mais focadas no controle da obesidade da população adulta e não havia dados sobre políticas de prevenção para se evitar a obesidade causada por fatores externos.

Quanto à relevância do livro, baseia-se na estimava de que em vinte anos, se nada for feito, cerca de 70% dos brasileiros estarão com excesso de peso no Brasil (MS, 2012b). Assim, o livro poderá contribuir de forma significativa para novos conhecimentos na área, pois, no plano científico, o entendimento dos possíveis fatores que ocasionam o aumento do excesso de peso nos adolescentes pode ajudar a planejar políticas públicas de prevenção para essa população.

Além disso, esta obra pretende colaborar para o esclarecimento acerca da transição epidemiológica (passagem do polo desnutrição/infecção para o polo obesidade/doenças crônico-degenerativas) (MS, 2007a) da obesidade exógena nos adolescentes e das variáveis que podem influenciar no balanço energético. E, desta maneira, contribuir para minimizar a carência de estudos[6] sobre as políticas públicas de incentivo à prática de atividade física, alimentação

---

6. Ressalta-se que esse cenário foi verificado ao longo do desenvolvimento da obra. Foram encontradas publicações específicas sobre obesidade, nutrição e atividade física, mas não que tratassem, de forma relacional, as políticas públicas e obesidade no Brasil, o que se restringe às publicações dos Ministérios.

saudável e alterações no balanço energético no segmento de adolescentes da população brasileira.

A metodologia escolhida para desenvolvimento do presente livro baseia-se em pesquisa descritiva, de teor quali-quantitativo, com duas vertentes: uma pesquisa do tipo documental (caracterizada pela investigação dos documentos com propósito de descrever e comparar usos e costumes, tendências, diferenças e outras características) e uma pesquisa de campo.

Para a obtenção dos resultados da pesquisa de campo, foram feitos dois tipos de amostras que são conjugadas. A primeira foi constituída, inicialmente, por um total de 36 publicações dos Ministérios de Saúde, Educação e Esporte, entretanto, se utilizou como critério a exclusão daquelas que não abordassem a prevenção da obesidade. Assim, a pesquisa ficou constituída por um total de 28 publicações, sendo 22 do Ministério da Saúde (MS), 4 do Ministério da Educação (MEC) e 2 do Ministério do Esporte (ME)[7] entre os anos de 2002 a 2013. A segunda constituiu-se por entrevistas realizadas com os diretores das escolas municipais de Niterói com a utilização de questionários estruturados.

O presente livro divide-se em quatro capítulos: no capítulo primeiro mostram-se as políticas de saúde no mundo, no Brasil e em Niterói, cidade escolhida para pesquisa de campo, com respectivos marcos históricos.

No segundo capítulo, trata-se da obesidade. Desenvolve-se texto sobre a transição epidemiológica (como, ao longo dos anos, o conceito de obesidade sofreu alterações) e apresentam-se as mudanças ocorridas na nutrição e ati-

---

7. O Ministério da Saúde é o órgão que tem maior número de publicações relacionadas à obesidade e por isso a quantidade maior de publicações estudadas nessa obra foi dele.

vidade física que influenciaram diretamente no equilíbrio energético.

Prosseguindo, o Capítulo 3 apresenta conceitos pertinentes à área da política para posterior contextualização no cenário da obesidade escolar. Também são discutidas as ações de prevenção e promoção da saúde no ambiente escolar com ênfase nos adolescentes, assim como o combate à obesidade exógena.

O quarto capítulo apresenta a pesquisa de campo nas escolas de Niterói. Explica-se a motivação de sua escolha para estudo, detalha-se o processo da pesquisa e expõem-se resultados com posterior discussão.

E, assim, esta investigação tem o objetivo geral de identificar o principal ator para desenvolvimento com êxito das políticas públicas para a prevenção da obesidade exógena (fatores externos) em adolescentes escolares. São objetivos específicos:

• Apresentar marcos histórico da política de saúde que ajudam a entender a obesidade exógena;
• Entender a obesidade exógena, conceitos e definições, assim como respectivas mudanças ao longo dos anos;
• Verificar como os Ministérios de Educação, Esporte e Saúde abordam o tema da prevenção da obesidade exógena;
• Identificar os fatores mencionados pelos organismos públicos como contribuintes para prevenção da obesidade exógena;
• Analisar a percepção dos diretores de escolas de Niterói sobre a influência dos fatores apontados pelas publicações dos ministérios como contributos para prevenção da obesidade exógena;
• Elencar principais atores para atuação na prevenção da obesidade exógena.

Ao longo do estudo pretende-se dar conta de responder como a epidemia de desnutrição no Brasil transformou-se na epidemia da obesidade, como as alterações ambientais e comportamentais com as quais o adolescente convive podem influenciar na prevenção e controle da obesidade exógena, como as políticas dos três Ministérios – Educação, Esportes e Saúde – que estão disponíveis *on-line* para a população tratam da prevenção da obesidade exógena.

Qual a percepção dos diretores de escolas de Niterói do ensino fundamental sobre cada contributo para a prevenção da obesidade exógena apontado nos textos dos três Ministérios.

# CAPÍTULO 1

## HISTÓRIA DAS POLÍTICAS DE SAÚDE

Para se entender a política atual, é necessário compreender a história geral do país e o seu contexto internacional. Os desdobramentos ocorridos na história foram peculiares consoantes à realidade vivenciada no Estado (Ruben; Baptista, 2011). Este capítulo tem o objetivo de identificar acontecimentos relevantes da história da política de saúde, tanto em nível internacional quanto nacional (Brasil) para possibilitar a compreensão e entendimento do cenário atual. No que se refere ao Brasil, analisam-se as políticas de saúde que compreendem os temas: esporte, educação e nutrição, três segmentos que, ao longo da história, tratam da saúde do cidadão.

O texto se subdivide em função dos espaços de abrangência das políticas: internacional, nacional e municipal. No âmbito municipal trata, especificamente, da cidade de Niterói, município escolhido como objeto, em virtude de ser a cidade que serviu de modelo para o país na implantação de programa de saúde.

### 1. PLANO INTERNACIONAL

No plano internacional, pelo menos onze acontecimentos ocorridos ao longo da história se destacam e se relacionam com esta obra. São eles:
1°) Criação, em 1862, do *United States Department of Agriculture* (USDA, Departamento de Agricultura dos Estados Unidos). Esse órgão, atualmente, está representado

em mais de 80 países por seus escritórios internacionais, inclusive no Brasil. O órgão disponibiliza dados epidemiológicos para diversos países e produz material de promoção da saúde com acesso *on-line* para todos gratuitamente.

2°) Criação, em 1902, da Organização Pan Americana da Saúde (OPAS). Trata-se de uma agência de Saúde Pública internacional e sua missão é contribuir para a melhoria da saúde e qualidade de vida dos moradores dos países das Américas, assim como para o avanço de políticas e serviços públicos de saúde (OPAS, 2013).

3°) Criação, em 1945, da Organização das Nações Unidas para Alimentação e Agricultura (FAO). Esse órgão tem a missão de debater politicas na área de alimentação, no sentido de cooperar para a melhoria da qualidade nutricional (FAO, 2013).

4°) Criação, em 1948, da Organização Mundial da Saúde (OMS), fundada como uma instituição especializada, tendo como uma de suas principais funções gerir temas de saúde pública internacional.

5°) Ações propostas, em 1968, durante a 21ª Assembleia Mundial de Saúde, atendendo à OMS, OPAS e FAO. Foi sugerido que as ações da Vigilância Epidemiológica não deveriam ser restritas às doenças transmissíveis, mas deveriam ser também aplicáveis a outros problemas de saúde pública, incluindo aqueles relacionados à alimentação e à nutrição (MS, 2009a).

6°) Formalização, em 1974, na Conferência Mundial de Alimentação em Roma, da proposta de vigilância nutricional, fazendo-se uma transposição do conceito de vigilância das enfermidades. Nos países subdesenvolvidos, a proposta teve caráter emergencial, principalmente pelas precárias condições de vida de grupos vulneráveis. Na ocasião, a Vigilância Nutricional foi reduzida a um Sistema de Informação e de coleta, processamento e análise de informações, com o objetivo de se ter dados contínuos sobre o estado nutricional de populações (Santana; Santos, 2004).

7º) Elaboração, em 1986, da *Carta de Ottawa*. Essa carta foi um marco conceitual para o entendimento sobre promoção da saúde no cenário internacional. Ela foi confeccionada na I Conferência Internacional sobre Promoção da Saúde (Haeser et al., 2012).

8º) Iniciação, em 1995, pela USDA, de uma política pública de prevenção à obesidade, usando um modelo de pirâmide alimentar chamada de *Nutrition and Your Health*. Esse modelo de pirâmide fundamentou uma política pública adotada pelo Brasil e divulgada em publicações nacionais – livros, manuais, revistas. Esse fato passou a ser indicativo de como deveria ser o estilo de vida e a orientação nutricional da população brasileira. Tal recomendação influenciou a política de saúde no Brasil e passou a ser adotada pelo Ministério da Saúde.

9º) Criação, também em 1995, de uma política pública de prevenção à obesidade. Uma pirâmide de atividade física foi criada pelos CDC *(Centers for Disease Control Prevention)* e ACSM *(American College of Sports Medicine)* como estratégia para facilitar o entendimento das pessoas e para propor um estilo de vida progressivamente mais ativo (ACSM, 2010).

10º) Publicação, em 2000, do material *Obesity: Preventing and Managing the Epidemic* – Obesidade: Prevenindo e Controlando a Epidemia Global, na versão brasileira de 2004 –, com propósito de revisar informações epidemiológicas sobre obesidade e desenvolver recomendações para a implementação de Políticas de Saúde Pública e programas para melhorar a prevenção e o controle da obesidade.

11º) Elaboração, em 2005, pela USDA, de um novo Guia Alimentar, chamado de *Dietary Guidelines for Americans*. Este, além de atualizar a versão de 1995 com indicação da quantidade diária de alimento, e determinação do conceito de "pirâmide", recomendou que as pessoas praticassem atividade física. Assim, a atividade física torna-se uma recomendação não apenas da área de esporte e *fitness*, mas passa a compor o conceito de equilíbrio energético.

## 2. PLANO NACIONAL

Para melhor entendimento das políticas de saúde que aconteceram no Brasil, optou-se dividir as seções por séculos, com apresentação das principais ações nos respectivos períodos.

### 2.1 SÉCULO XIX

A influência portuguesa na história das políticas de saúde brasileira é uma realidade. A vinda da família real para o Brasil, em 1808, trouxe junto consequências positivas para a área da saúde no país que passava a viver um momento em que necessitava de mão de obra saudável e que pudesse trabalhar para a realeza.

Dentre os benefícios consequentes desse cenário, está a chegada de mais médicos, inauguração de faculdade de Medicina e alinhamento da medicina brasileira com a europeia, o que possibilitou a união entre a prática dos médicos brasileiros com a experiência estrangeira. A realidade do país continental exigia uma formação com programas de ensino exitosos na Europa (Matta, 2007).

Segundo o MEC (1997), a Educação Física no século XIX esteve muito vinculada à classe médica, pois ajudava a disciplinar e a educar o corpo. Por isso, a medicina e a Educação Física já realizavam ações em conjunto em prol do modelo higienista para modificar os hábitos de saúde e higiene da população.

A necessidade de ter um corpo físico saudável e equilibrado organicamente, para que não sobreviessem as doenças, fazia com os governantes se preocupassem com as políticas públicas de saúde, mas, por trás desse cuidado estava o interesse na produção. O foco não era o indivíduo e sim o que ele poderia produzir por meio do seu trabalho. O corpo do trabalhador era visto como uma unidade de produção e, para produzir, precisava estar bem preparado. O corpo era necessário para o capital.

Interessante era o contraste físico do corpo entre a classe trabalhadora e a aristocracia. Os ricos não podiam ser confundidos com os operários e, por isso, os corpos dos aristocratas possuíam formatos mais arredondados, pois a eles não era permitido praticar atividade física.

Embora a elite imperial concordasse que a atividade física fazia bem para a saúde, ela não aceitava que os adolescentes participassem, pois tudo que demandava "trabalho" físico era associado a coisas pertinentes somente aos escravos (MEC, 1997).

As instituições militares também valorizavam o físico, mas não para a produção e sim para a defesa da pátria. O corpo dos militares brasileiros tinha que ser forte e saudável. Inclusive, até os dias de hoje, esse conceito de corpo forte impera no militarismo. As pessoas que têm potencial para uma profissão militar, mas que não possuem altura ou peso dentro dos padrões preestabelecidos ficam de fora do serviço militar.

Como exemplo da relação entre corpo e militarismo, pode-se citar um indivíduo que é engenheiro e deseja ser militar e se estiver acima do peso não irá seguir a carreira militar. O corpo precisa estar em equilíbrio para ser um corpo saudável e não apenas por força de uma profissão.

No ano de 1851, a Educação Física passou a ser obrigatória nas escolas, mas mesmo assim, eram os pais que decidiam se os filhos fariam ou não a atividade física. Nessa época, dois fatores contribuíram para que os pais fossem contrários à prática da ginástica (nessa época, também chamada de atividade física e exercício) realizada pelos filhos: a associação do exercício físico com a classe operária e com o militarismo.

A percepção sobre os benefícios e a valorização da ginástica só aconteceu em 1882, quando a disciplina de Educação Física passou a ter o mesmo grau de importância das demais disciplinas e, consequentemente, equiparando os professores de ginástica com os professores das demais disciplinas escolares.

Ainda hoje no Brasil, passado mais de um século, é frequente verificar que ambientes escolares colocam a disciplina de Educação Física em situação inferior às demais disciplinas. Ao elaborar a estrutura curricular do aluno, a Educação Física é a última a ser inserida, não se verificando, por exemplo, se o horário para a aula será compatível com as demais atividades — alimentação e temperatura.

A questão é que a partir da inserção da ginástica no currículo escolar, em 1851, passa a ser importante também estimular no aluno o desenvolvimento de um corpo saudável, associando-o à atividade intelectual desenvolvida na escola (MEC, 1997).

Com a proclamação da República em 1889, juntamente com o crescimento econômico da burguesia cafeeira, o Brasil vivenciou uma nova política de Estado. O crescimento da exportação de café levou o país a necessitar cada vez mais da classe trabalhadora, entretanto, nessa época, o país sofria com epidemias (febre amarela, peste bubônica e varíola) que acometiam os trabalhadores. Essas epidemias eram fruto das más condições de saneamento do país (Matta, 2007).

Diante do crescimento das epidemias, o Brasil optou pela unificação dos serviços de saúde e criou, em 1897, a

Diretoria Geral de Saúde Pública – DGSP. Esta diretoria uniu o Instituto Sanitário Federal a outro órgão, que era a Inspetoria Geral de Saúde dos Portos. Nessa época, o Brasil realizou mais duas ações importantes: buscou conhecimento nas faculdades de medicina no exterior – Instituto Pasteur – e criou no país o Instituto Oswaldo Cruz – IOC. Na atualidade, as duas ações continuam acontecendo para lidar com a saúde dos brasileiros. O IOC tornou-se referência internacional em pesquisas na área da saúde e produz vacinas para vários países. Além disso, o governo federal possui convênio com faculdades de medicina em diversos países onde os alunos brasileiros cursam parte do curso e retornam ao país para concluir sua graduação, mestrado ou doutorado.

## 2.2 SÉCULO XX

Com a chegada de trabalhadores e imigrantes ao país, no início do século XX, aliada à falta de estrutura sanitária, o prefeito da capital do então Estado da Guanabara teve que realizar obras públicas para combater as doenças epidêmicas que afloravam. Nessa época (1902), o saneamento da cidade foi uma das medidas de políticas públicas de saúde adotadas pelo prefeito (Matta, 2007). Entre as ações realizadas, destacam-se:

- desinfecção da água, que incluía também a ação dentro das residências;
- demolição de locais considerados prejudiciais à saúde pública;
- registro permanente dos acometidos por varíola, febre amarela e peste bubônica;
- autorização para a polícia sanitária autuar pessoas que se opusessem às medidas;
- vacinação obrigatória por meio de campanhas.

Em 1903, Oswaldo Cruz[8] propôs a reforma da saúde sob novo padrão sanitário. Para tanto, foram realizadas ações enérgicas pela polícia sanitária, tais como:

- identificar doentes;
- submeter os doentes à quarentena e ao tratamento;
- enviar o doente desprovido de recurso financeiro para se isolar nos hospitais gerais;
- isolar o doente em fazendas distantes.

Houve pavor e revolta da população em função da colocação dos pacientes isolados da sociedade, em locais sem qualquer acompanhamento médico, o que acabou por culminar na morte de uma maioria.

O descaso com os doentes e a sensação de isolamento despertaram o pânico na população. Como muitas pessoas ignoravam o mecanismo de atuação da vacina no corpo humano, tinham medo de serem cobaias dos cientistas ou de estarem sujeitas aos interesses políticos dos que detinham o poder. Assim, grupos se organizaram para protestar (Costa, 1985).

Por mais que a reforma tenha sido para conter as epidemias, ocorreram muitas críticas as suas ações incisivas na população. Os desdobramentos das críticas e discussões populares, na cidade do Rio de Janeiro, acabaram por gerar a chamada Revolta da Vacina[9] (Costa, 1985).

---

8. Cientista, médico, bacteriologista, epidemiologista e sanitarista brasileiro. Enquanto estudante estagiou durante três anos no Instituto Pasteur na França e, ao retornar ao Brasil, foi nomeado para o cargo de Diretor-geral da Saúde Pública em 1903.
9. Por mais que a intenção da vacina fosse para imunizar a população contra a varíola, a forma como foi imposta, violenta e autoritária, provocou na sociedade movimento de revolta. Os agentes sanitários eram instruídos a entrarem nas residências e vacinarem os indivíduos à força. A revolta se caracterizou pelo confronto nas ruas entre cidadãos e forças policiais e militares ao longo de uma semana.

Sobre a realização de vacinas obrigatórias, é interessante destacar que, mesmo passado tanto tempo e com toda a evolução, em 2010, a sociedade brasileira tenha mostrado descontentamento com a obrigatoriedade de vacinação contra o vírus da gripe H1N1 (Gripe suína, ou influenza). O desconhecimento sobre a vacina e seus efeitos colaterais levou a muitas manifestações em redes sociais. O Ministério da Saúde foi compelido a realizar campanhas de sensibilização para que a população aceitasse a vacinação e que se pudesse imunizar cerca de 90 milhões de pessoas.

Em meio a tantas confusões, no entanto, medidas implementadas por Oswaldo Cruz surtiram efeito nas epidemias e, em 1907, algumas doenças como, por exemplo, a febre amarela, já tinham sido eliminadas totalmente das cidades do Rio de Janeiro e Belém, no Estado do Pará (Matta, 2007).

Se, por um lado, as epidemias cresciam e necessitavam de ações na área sanitária para tratar o corpo doente, por outro, a Educação Física nessa época – início do século XX –, ganhava espaço e passava a integrar os currículos escolares dos estados de São Paulo, Pernambuco, Minas Gerais, Distrito Federal, Ceará e Bahia (MEC, 1997).

No decorrer da história, a Educação Física se tornou instrumento de valorização de um indivíduo que tivesse hábitos de saúde e higiene, vigor e força produtora, saudável e com desenvolvimento integral.

Entre os anos de 1910 e 1920, Oswaldo Cruz liderou o segundo movimento sanitarista. O foco era o enfrentamento de três endemias na área rural: mal de Chagas, ancilostomíase e malária (Matta, 2007). Foi necessário que os médicos sanitaristas adentrassem no interior do país para que tivessem mais conhecimento da situação de saúde e, a partir daí, pudessem desenvolver uma política de Estado na área da saúde (Hochman; Fonseca, 1999).

O crescimento econômico e a necessidade de ações que contemplassem todo o território nacional fomentaram a criação, em 1920, da Diretoria Nacional de Saúde Pública (DNSP), com maior atribuição legal do Estado no campo da saúde pública em comparação à Diretoria Geral de Saúde Pública.

A DNSP nasceu na tentativa de reforçar o papel do Estado e a verticalização das ações (Hochman; Fonseca, 1999), o que demonstra crescimento do papel do Estado na tentativa de enfrentar os problemas na área de saúde pública.

Naquela época, a saúde pública ainda não conseguia contemplar toda a população e, aqueles que não possuíam recursos para custear assistência à saúde privada, ficavam desamparados (Matta, 2007). As ações do Estado eram uma tentativa de minimizar essa situação.

Foi no período compreendido entre as últimas décadas da primeira república (1910-1930) que o Brasil reconheceu, na esfera política, que situações de higiene e saúde não eram específicas do indivíduo doente e sim um problema nacional. Para a população, esse entendimento veio acompanhado da compreensão de que ao progresso do país era necessária uma infraestrutura que contemplasse a saúde não só dos mais favorecidos financeiramente, mas de toda a população independentemente da sua localização.

O país, como um todo, percebeu que a saúde pública havia se transformado em uma questão nacional. E, assim, passaram a acontecer, de forma sistemática, intervenções da União e dos estados no campo da saúde para paralisar as endemias, principalmente nos sertões (Faria, 2007).

Para Wilken (2005), no Brasil, as políticas de saúde se iniciaram em 1923, ano em que ocorreu a estruturação dos serviços de saúde. A industrialização estava se iniciando e as Santas Casas ligadas à Igreja eram quem, na maioria, prestavam a assistência no âmbito rural. Mesmo estando em um momento histórico em que prevalecia a sociedade excludente, as políticas sociais passaram a contemplar o direito à saúde.

As políticas iniciadas em 1923 foram consequências de revoltas e reivindicações por melhores condições de saúde, ocorridas naquele ano. Grupos populares pressionavam o governo para que a atenção à saúde fosse feita com intervenções do Estado.

Um ator importante nesse cenário histórico foi o chefe de polícia, Eloy Chaves[10]. Ele propôs, para o setor de trabalhadores mais atuantes política e financeiramente, uma lei que normatizava a formação de caixas de aposentadorias e pensões, as chamadas Caps (Oliveira; Teixeira, 1985).

Essa fase histórica oportunizada à população trabalhadora por Eloy Chaves ficou conhecida como fase pródiga. Foi nesse período que ocorreu a estruturação do setor da saúde no Brasil. Dentre os benefícios da lei estavam: assistência médica e compra de medicamentos (Wilken, 2005).

Nessa mesma década que ocorreu a criação da lei Eloy Chaves, a Educação Física retomou o ideal de eugenia da raça. O exército foi o principal propagador desse ideal. Contudo, o modelo eugênico não durou muito e o modelo higiênico ganhou força dentro do contexto escolar. A escola voltou a dar maior atenção à saúde e, nos anos seguintes, retornou o uso da Educação Física como fator de prevenção de doenças por meio da adoção do higienismo.

De acordo com publicação do MEC (1997), embora a Educação Física já estivesse inclusa nos currículos escolares desde o início do século, a sua implementação prática ainda não havia ocorrido até a década de 1930, em especial nas escolas primárias. Embora a lei obrigasse a incluí-la no currículo, existia a falta de professores capacitados para o

---

10. A Lei Eloy Chaves embasou o sistema previdenciário no Brasil para os empregados das ferrovias. Na sequência deste ocorrido, outras empresas foram beneficiadas e passaram a assegurar seus empregados na Previdência Social (Brasil, 2013a).

trabalho com Educação Física escolar. Aliás, a história se repete ainda hoje no ambiente escolar. A legislação obriga a ter no currículo o professor de Educação Física, mas muitos alunos ainda esperam por ele. A capacitação também é um problema enfrentado no ambiente escolar. Muitos professores não estão preparados para trabalhar com alunos da geração atual. As doenças mudaram e o comportamento dos alunos também. Para enfrentar essas situações o professor precisa de apoio do Estado e do município para promover a saúde na escola.

Ressalta-se que a proposta higiênica vivenciada na escola extrapolou os muros e também era implantada sobre um modelo de políticas públicas de saúde para operários. O fato é que a escola não era isolada dos acontecimentos do país. O Brasil vivia um momento de proposta da higiene urbano industrial fora da escola e dentro dela existia uma proposta de higiene educacional. A tônica do Estado nos anos 30 era o modelo higienista.

Também foi em 1930, logo após Getúlio Vargas chegar ao poder na posição de presidente da república, que ocorreu a criação do Ministério da Educação e Saúde Pública[11] (Mesp). Antes disso, questões referentes à educação ficavam subordinadas ao Departamento Nacional de Ensino (DNE), ligado ao Ministério da Justiça.

Quando de sua criação, o Mesp tinha a proposta de agregar ações compartilhadas com outros ministérios, como, por exemplo, saúde, esporte, educação e meio ambiente (Brasil, 2014). Também tinha o propósito de reorganizar os serviços federais e estaduais de saúde do Brasil.

Getúlio Vargas usou a saúde pública como um importante viés da política social no interior dos projetos políticos do seu governo (Faria, 2007). Por isso, é possível que o investimento no modelo higiênico na escola tenha ocorrido por

---

11. Hoje chamado Ministério da Educação e de sigla MEC.

influência do Mesp que pensava as ações como um todo e não de forma fragmentada.

Ademais, percebe-se que o Mesp tratava também, além das questões relacionadas à educação e saúde, da alimentação e do esporte.

Na atualidade, o Brasil precisa unir as forças dos Ministérios da Saúde, Educação e Esporte novamente, como no ditado "a união faz a força". Se os ministérios dialogassem sobre os problemas da saúde, esporte, educação e meio ambiente como uma equipe focada nas ações em conjunto, possivelmente o entendimento sobre os fatores ambientais que afetam a saúde da população poderia ser mais bem produtivo.

Muitas ações acontecem por ministérios de forma isolada. O conhecimento acumulado de cada ministério poderia se unir com o conhecimento científico para prevenir e controlar doenças modernas, tais como a obesidade = em adolescentes.

Segundo o MEC (1997), em 1937, a Educação Física, pela primeira vez, foi citada de forma explícita como prática educativa obrigatória inclusa no currículo ao invés de disciplina curricular. A Educação Física voltava a ter o objetivo de fortalecer o trabalhador, melhorar sua capacidade produtiva e desenvolver o ideal de cooperação em benefício da coletividade.

Também em 1937, foi criada a divisão de Educação Física do Ministério da Educação e Saúde, firmando assim a história institucional do esporte no Brasil (ME, 2013).

O período compreendido entre os anos de 1937 e 1945 foi marcado pelo início de um novo modelo assistencial. Na verdade, tinha como objetivo a contenção para enfrentar as despesas crescentes causadas pelos gastos com benefícios. Nessa época, o Estado impôs ações para eliminar o *déficit* existente que incluía aumento da arrecadação e da intervenção do Estado e a diminuição de benefícios (Wilken, 2005).

Em 1940, foi criado o Serviço de Alimentação e Previdência Social (Saps). O objetivo principal era reduzir o preço dos alimentos, criar restaurantes para os trabalhadores e obrigar as empresas a fornecerem alimentos para seus empregados em seus próprios refeitórios. Os trabalhadores que ganhavam um salário mínimo não conseguiam comprar uma alimentação adequada (MEC, 2007a). Essa alimentação adequada deveria incluir a alimentação do trabalhador e a de sua família[12].

No Brasil, as políticas e programas de alimentação e nutrição tiveram início na década de 1930, quando ficou definido que o alimento essencial deveria ser um dos itens garantidos pelo salário mínimo (instituído em 1940). É bem verdade que o salário mínimo não era suficiente dar conta de uma alimentação adequada para os trabalhadores (MEC, 2007a). Na verdade, o Estado atribuiu uma responsabilidade às empresas. Como o salário mínimo determinado pelo governo não possibilitava aos trabalhadores a aquisição de alimentos variados e adequados à saúde, ao exigir que as empresas criassem refeitórios e disponibilizassem as refeições para os empregados enquanto estivessem no trabalho, ter-se-ia a certeza de que aquele operário estaria recebendo alimentação adequada e, de certo modo, apropriada para continuar exercendo sua atividade profissional, não onerando a empresa e nem mesmo o governo com doenças.

Em 1941, foi criado o Conselho Nacional de Desportos (CND) – decreto-lei n. 3.199/44 –, que delegava poderes ao Estado para intervir nos entes desportivos, durante o Estado Novo (ME, 2009).

Em 1945, foi criada a Comissão Nacional de Alimentação (CNA). O objetivo da comissão era estudar e propor novas normas para poder criar uma política nacional de alimentação (MEC, 2007a).

---

12. No contexto atual brasileiro (2017), o salário mínimo é de R$ 937,00. Com este recurso, torna-se difícil a aquisição de alimentação variada para toda família, principalmente porque existem outras despesas necessárias a uma família.

De acordo com Gouveia (1999), na área alimentar, aconteceu no ano de 1946 o alerta para a necessidade de uma educação nutricional. Recomendava-se a instrução de higiene e da educação em saúde e mencionava a obrigatoriedade dessa instrução nos jardins de infância, nos cursos primários, ginasiais e posteriores e nas escolas de formação de professores, ainda que não necessariamente por meio de aulas formais.

A partir de 1950, ocorreram outras mudanças no sistema de proteção à saúde influenciadas pela acelerada industrialização vivenciada pelo país que resultou no deslocamento do centro da economia das áreas rurais com predomínio da agricultura, para os centros urbanos, onde a industrialização se fazia mais presente e onde havia maior número de operários que o serviço de saúde precisava dar conta em atender (Mendes, 1993).

Segundo Matta (2007), esse crescimento levou a uma expansão rápida e progressiva dos serviços de saúde. As necessidades de atendimento só cresciam. Surgiu o modelo de medicina baseado nos grandes hospitais, com tecnologias de última geração. O médico passou a ser um especialista e o serviço de atendimento mais caro. Os hospitais foram institucionalizados e passaram a ser vistos como locais de referência para atendimento em saúde.

Foi também na década de 50 que ocorreu uma mudança no tipo de adoecimento da população, houve aumento da expectativa de vida e paralelamente o surgimento de doenças mais complexas, as doenças crônicas e degenerativas, ou típicas da modernidade, como os acidentes de carro ou vitimas de violências (Matta, 2007). Ocorreu uma mudança no perfil epidemiológico da população no que se refere à saúde pública.

A preocupação com doenças parasitais ou infecciosas mudou para outros tipos de doenças que passa de uma única causa para o resultado da soma de várias causas (Wilken, 2005).

O conhecimento fisiopatológico obtido pela medicina no pós-guerra oportunizou a criação de remédios e um avanço na prática médica, cada vez mais especializada. Mas, ainda assim, o Brasil precisava melhorar as condições de vida da população. Existia uma relação no país entre pobreza e adoecimento que necessitava de uma intervenção. Esperava-se que o país fosse conseguir ter uma política de "estado de bem-estar" social.

Para Faria (2007), os estados de bem-estar são caracterizados por uma política que envolve uma relação entre a área econômica e social com o objetivo de assegurar o bem-estar da população e continuar a produção econômica. Os pilares dessa política são:

- o pleno emprego;
- a provisão pública de serviços sociais universais, como saúde, educação, saneamento, habitação, lazer, transporte etc.;
- a assistência social para aqueles não incluídos no sistema produtivo.

Entretanto, o Brasil conseguiu apenas aprofundar o debate sobre o direito à saúde e à importância de políticas públicas de proteção social. Para Matta (2007), era preciso compreender como se davam as relações entre saúde e doença e como a política poderia atuar na transformação social.

De acordo com MEC (2007a), em 1952, a Comissão Nacional de Alimentação instituiu o Plano Nacional de Alimentação que teve como meta de trabalho a atenção à nutrição do escolar e trabalhador. Dois programas foram desenvolvidos:

- criação do programa da Merenda Escolar;
- assistência ao trabalhador.

No ano de 1953, o Mesp passava a ser Ministério da Educação e Cultura, MEC. Em 1956, aconteceu uma reorganização do serviço nacional de controle de endemias rurais no Departamento Nacional de Endemias Rurais (Deneru) que possibilitou o desenvolvimento ações e programas de saúde focados no combate às doenças endêmicas na área rural (Matta, 2007).

Também foi no ano de 1956 que a preocupação com a alimentação escolar foi demonstrada. Implantou-se o Programa de Alimentação Escolar – PAE. De acordo com MS (2006f), o tipo de alimentação oferecido alterou-se bastante no decorrer das décadas e diversas ações educativas foram usadas para estimular a aceitação de determinados alimentos pelos escolares.

Nos anos 60, o país vivenciou os processos de transição demográfica, epidemiológica e nutricional de forma concomitante. Para Monteiro (2000), esses processos são ocasionados por deslocamento das pessoas do meio rural para residirem na cidade e aumento do consumo energético e baixo gasto energético[13].

Na área de educação e esporte, foi em 1961, com a promulgação da Lei de Diretrizes e Bases da Educação (LDB), que aconteceu um amplo debate sobre o sistema de ensino brasileiro. A lei determinava a obrigatoriedade da Educação Física para o ensino primário e médio. A questão não estava na obrigatoriedade da Educação Física, mas sim no conteúdo a ser trabalhado nas aulas de Educação Física. Foi nessa época que o esporte passou a ganhar destaque nas aulas de Educação Física (MEC, 1997).

Em 1964, a Educação Física sofreu as influências do ensino tecnicista que visava formar mão de obra qualificada. Cresciam no Brasil os técnicos profissionalizantes. E, em

---

13. Relação entre consumo e gasto energético, assim como tal diferença entre o meio urbano e rural, ver Capítulo 2.

1968, por meio da lei n. 5.540, a Educação Física e o desporto passaram a integrar a formação cívica considerada indispensável à criação de uma consciência de direitos e deveres do cidadão (MEC, 1997). Paralelamente, na área nutricional, foi implementada, pela primeira vez, a vigilância alimentar e nutricional, por influência de órgãos internacionais.

Entre as décadas de 60 e 70, o destaque na saúde pública no país se deu em função do aparecimento da medicina comunitária que previa a ideia de medicina integral com ênfase não somente no estado biológico, mas também contemplando o estado biopsicossocial.

Em 1971, a lei 5.692 determinou que a Educação Física fosse considerada uma atividade prática voltada para o desempenho técnico e físico do aluno (MEC, 1997). Logo depois, ainda no ano de 1971, a área da saúde foi contemplada com o início da medicina preventiva (Wilken, 2005).

Porém, com a introdução da medicina preventiva, a Educação Física foi desassociada da saúde e passou a ser considerada relevante apenas para manutenção da ordem e progresso. Importante ressaltar que nesse período o país passava pela ditadura militar. Em outras palavras, pode-se dizer que a ideia de força, preconizada ainda na época do colonialismo, ressurgia.

O governo militar tinha como meta o nacionalismo, a integração nacional entre os estados e a segurança nacional. Investir na Educação Física significava a formação e composição de um exército jovem, forte e saudável. Tratava-se de estratégia política para desmobilização das forças políticas oposicionistas. A importância para o segmento era tão relevante que a divisão de Educação Física do Ministério da Educação e Cultura (MEC) foi transformada em Departamento de Educação Física e Desportos, ainda que permanecesse veiculada ao MEC (MEC, 2013).

Foi a partir do Decreto n. 69.450, de 1971, que se considerou a Educação Física como "atividade que, por seus meios, processos e técnicas, desenvolve e aprimora forças físicas, morais, cívicas, psíquicas e sociais do educando" (MEC, 1997, p. 16).
Em 1972, por meio da lei n. 5.829, foi criado o Instituto Nacional de Alimentação e Nutrição (Inan), autarquia do Ministério da Saúde. Quatro anos após sua criação, foi proposta a construção de um Sistema de Informações (SI) para a Vigilância Alimentar e Nutricional (MS, 2009a).

Dentre as políticas implementadas no ano de 1974, destacam-se:

- criação do Fundo de Apoio ao Desenvolvimento Social (FAS), que disponibilizou recursos para o financiamento de programas sociais;
- formação do Conselho de Desenvolvimento Social (CDS);
- instituição do Plano de Pronta Ação (PPA);
- constituição de medida para viabilização do crescimento da cobertura em saúde que culminou no projeto de universalização da saúde;
- formação do Sistema Nacional de Saúde (SNS).

No ano seguinte (1975), foi criado o Sistema Nacional de Vigilância Epidemiológica (SNVE). A Vigilância Epidemiológica se restringiu à notificação compulsória dos casos de doenças transmissíveis, embora o sistema tivesse um caráter mais abrangente (MS, 2009a).
No mesmo ano, a lei n. 6.229 propôs uma organização do Sistema Nacional de Saúde e reafirmou a competência do Ministério da Saúde Brasileiro para o controle de alimentos (Gouveia, 1999). Foi também criado um conjunto integrado de ações nos três níveis de governo, modelo político de saúde, pioneiro no âmbito nacional.

Estabeleceu-se, em 1976, o Programa de Interiorização das Ações de Saúde e Saneamento – Piass. Esse estendeu os serviços de atenção básica à saúde no Nordeste do país e se transformou na primeira medida de universalização do acesso à saúde, o que acabou por originar o Sistema Nacional da Previdência e Assistência Social – Sinpas, em 1977.

Em 1977, a partir da articulação entre saúde, previdência e assistência no âmbito do Ministério da Previdência e Assistência Social (MPAS), além do Sinpas, criou-se também o Instituto Nacional de Assistência Médica da Previdência Social – Inamps que passou a ser o órgão coordenador de todas as medidas de saúde na esfera médico-assistencial da previdência social.

A saúde passava a assumir sentido mais amplo e a ser considerada não somente a partir de um estado biológico e psicossocial, mas também como resultante de questões referentes à alimentação, habitação, educação, renda, meio ambiente, trabalho, transporte, emprego, lazer, liberdade e acesso a serviços de saúde. A saúde começava a ser vista pelo complexo de qualidade de vida da população.

Para todos os brasileiros o direito à saúde significava a garantia, pelo Estado, de condições dignas de vida e de acesso universal e igualitário às ações e serviços para promoção, proteção e recuperação, em todos os níveis (Matta, 2007, p. 49).

No ano de 1979, o Brasil instalou um escritório da Organização das Nações Unidas para Alimentação e Agricultura – FAO no país o qual se chamou FAO[14] Brasil. O

---

14. A FAO funciona em parceria com Banco Mundial, agências do Sistema da Organização das Nações Unidas, Missão Europeia, Fundo Global para o Desenvolvimento, Instituto Interamericano de Cooperação para a Agricultura, dentre outros. Se relaciona também com a sociedade civil por meio do Serviço Brasileiro de Apoio às Micro e Pequenas Empresas – Sebrae, Confederação Nacional da Agricultura – CNA, Confederação

acordo foi instituído em Roma, entre o diretor geral da FAO e o governo brasileiro, por intermédio do Ministério da Agricultura. São exemplos de ações de apoio da FAO no Brasil que foram desenvolvidas nos anos seguintes com programas brasileiros:

- Programa Fome Zero, em parceria com o Ministério do Desenvolvimento Social e Combate à Fome;
- Programa Nacional de Fortalecimento da Agricultura Familiar – Pronaf, em parceria com o Ministério do Desenvolvimento Agrário – MDA;
- Programa Nacional de Alimentação Escolar, em parceria com o Fundo Nacional de Desenvolvimento da Educação – FNDE e com o Ministério da Educação e Cultura – MEC.

Em 1980, realizou-se a VII Conferência Nacional de Saúde – CNS, que apresentou como proposta a reformulação da política de saúde e a formulação do Programa Nacional de Serviços Básicos de Saúde – Prev-Saúde. Esse programa consistia em uma proposta de extensão nacional do Programa de Interiorização das Ações de Saúde e Saneamento – Piass, que havia sido desenvolvido no período compreendido entre 1976-79, no Nordeste do Brasil (Matta, 2007).

Segundo o MS (2006f), nos anos 80, ocorreu a consolidação entre os Ministérios da Saúde e da Educação no que se refere à cooperação técnica na área de saúde escolar, que possibilitou a implementação de ações educativas no ambiente escolar, tais como:

---

Nacional dos Trabalhadores na Agricultura – Contag, Organização das Cooperativas Brasileiras – OCB, Instituto Brasileiro de Análises Sociais e Econômicas – Ibase, Universidades e outras organizações (FAO, 2013).

- Propagação da ideia de entendimento da escola como um espaço apropriado para o desenvolvimento de ações de promoção da saúde;
- Elaboração de material pedagógico informativo para alunos, professores e todos envolvidos com a escola sobre temas relacionados com a saúde, dentre eles o estado nutricional.

Assim, nos anos 80, a escola retorna a ocupar posição de destaque como local para realização de ações de promoção à saúde. O Ministério da Saúde passa a reconhecer a escola como um espaço adequado para iniciar a conscientização sobre a saúde e as consequências para toda a população por meio do compartilhamento, entre professores e alunos, de material didático relacionado à saúde.

Importante registrar que foi na década de 1980 que o país viveu a transição do estado ditatorial para o estado democrático. No primeiro havia grande censura no país como um todo, o que adentrou no espaço escolar. Com o retorno à democracia, a escola voltou a dialogar com alunos e sociedade.

Também foi na década de 80 que começaram a ser percebidos e contestados os resultados da criação da Secretaria de Educação Física e Desporto na década anterior: o Brasil não havia se tornado uma nação com desempenho olímpico e a competição esportiva de alto rendimento não havia feito com que o número de praticantes de atividades físicas fosse aumentado. Constatou-se que investir em esportes de alto rendimento não garantiria ao país a existência de uma população mais ativa. E, assim, nesse momento, instalou-se uma crise de identidade quanto ao papel da Educação Física.

A Educação Física que até então vinha sendo desenvolvida para a busca de performance começou a adotar uma mudança na política educacional. Dentre as mudanças ocorridas nessa época, destacam-se:

- A Educação Física passou a priorizar também a pré-escola e o segmento de 1ª a 4ª séries (hoje denominado primeiro segmento do ensino fundamental) – antes, a Educação Física acontecia, prioritariamente, da 5ª à 8ª série;
- A escola mudou o enfoque de promoção de esportes de alto rendimento para um modelo que contemplava o desenvolvimento do aluno por meio da psicomotricidade.

Se até então a Educação Física era discutida por outros setores e/ou departamentos governamentais, a partir da década de 1980, a Educação Física passa a questionar-se, discutir e desenvolver-se por si mesma. Grande impulso para esse período de reflexão foi o retorno de brasileiros que haviam ido cursar doutorado no exterior. A realização de eventos e congressos abriam espaços para mais debate e, paralelamente, crescia o número de publicações sobre o segmento (MEC, 1997).

A década de 1980 se apresentou como um período de transição da Educação Física. O modelo empírico era substituído por um modelo científico e contextualizado com a sociedade. Logo, tornara-se necessário acrescentar a discussão do papel da Educação Física na sociedade, bem como as dimensões políticas em que o segmento estava inserido.

Como resultado desse período, chegou-se à conclusão de que deveriam ocorrer mudanças nos objetivos e conteúdos curriculares, dentre os quais se destacam (MEC, 1977):

- O olhar sobre o aluno de forma integral; além do prisma biológico, passa a se contemplar, também, a visão psicossocial;
- O enfoque da Educação Física deixa de se restringir à formação de um corpo físico que possa sustentar as atividades intelectuais, baseados em gestos repetitivos e ao esporte, visando ao adestramento do aluno, mas

aos conteúdos das aulas que passam a ser diversificados e tornam-se mais humanos.

Paralelamente, em 1985, com a Nova República[15], o sistema de saúde sofre também uma reformulação e passa a adotar uma lógica de rede unificada de saúde. Ademais, com o retorno do estado democrático, sanitaristas ocupam mais cargos na esfera político-institucional do Estado, assim como passaram a coordenar e negociar as políticas do setor da saúde com o setor previdenciário (Matta, 2007).

Em 1986, concomitantemente à discussão para a criação e implantação de uma nova constituição, o país passou a refletir sobre a adoção de políticas públicas para a população. Passava-se a compreender que a saúde não deveria ser pensada apenas no contexto de prevenção, pois isto significa prevenir algo existente, mas antes disso e mais importante era a promoção da saúde, pois esta pode se antecipar à existência da doença.

Não distante das mudanças que aconteciam no país, mas preocupada com a diretriz que deveria assumir, a Educação Física mostrava sua preocupação com a prática regular de atividade física, de maneira que fosse capaz de oferecer uma melhor qualidade de vida para a população. Assim, ainda em 1986, por meio do Governo Federal, a Secretaria de Educação Física e Desporto publicou um livro sobre Exercício e Saúde (MEC, 1986). O exercício deixava de ser visto como um discurso ideológico relacionado à saúde e passava a ser apresentado como fator contribuinte para um estado de saúde saudável.

Para Buss (2003), foi ainda nesse período que a saúde passou a ser colocada na agenda de prioridades dos políticos em todas as esferas de governo. A nova Constitui-

---

15. A ditadura chega ao seu fim e o poder do Estado passa para as mãos do governo civil.

ção passava a ser discutida não somente em nível de país como um todo, mas também pelos estados e municípios que deveriam posteriormente instituir suas constituições.

Nesse cenário, as consequências da ausência de saúde na população brasileira começaram a chamar a atenção sobre quem deveria se responsabilizar politicamente pelos agravos de saúde sofridos pela sociedade.

A pergunta que se fazia era: de quem é e/ou de quem deveria ser a responsabilidade da área da saúde? A inquietação com os problemas gerados por consequência do estado de saúde dos brasileiros obrigava a fazer valer o compromisso assumido de colocar a saúde na agenda de prioridade.

A prioridade dada à saúde na agenda culminou na realização da VIII Conferência Nacional de Saúde – VIII CNS. Nessa, especialistas, gestores de saúde, técnicos e a população foram convocados para uma discussão aberta sobre a necessidade de alterar o sistema de saúde vigente. Para Matta (2007), a VIII CNS foi um marco histórico da política de saúde brasileira, pois, pela primeira vez, pôde se reunir para discutir uma política de saúde, a comunidade usuária e os técnicos.

A conferência dava origem a um modelo de gestão participativa, pois a população recebia direito de fala para relatar os problemas enfrentados na área da saúde.

Importante ressaltar que juntamente com a transição do governo ditatorial para a democracia, o país acumulava grande e grave crise financeira, o que até mesmo justificava a necessidade de ouvir a sociedade, pois os recursos eram escassos e se fazia necessário identificar os principais pontos a sofrerem intervenção para a melhoria do sistema, ainda que de forma parcial.

Segundo Faria (2007), a VIII CNS contou com aproximadamente 4 mil pessoas nos debates e ali foi aprovada, por unanimidade, a diretriz da universalização da saúde. Após décadas de baixa ou falta de assistência de saúde, reinava a esperança de um modelo de saúde que pudesse garantir o direito à saúde integral.

Logo após a VIII CNS, em 1987, foi constituído o Sistema Unificado e Descentralizado de Saúde — Suds por meio de proposta política elaborada com o apoio dos Ministros da Saúde, Educação e Previdência.

Mais uma vez era verificada a união entre a saúde e a educação para propor ações na esfera política que pudessem contemplar a saúde da população. Nesse contexto, a educação se uniu à saúde para mostrar que a educação se constrói no interior dos debates e não pautadas apenas no conhecimento unilateral do governo.

O país avançou com o Suds e passou a ter uma política descentralizada da saúde, descentralização essa que estaria prevista pela Constituição da República de 1988 (CR/88), favorecendo municípios e estados. A descentralização do orçamento da saúde permitiu aos estados maior autonomia na gestão dos recursos para a área da saúde.

O Suds também deu continuidade às estratégias de regionalização, hierarquização e universalização da rede de saúde, descentralizando o poder do Inamps.

Para Labra (1999), não foram apenas os três ministérios — Saúde, Educação e Previdência — que discutiram a saúde; diversos segmentos também participaram do debate para decidir o rumo da saúde no país. Destacam-se a categoria médica, sindicatos, partidos políticos, parlamentares e indústria da medicina.

Na verdade, o Suds se tornou a ponte estratégica para a construção do Sistema Único de Saúde — SUS na Assembleia Nacional Constituinte (Matta, 2007) e instituído pela CR/88 que fixou o atendimento à saúde como dever do Estado e passou a universalizar o direito à gratuidade. Isto porque até então o atendimento gratuito não contemplava a todos, pois era realizado por instituições religiosas, hospitais universitários ou filantrópicos, alguns poucos governamentais e outros ligados a institutos previdência que prestavam serviço apenas a seus associados (Serra, 2002).

Segundo Lefevre & Lefevre (2004), com a criação do SUS, a saúde passou a ser reconhecida como um direito humano básico e um dos princípios fundamentais da justiça social que deve assegurar a toda a população, acesso aos meios para obtenção de uma qualidade de vida saudável e satisfatória.

Para Santiago (2010), o SUS constitui-se na maior reforma do Estado brasileiro e no maior programa de inclusão social, sendo considerado como única política pública de saúde realmente universal e igualitária oferecida pelo Estado em toda a história do país.

De acordo com o ex-ministro da Saúde, José Serra, o atendimento à saúde é direito de todos e cabe ao Estado prover as condições para garantir esse direito, independentemente da condição social do indivíduo (Serra, 2002).

Realmente, no Brasil, de acordo com a CR/88, o acesso ao tratamento da saúde passou a ser gratuito e universal, mas, na prática, ainda ocorre uma mistura de atendimento na rede pública e privada de saúde; aproximadamente um quarto da população é atendida por planos privados e três quartos pelo sistema público (Serra, 2002). Infelizmente, embora assegurada por lei, a saúde não é garantida na prática cotidiana, o que leva parte da sociedade a recorrer aos planos privados e redes particulares de atendimento, e que nem sempre significam a prestação de um melhor serviço.

Segundo Labra (1996), os sistemas de saúde são construções históricas que surgiram de amplos ajustes de políticas que resolveram problemas iminentes, mas que por vezes escondem novos conflitos. Esses, por sua vez, surgem, em algum momento histórico, com intensidade variável, despertando para a necessidade de introduzir correções nas decisões tomadas.

O SUS não é um sistema perpétuo de saúde. Novos modelos de sistema de saúde podem surgir de propostas políticas que melhorem cada vez mais a qualidade de vida da população brasileira. Aliás, a reforma da saúde tem se apresentado como tema de programas políticos a cada novo governo, sempre com foco nas melhorias para a saúde como setor universal e gratuito, o que sinaliza a necessidade de seu aprimoramento.

Em todas as esferas de disputas eleitorais, a saúde aparece como plataforma de governo, mas o que se fez ainda é pouco para prover a qualidade no atendimento à saúde da população.

A Constituição Federal (Cidadã) de 1988 também colocou o esporte e lazer como direito do cidadão, cabendo ao Estado o dever de oferecê-los (ME, 2009). Observa-se, assim, a possibilidade de inclusão da Educação Física, nesse momento, representada pelo Ministério de Esporte e Lazer, como atividade benéfica para a saúde e contributo à prevenção de doenças.

De fato, a saúde precisa da área esportiva. É por meio do lazer e do esporte que o cidadão pode ter uma saúde integral. Um modelo não apenas de trabalhador, mas de cidadão que pauta a sua vida em exercícios físicos que previnem doenças.

A década de 90 trouxe um novo momento para o país no que se refere à saúde (MS, 2009a), como, por exemplo:

- Criação da Lei Orgânica da Saúde que regulamentou o SUS;
- Crescimento de doenças crônicas transmissíveis – DCT;
- Crescimento de doenças crônicas não transmissíveis – DCNT, principalmente da obesidade;
- Ajustes na Vigilância Epidemiológica para adequação ao novo sistema de saúde.

Também no início dos anos 90, em função das propostas do setor de Educação, somadas à acentuada crítica atribuída à pouca efetividade da educação em saúde nas escolas e do fortalecimento das políticas de promoção da saúde, o Ministério da Saúde brasileiro recomendou a criação de espaços e ambientes saudáveis nas escolas. Essa medida teve o objetivo de integrar as ações de saúde na comunidade educativa (MS, 2006f).

Ressalta-se, aqui, a comunidade educativa representada pela escola, funcionando como centro efetivo das ações de educação em saúde. Nesse modelo proposto, não somente os alunos deveriam ser atingidos pela promoção da saúde, mas também seus familiares e a comunidade do entorno.

Paralelamente, no mesmo ano (1990), a Secretaria de Educação Física e Desporto, vinculada ao Ministério da Educação, foi extinta e criada a Secretaria de Desportos da Presidência da República (ME, 2013).

Outro marco da saúde, também ocorrido em 1990, foi a criação dos Conselhos de Saúde por meio da lei 8.142. Estes conselhos estão presentes em todos os 5.564 municípios brasileiros e foram criados como espaços de participação democrática da sociedade, na elaboração das políticas públicas em saúde e no controle social. Seu funcionamento ocorre em forma de fóruns colegiados e, a fim de estabelecer a igualdade, 50% de participantes são usuários (MS, 2009a).

Em 1992, o esporte novamente passou a ser vinculado ao Ministério da Educação, por meio da Secretaria de Desportos (ME, 2013). As ações da Educação Física nessa época eram centradas no ambiente escolar. E, no Brasil, a indústria do esporte e *fitness* ainda não havia se tornado tão forte.

Um ano depois (1993) criou-se o Conselho Nacional de Segurança Alimentar – Consea, cuja função era criar um plano de combate à fome e a miséria (MEC, 2007a). Dentre as prioridades desse Conselho, destacam-se:

• geração de emprego e renda;

- democratização da terra;
- combate à desnutrição materno infantil;
- descentralização e fortalecimento do Programa Nacional de Alimentação Escolar (PNAE).

Desde 1990, a obesidade já aparecia como DCNT, mas ainda assim o Consea não a contemplou nas políticas públicas, mantendo o foco somente no combate à desnutrição. Uma ação nacional com repercussões na esfera municipal aconteceu em 1994, por meio da lei n. 8.913, quando ocorreu a descentralização do Programa Nacional de Alimentação Escolar. A partir dessa lei, os estados, municípios e Distrito Federal foram obrigados a assumir a responsabilidade de comprar alimentos, planejar cardápios, analisar a qualidade dos alimentos e oferecê-los em seus territórios. Com isso, cada região, de acordo com sua cultura e necessidade, ficou responsável por adequar a alimentação escolar (MEC, 2007a).

Em 1995, o esporte foi desvinculado do MEC e se criou o Ministério do Esporte, medida que provocou maior difusão do esporte no país (ME, 2013).

No ano de 1996 fora promulgada a Lei de Diretrizes e Bases da Educação (LDB), segundo a qual a Educação Física deveria (MEC, 1997):

- estar integrada à proposta pedagógica da escola;
- ser um componente curricular de Educação Básica;
- estar ajustada às faixas etárias e às condições da população escolar;
- ser facultativa nos cursos noturnos;
- ser exercida em toda e em todos os períodos escolares – 1ª à 8ª série – e não somente da 5ª à 8ª série, como era anteriormente.

A proposta passava a ser de que a Educação Física fosse oferecida não apenas às crianças de maior idade, mas também para as crianças menores. Esta lei reconheceu a Educação Física como contributo à área da saúde infantil. A Educação Física não foi inclusa na LDB para ser um passatempo para os alunos, crianças e adolescentes, mas como educação da atividade física, por meio da psicomotricidade, dos jogos populares, de forma que contemplasse aspectos relacionados à promoção da saúde.

Logo em seguida à LDB, em 1998, por meio da lei n. 9.696 de 1º de setembro, os profissionais de Educação Física tiveram regulamentada a profissão pelo Conselho Nacional de Saúde[16] como profissionais de saúde. Interessante que antes mesmo de o professor de Educação Física ter a profissão regulamentada, ele já era reconhecido pelas demais áreas – educação, saúde e justiça – como um profissional da saúde. Durante toda a trajetória histórica da saúde, o professor de Educação Física esteve presente como mediador do corpo saudável.

O SUS preconiza a construção da integralidade da atenção em saúde e para tal faz-se necessário a atuação em equipes multiprofissionais e, nesse sentido, ressalta-se que a Educação Física passou a ser também reconhecida como área de conhecimento e de intervenção acadêmico-profissional envolvida com a promoção, prevenção, proteção e reabilitação da saúde (Confef, 2010).

Ao longo da história, quando se pensou em qualidade de vida e em saúde, as atenções foram direcionadas para a escola, principalmente para a atividade física como disciplina curricular e de responsabilidade de profissional formado em Educação Física.

A Educação Física há mais de 150 anos já era vinculada à classe médica. A Educação Física atuava junto com

---

16. Resolução n. 218/1997.

a medicina na busca de um estilo de vida higienista e foi fundamental na criação de hábitos de saúde e higiene da população. O reconhecimento, por parte da saúde, só veio a concretizar o papel do profissional que sempre atuou na busca de moldar um corpo físico saudável e equilibrado.

Ademais, a regulamentação da profissão se apresentou como um ato de reconhecimento profissional, porque permitiu que o Conselho Federal e os Conselhos Regionais de Educação Física, criados pela mesma lei que regulamentou a profissão[17], fiscalizassem os locais onde se exercia a profissão. Até então era comum pessoas com habilidades esportivas trabalharem como professores, sem a formação acadêmica específica para o exercício da atividade.

O Confef fez uma campanha que mencionava

> nada como um dia após o outro. 6 de abril dia mundial da atividade física, dia 7 de abril dia mundial da saúde. Tudo na vida está conectado. Atividade física e saúde também, inclusive nas proximidades das datas.

Além do slogan, a instituição reforçou a importância do exercício e menciona "Pratique atividade física hoje e comece a ganhar saúde no dia seguinte. Atividade física e saúde tem tudo a ver" (Confef, 2014a).

No mesmo ano (1998), a Medida Provisória – MP n. 1.794-8 vinculou o turismo ao Ministério do Esporte que passou a ser denominado Ministério de Esporte e Turismo (ME, 2013). Essa medida veio como consequência da CR/88 que citava esporte e lazer como responsabilidades concomitantes da União e do Estado. Para o turismo, essa medida foi relevante, pois até então o setor ocupava diretorias e/ou secretaria de outros ministérios. Para os esportes e conse-

---

17. Lei 9.696, de 1º de setembro de 1998.

quentemente para a Educação Física, essa medida agregou mais uma responsabilidade com foco bastante diferente.

Também em 1998 foi criada a lei n. 9.615 que passou a caracterizar o esporte educacional como aquele praticado nos sistemas de ensino e em formas assistemáticas de educação, evitando-se a seletividade e o excesso de competitividade de seus praticantes, com a finalidade de alcançar o desenvolvimento integral do indivíduo e a sua formação para o exercício da cidadania e a prática do lazer (ME, 2010).

Na esfera federal, em 1999, na área da saúde nutricional, foi homologada a Política Nacional de Alimentação e Nutrição – PNAN, que fazia parte da política nacional de saúde. O objetivo dessa política era contribuir com as diversas políticas de governo que buscavam:

- concretizar o direito humano universal à alimentação e nutrição adequadas;
- garantir a segurança alimentar e nutricional da população.

O direito à alimentação adequada é um direito humano intransferível. Cabe ao Ministério da Saúde acompanhar as ações da PNAN para que sua efetivação seja plena em todo o país (MS, 2005a).

Segundo Valente (2002), o desrespeito ao direito humano à alimentação coloca em risco o outro direito, o direito à vida. O cidadão diariamente precisa de alimento para atender às demandas nutricionais. O direito alimentar deve contemplar tanto a fome e desnutrição quanto a inadequada alimentação e a obesidade.

Ainda em 1999 foi promulgada a Lei n. 8.080 – Lei Orgânica do SUS –, que dispõe sobre as condições para a promoção, proteção e recuperação da saúde, a organização e o funcionamento dos serviços correspondentes. Também se define como campo de atuação do SUS a vigilância nutricional e a orientação alimentar[18] (MS, 2008).

Nos anos seguintes, a nutrição e a alimentação passaram a constituir requisitos fundamentais para a promoção e a proteção da saúde. Elas possibilitaram a concretização do crescimento e desenvolvimento do cidadão com qualidade de vida (MS, 2007a).

### 2.3 SÉCULO XXI

No ano 2000, o Brasil vivenciou um crescimento da divulgação televisiva dos esportes, entretanto a população brasileira vivenciava o aumento do número de pessoas com sobrepeso e obesidade.

Se o esporte já estava enquadrado na área da saúde, por que tantas pessoas acompanhavam o esporte apenas pela mídia?

Anos antes, o sobrepeso e a obesidade já eram vistos por profissionais de saúde por uma perspectiva médica, mas precisavam ser reconhecidos como sintoma de um problema social global muito maior, por isso o esporte começou a ser apontado como uma ferramenta que poderia ser utilizada para contribuir para uma boa saúde da população (Gracey, 1995).

Em 2002, passados alguns anos do enquadramento e regulamentação da profissão de Educação Física, o governo federal criou o Programa Nacional de Promoção da Atividade Física – Agita Brasil, que foi uma iniciativa do Ministério da Saúde para incrementar o conhecimento e o envolvimento da população com a atividade física, cha-

---

18. De acordo com o MS (2007a), são as recomendações para que a pessoa possa escolher, preparar, conservar e consumir alimentos por critérios nutricionais ou indicativos de necessidade fisiológica (crescimento, gravidez, lactação), patológica (obesidade, diabetes, doenças carenciais) ou socioeconômica (relação valor nutritivo *versus* custos).

mando a atenção para sua importância como fator predominante de proteção da saúde (MS, 2002).

Assim, a Educação Física se consolidava como uma ótima ferramenta para a área da saúde e passou a ter papel importante nos programas nacionais. A participação no programa Agita Brasil foi marcada historicamente como um reconhecimento social de que o tema esporte era saúde e o que o diferenciava era um ministério.

Em 2003, o Ministério do Turismo – MTur foi criado e o esporte voltou a ser um ministério único (ME, 2013). No mesmo ano, o Ministério do Esporte criou a Secretaria Nacional de Desenvolvimento do Esporte e do Lazer – SNDEL, que surgiu como um espaço político institucional importante para tratar das políticas públicas sociais de esporte recreativo e de lazer. A Secretaria tinha o propósito de articular as ações do governo com redes de interações, lideradas pelo governo federal. O foco era melhorar a qualidade de vida da população brasileira e garantir os seus direitos.

Era papel da SNDEL desenvolver políticas públicas, por meio de ações educativas, para conscientização da população. As pessoas precisavam se tornar autônomas frente à prática de esporte e lazer (ME, 2010). Mas, ainda hoje, a população depende de alguém para mediar a ação prática de atividade física.

Também em 2003 aconteceu o maior marco histórico político no segmento interministerial, formalizado por meio da Portaria Interministerial n. 2.225/03, que entendia o esporte e o lazer como práticas sociais vinculadas à área da saúde. Assim, o governo federal instituiu uma política pública com ações conjuntas entre os Ministérios do Esporte e da Saúde (ME, 2005).

Ainda em 2003, o Ministério do Esporte criou o *Programa Esporte e Lazer da Cidade* – Pelc. Em síntese, o programa visava suprir a carência de políticas públicas sociais que atendessem às crescentes demandas da população por lazer e esporte recreativo, sobretudo a parte da sociedade que se encontrava em situação de vulnerabilidade social e econômica (ME, 2010).

Outro programa criado em 2003 foi o *Programa Segundo Tempo* – PST, por meio da Secretaria Nacional de Esporte Educacional – SNEED. Assim como o Pelc, o PST estava pautado na política nacional e precisava cumprir papel social. Esse programa foi uma tentativa do Estado para oportunizar o esporte e lazer à população (ME, 2010).

O PST tinha como ideal um segundo tempo de jogo. O primeiro tempo era realizado na rotina normal, vivenciada pelo aluno na escola e o segundo tempo era no horário oposto ao que o aluno estudava. A escola voltava a ser palco de políticas públicas que oportunizavam a prática de atividade física.

A lei n. 10.672/03 instituiu que os recursos do Ministério do Esporte deveriam contemplar o esporte educacional. Como o PST ocorre na escola no contraturno escolar, a lei pode contemplá-lo (ME, 2010).

Logo após, no ano de 2004, foi traduzida no Brasil a publicação da OMS sobre uma estratégia global para a promoção da alimentação saudável, atividade física e saúde. A estratégia consistia na formulação e implementação de linhas de ação efetivas para reduzir as mortes e doenças em todo o mundo (MS, 2005). Seus objetivos principais são (OMS, 2004):

- reduzir os fatores de risco para DCNT por meio da ação em saúde pública e promoção da saúde e medidas preventivas;
- aumentar a atenção e conhecimento sobre alimentação e atividade física;
- encorajar o desenvolvimento, o fortalecimento e a implementação de políticas e planos de ação em nível global, regional, nacional e comunitário que sejam sustentáveis, incluindo a sociedade civil, o setor privado e a mídia;

- monitorar dados científicos e influências chave na alimentação e atividade física e fortalecer os recursos humanos necessários para qualificar e manter a saúde nesse domínio.

Essa publicação da OMS, que valorizava o esporte na área da saúde, contribuiu muito para estimular novas publicações de livros sobre atividade física, nutrição, saúde e esporte. No Quadro 1, apresentam-se algumas publicações lançadas que ganharam força no cenário nacional como contribuintes no combate à obesidade[19].

**Quadro 1. Publicações sobre o combate à obesidade**

| Publicação | Autor/ano |
|---|---|
| Obesidade e saúde pública | Anjos, 2006 |
| Obesidade na adolescência | Axelrud el al., 1999 |
| Promoção da saúde: conceitos, reflexões, tendências | Buss, 2009 |
| Obesidade & Atividade Física | Domingues Filho, 2000 |
| Controle do peso corporal: composição corporal | Guedes; Guedes, 1998 |
| Atividade física, saúde e qualidade de vida: conceitos para um estilo de vida ativo | Nahas, 2003 |
| Exercício e Saúde: fatos e mitos | Silva; Siva, 1995 |
| Obesidade e Nutrição e Guia prático de saúde e bem-estar | Varella; Jardim, 2009 |

Fonte: Elaborado pelo autor.

---

19. Foram contempladas as publicações que tratam do tema obesidade por se tratar de uma das principais DCNT (maiores detalhes no Capítulo 2) e ser tema central desta obra.

Para Lefevre e Lefevre (2004, p. 71),

> todos os setores do governo – agricultura, comércio, comunicação, educação, indústria – para elaborar suas políticas públicas saudáveis precisam considerar a saúde como um fator essencial e serem responsabilizados pelas consequências de suas decisões sobre a saúde dos cidadãos.

Os autores citados no parágrafo anterior chamam atenção para as consequências das ações do governo. Para além das ações, a omissão do Estado também começa a ser questionada pela sociedade. O Brasil precisava dar respostas aos problemas emergentes.

O Estado, por meio de seus governantes, necessitava assumir o compromisso de intervir, de forma mais incisiva, nas causas das DCNT que afetavam a sociedade (Lefevre; Lefevre, 2004), principalmente a obesidade, nomeada como a epidemia do século.

Antes disso, tornara-se emergente sensibilizar dirigentes e políticos para o fato de que as escolhas saudáveis dos cidadãos são as mais fáceis de ensinar. A questão governamental passava a ser decidir qual a estratégia utilizar para a promoção da saúde.

Segundo o Ministério do Esporte, em 2004, a política pública de esporte e lazer passou a ocupar a agenda do Estado brasileiro (ME, 2010). O esporte vivenciou um modelo de gestão pública participativa e o governo abriu espaço para o diálogo com a sociedade por meio de diversos canais. Um exemplo foi a 1ª Conferência Nacional de Esporte (CNE), que envolveu a sociedade brasileira na elaboração da Política Nacional de Esporte e Lazer e nos Planos Nacionais (Confef, 2004). Ademais, mostrou o compromisso do governo vigente em ouvir a sociedade e promover um debate para construir uma proposta coletiva de política nacional de esporte.

Aspecto positivo nessa conferência foi a possibilidade de diversos grupos de pesquisa das universidades públicas e privadas poderem confrontar suas pesquisas com as estratégias previamente estabelecidas pelo Estado para a promoção da saúde da população.

A troca de experiência nesse evento contribuiu para a evolução das políticas públicas de esporte. Em todo o país cresciam os Conselhos Regionais de Educação Física – CREF e o Conselho Federal de Educação Física – Confef ganhava credibilidade junto aos profissionais e na esfera política. Somado a isso, havia também o crescimento dos cursos de Educação Física em todo país, a criação de centros de pesquisa na área de educação e laboratórios de avaliação.

O Confef reconheceu, nessa época, a urgência de diagnosticar a situação do esporte no Brasil. As particularidades encontradas em diversos municípios dariam a chance de mudar a situação da população.

Em 2005, o então presidente da República, Luiz Inácio Lula da Silva, assumiu que o esporte era uma questão de Estado, assim como havia sido determinado pela CR/88, e criou uma Política Nacional de Esporte. O compromisso passou a ser não apenas para atender ao direito do cidadão, mas também para servir a fins eleitorais.

Essa decisão foi importante no cenário nacional. Diversas publicações foram editadas pelo ME. Percebeu-se uma aceleração das ações ministeriais e o país vivenciava uma expansão da prática dos esportes, influenciada, também, pela sede da cidade do Rio de Janeiro aos Jogos Pan-Americanos 2007 e pelas diversas submissões da cidade para sediar outros jogos internacionais, tais como Olimpíadas, Jogos Mundiais Militares, Copa do Mundo e Copa das Confederações.

Paralelamente, a preocupação política com o controle da obesidade era tanta que o governo criou um *Guia Alimentar para a População Brasileira*, como parte da responsabilidade governamental em promover a saúde.

A população havia alterado bruscamente o seu modo de alimentação e a atividade física era cada vez menos praticada e mais assistida. O Brasil precisava educar a população a respeito de como se alimentar de maneira saudável, pois somente assim seria possível melhorar o estado nutricional das pessoas.

Em 2006, o Ministério da Saúde propôs a Política Nacional de Promoção da Saúde que visava melhorar a saúde e que exigia uma constante reflexão e qualificação contínua das práticas sanitárias e do sistema de saúde (MS, 2006a).

As mudanças da sociedade passaram a ocorrer muito rapidamente. De um ano para o outro eram lançadas novas dietas e novas combinações alimentares. A população precisava estar consciente sobre os agravos provocados pelos desajustes alimentares.

Em 2006, o Ministério da Saúde Brasileiro publicou um *Caderno de Atenção Básica de Obesidade*, que dizia que "a sociedade, sob a responsabilidade do Estado, deve cumprir o dever de respeitar, proteger, promover e realizar os direitos humanos" (MS, 2006d, p. 13).

O Estado precisava, então, não de um programa específico, mas de políticas públicas e programas que contemplassem a saúde e se interligassem. Era preciso entender que:

- muitas famílias produzem seu próprio alimento;
- as pessoas precisavam de uma alimentação que coubesse no seu orçamento;
- dentro da mesma família poderiam existir pessoas com diferentes necessidades alimentares.

Entretanto, nesse mesmo ano de 2006, tanto a publicação do Ministério da Saúde Brasileiro quanto a da OMS tratavam a atividade física como importante no combate à obesidade e declaravam que o incentivo e o apoio à adoção de modos de vida ativa devem ser uma prioridade no acompanhamento das pessoas.

A saúde voltava a reconhecer, no cenário internacional e nacional, que a atividade física pode ser um contributo no controle dos problemas de saúde, especificamente no caso da obesidade.

Os eixos temáticos da agenda sobre saúde passaram a ser a promoção da melhor saúde e da qualidade de vida da população brasileira. As ações políticas tinham que despertar o interesse dos cidadãos para conhecer, experimentar e incorporar a prática regular diária de atividades físicas.

As pessoas passaram a ser confrontadas a buscarem uma qualidade de vida por meio da permanência em um peso saudável. A atividade física passa a ser aliada da alimentação saudável para se conseguir a tão sonhada qualidade de vida.

A população precisava entender como a atividade física atuava na prevenção da obesidade. A atividade física começou a ser promovida e se tornou um fator determinante do gasto de energia e, portanto, do equilíbrio energético e do controle de peso.

As políticas públicas mudaram o foco para promover um estilo de vida ativo independente da redução do peso que a atividade física pode ocasionar. O Estado entende que o fato do indivíduo deixar de ser sedentário já irá trazer resultados positivos quanto à melhoria de qualidade de vida e de bem-estar geral do cidadão, além de resultados específicos em relação aos riscos de saúde e ao controle dos agravos da doença (MS, 2006d).

Em 2006, foi promulgada a Lei Orgânica de Segurança Alimentar e Nutricional (Losan), que criou o Sistema Nacional de Segurança Alimentar e Nutricional (Sisan).

Era mais uma tentativa de assegurar o direito humano à alimentação adequada (MS, 2008).

Também em 2006, o Ministério da Saúde Brasileiro lançou a versão de bolso do Guia Alimentar para a População Brasileira, no formato de *Dez Passos para uma Alimentação Saudável*. Esse Guia trazia um teste sobre a alimentação do indivíduo para que o ajudasse a refletir e modificar os hábitos alimentares (MS, 2006b). O Guia indicava a atividade física e alimentação saudável como "receita" aos brasileiros para alcançarem uma boa saúde.

Ainda em 2006 foi publicado *Diretrizes para a alimentação saudável no ambiente escolar*, portaria n. 1.010 (MS, 2007b). Essas diretrizes fomentaram o debate sobre as cantinas escolares e a alimentação escolar. A proposta era que esses estabelecimentos oportunizassem ao aluno uma alimentação mais saudável e menos industrializada. Deveria ser estimulado o consumo de frutas, verduras e legumes e a diminuição dos alimentos muito calóricos.

No ano seguinte, em 2007, o Ministério da Educação promoveu a ideia de que "por meio da alimentação oferecida na escola, os alunos podem aprender a se alimentar de forma adequada e melhorar sua qualidade de vida" (MEC, 2007a, p. 30). A escola passava a ter, por meio da educação alimentar, um papel social. Bons hábitos aprendidos na escola poderiam produzir uma melhor qualidade de vida.

O Ministério da Saúde e o Ministério da Educação se uniram para informar que práticas mais saudáveis no ambiente escolar precisam acontecer. As cantinas escolares precisavam se ajustar, minimizar os alimentos não saudáveis e maximizar os saudáveis.

Também em 2007, como resultado do trabalho integrado entre MS e MEC e por meio do decreto presidencial n. 6.286, foi criado o Programa Saúde na Escola – PSE, na tentativa de ampliar as ações específicas de saúde aos estudantes da rede pública de ensino (MS, 2009d). Mais uma vez pode ser visualizada a atuação em conjunto entre as áreas de saúde e educação para elaboração de um programa em saúde com foco principal nos escolares.

Nesse período, momento histórico, ocorreu a implementação de proposta não apenas de promoção da saúde, mas de prevenção e atenção à saúde, culminando assim na valorização do trato pedagógico em relação à alimentação distribuída na escola.

Em 2008, não houve publicação dos Ministérios, mas a Sociedade Brasileira de Pediatria lançou o Manual de Orientação denominado *Obesidade na infância e adolescência* (SBP, 2008).

Em 2009, o Ministério da Saúde lançou duas Cadernetas de Saúde do Adolescente, uma para meninas e outra para meninos. A caderneta continha alguns passos para a alimentação saudável (MS, 2009a). Nesse material, a linguagem do jovem foi trabalhada e o texto trazia frases direcionadas para os adolescentes. Dentre as recomendações estava que "os jovens devem ficar atentos aos seus direitos", enfatizando que "as esferas (federal, estadual e municipal), a sociedade, a comunidade e a família têm a responsabilidade de garantir a você direito à vida e à saúde". Na sequência, o material reforça que ter saúde também é estar na escola, alimentar-se bem, ter amigos, brincar, divertir-se, fazer alguma atividade física, enfim, ser feliz! (MS, 2009c).

Na capa da caderneta de saúde do adolescente para meninos observava-se a imagem de dois adolescentes com perfil nutricional aparentemente eutrófico, com mochila nas costas e um deles segurando um skate com as mãos.

Vários questionamentos podem ser realizados: os adolescentes estariam em estado eutrófico em função dos exercícios feitos com skate? Inserir o skate seria uma estratégia para estimular o uso do skate como meio de deslocamento para escola?

Infelizmente na maioria das escolas não é permitido entrar com skate ou até mesmo de bicicleta. Se, por um lado, na esfera federal entende-se que a modernidade e os novos estilos de vida trazem junto novos meios de deslocamento mais ativos e que podem fazer parte do ambiente da escola, por outro, ainda existe uma resistência por parte de gestores escolares, professores e funcionários contra tais usos.

O estereótipo de que aluno com skate não quer nada, é desatento e rebelde permanece. E, no caso da bicicleta, o que se pensa é onde colocá-la. Imagina-se que todos os alunos passariam a ir para a escola de bicicleta e assim não haveria espaço suficiente para guardá-las. Logo, inibe-se esse processo, impedindo a entrada.

Também em 2009 foi lançado o Plano Nacional de Atividade Física, construído em parceria com o Ministério do Esporte, centros de pesquisas, universidades e secretarias municipais de saúde que têm em andamento projetos de promoção da atividade física. O plano apresentava diretrizes e ações para o desenvolvimento de práticas corporais (MS, 2009a).

Ainda em 2009, o Departamento de Atenção Básica do MS apresentou a primeira publicação sobre os *Indicadores de Vigilância Alimentar e Nutricional – Brasil 2006*. O Estado precisava mostrar para a sociedade como estava a situação alimentar da população brasileira. Acabou-se descobrindo que mudanças ocorreram também no padrão de atividade física da população, o que repercutiu na composição corporal. A obesidade passou a se relacionar cada vez mais com as DCNTs.

Ainda como acontecimento marcante referente ao ano de 2009, cita-se o lançamento, pelo governo federal, da matriz de ações de alimentação e nutrição. Essa matriz ajudou a sistematizar e organizar a atenção básica à saúde e suas ações concentraram-se na alimentação e no cuidado nutricional.

Em 2010 foi criado o *Manual das Cantinas Escolares Saudáveis: promovendo a alimentação saudável*. Este material foi elaborado pelo Ministério da Saúde. O objetivo era desenvolver uma política pública para prevenir a obesidade nos escolares adolescentes (MS, 2010).

A pergunta que se faz é: por que se cria um manual para cantinas se quatro anos antes já haviam sido publicadas as diretrizes para a alimentação saudável nos espaços escolares? Muitas cantinas escolares são arrendadas por empresários e esses é que decidem quais os produtos que devem ser comercializados, decisão bastante influenciada, também, pela força de negociação das grandes marcas de sorvetes e refrigerantes, por exemplo, que acabam por entender o ambiente escolar como mais um ponto de venda de grande importância para seus negócios.

Tanto o manual quanto as diretrizes tinham por objetivo orientar os gestores escolares a remodelar o ambiente escolar. Como consequência dessa ação, novas licitações foram feitas em todo país para escolha de locatários que pudessem oferecer na escola mais do que lanches industrializados, sobretudo uma alimentação adequada para o aluno. A questão é que produtos saudáveis foram integralizados às cantinas, mas os produtos industrializados não foram abolidos e a escolha sobre o que comer permaneceu como decisão dos alunos. Esses, em maioria, optam pelos produtos industrializados.

Em 2011, foi lançado o livro *Orientações para a coleta e análise de dados antropométricos em serviços de saúde*. Esse material do Ministério da Saúde visava contribuir para a melhoria do perfil de saúde e nutrição da população. O objetivo principal da publicação era prover o entendimento aos profissionais de saúde de como as avaliações antropométricas eram feitas e qual protocolo seria utilizado para que houvesse uma padronização dos resultados.

Existiam pelo país estratégias diferentes de aferição antropométrica que não eram possíveis de se reproduzir e a habilidade do avaliador poderia resultar em avaliações diferentes entre avaliadores. As orientações socializadas por toda a rede de atenção permitiram uma unificação da coleta e comparação de dados. Nessa época enfatizou-se a necessidade de uma vigilância nutricional, pois o país necessitava estar atento diariamente quanto aos hábitos alimentares da população que se apresentavam inadequados e crescia o número de pessoas obesas.

Também em 2011, o MS desenvolveu o Programa Academia da Saúde[20], que tinha como meta o desenvolvimento da produção do cuidado e a promoção de saúde nos municípios e como plano de ação estratégico o enfrentamento das DCNT. O programa prevê a construção de polos municipais com infraestrutura, equipamentos e profissionais da saúde (MS, 2013a).

A principal ação do programa consiste em oferecer academias ao ar livre, ou melhor, implantar equipamentos para o desenvolvimento de exercícios físicos em espaços públicos para que a população possa fazê-los, seja como atividade física ou como um lazer. O Ministério da Saúde passava a usar uma atividade como principal agente transformador social.

A ideia e a iniciativa se apresentam como relevantes. O problema está no fato da ausência de profissional nesses espaços. Como se tratam de equipamentos sem elevado quantitativo de peso, a ideia da sociedade foi traduzida em

---

20. "No Programa Academia da Saúde estão sendo investidos R$ 380 milhões no programa. O valor varia de acordo com o tipo: básica (R$ 80 mil/polo), intermediária (R$ 100 mil/polo) e ampliada (R$ 180 mil/polo). Os recursos são garantidos pelo Governo Federal. O município contemplado recebe 20% do valor total previsto para o projeto. Para ter direito às parcelas seguintes de recursos, o gestor municipal deverá apresentar os documentos, comprovando a conclusão das etapas da obra" (MS, 2013a, p. 54).

espaços para terceira idade. Esses, se não estavam acostumados à realização de tais atividades não o fazem por falta de profissional que os oriente em como executar ou quando executar.

Quanto os mais jovens, visto que se criou o estereótipo de espaço para a terceira idade, os mesmos acabam não utilizando o espaço, ao passo que se a permanência de um profissional fosse efetiva, poderia atuar na mudança desse estereótipo, até mesmo porque poderia incluir outras atividades e/ou exercícios físicos adequados aos mais jovens além dos equipamentos instalados. Dessa forma, muitos destes espaços e equipamentos acabaram se tornando brinquedos para crianças.

A falha do programa está no fato da promoção de um estilo de vida saudável passar pela aproximação do profissional da saúde com o usuário e isso não acontecer pela ausência do profissional. Mas, ainda sim, não se pode desconsiderar que houve uma mudança de paradigma nas ações públicas. O Ministério da Saúde passou a investir em um modelo de gestão da saúde pública, baseado, principalmente, na promoção da saúde. Além de tratamento de doenças, o Ministério passou a incentivar a adoção de estilos de vida mais saudáveis, como forma de melhoria da qualidade de vida da população brasileira. A proposta passava a ser a prevenção de desenvolvimento de doenças crônicas, por meio da promoção da saúde, evitando mortes prematuras e agravos à saúde (MS, 2013a).

Também em 2011, o governo federal lançou o plano de ações para enfrentamento de DCNT. O plano prevê a queda de 2% ao ano das mortes prematuras por doenças crônicas, a partir da melhoria de indicadores relacionados com alimentação inadequada, sedentarismo e obesidade (MS, 2013a).

Em 2012, os Ministérios da Saúde, Esporte e Educação estavam cientes de que a prevalência de obesidade no país havia se tornado importante problema de saúde pública. A quantidade de pessoas acometidas pela obesidade fazia com que o tema circulasse sempre nos assuntos de promoção da saúde. Controlar a obesidade passou a ser alvo de conquista.

Em 2013, o MS lançou nova versão da Política Nacional de Alimentação e Nutrição que tinha como propósito a melhoria das condições de alimentação, nutrição e saúde da população brasileira. O declínio do nível de atividade física, aliado à adoção de modos de se alimentar pouco saudáveis tem relação direta com o aumento da obesidade (MS, 2013b).

Em 2013, paralelamente, o Ministério do Esporte desenvolveu uma política pública com a concepção do Centro de Iniciação ao Esporte (CIE). O objetivo do Estado era aumentar a oferta de locais com infraestrutura esportiva e assim incentivar a prática de esportes em áreas carentes. Segundo Belchior (2013), o projeto acopla esportes para adolescentes e teve um investimento inicial de R$ 800 milhões. O projeto acontece mediante a parceria entre município e Estado, ficando o primeiro responsável em conseguir o terreno e o segundo em investir o recurso financeiro.

Para ingressar no programa os municípios precisam se candidatar pelo site do Ministério do Esporte e assim cumprir os requisitos para implementação do CIE. Muitos municípios não possuem recursos para investimento na área de esporte no que se refere a construções de quadras e remodelação de espaços, assim, a iniciativa de parceria entre governo federal e município pode ser uma estratégia bem sucedida para promover estilo de vida saudáveis.

Em 2014, o MS publicou *Estratégias para o cuidado da pessoa com doença crônica: obesidade*, com o objetivo subsidiar os profissionais de Saúde atuantes nos serviços de Atenção Básica do SUS para o cuidado integral da obesidade, com ênfase no manejo alimentar e nutricional (MS, 2014).

Em 2015, o MS publicou o Guia alimentar para a população brasileira: relatório final da consulta pública.

O objetivo da Consulta Pública foi permitir a ampla divulgação do *Guia Alimentar para a População Brasileira* para receber sugestões ou comentários de órgãos, instituições e da sociedade civil, fomentando um processo abrangente e democrático, representativo de diálogo, de modo participativo e legítimo. (MS, 2015, p. 10)

No Brasil, a história da saúde pública foi marcada pela criação, extinção, troca de nome de secretarias, junção de Ministérios, mas também por ações que provocaram o avanço do debate no setor. Refletir sobre as políticas e seus processos, assim como as agendas definidas, permite discutir as ações que devem balizar os próximos programas para a saúde.

### 3. PLANO MUNICIPAL: NITERÓI

O conhecimento dos marcos históricos da saúde de Niterói é importante para o entendimento de como a cidade influenciou nas políticas públicas de saúde nacionais.

Niterói ocupa uma área de 131 km², quase quase 10 vezes menor do que a do município do Rio de Janeiro – 1.182,296 km² (Santiago, 2010) e apresenta uma grande heterogeneidade interna (Oliveira; Mizubuti, 2009).

A cidade está localizada na orla oriental da Baía de Guanabara, e tem como os limites geográficos: de Niterói são ao sul, o Oceano Atlântico; a oeste, a Baía de Guanabara, os municípios de Maricá e parte do município de São Gonçalo; a leste e ao norte, o município de São Gonçalo.

O município de Niterói apresenta um cenário de crescimento urbano desigual, coexistindo bairros de estratos sociais de classe média e alta, ao lado de favelas, onde os domicílios têm padrão construtivo precário e concentra a população de baixa renda (Teixeira et al., 1999).

Fundada no século XVI, a cidade foi capital da antiga Província do Rio de Janeiro e depois do antigo Estado do Rio de Janeiro de 1835 até 1894, ano em que a capital foi transferida para Petrópolis, em virtude do bombardeio de Niterói pelos navios participantes da Revolta da Armada, iniciada em 1893. Dez anos depois, em 1903, Niterói retornou à condição de Capital da Província do Rio de Janeiro. Ao longo de sua história, sediou órgãos da administração federal e estadual, tornando-se, para a região fluminense, um marco de referência política, de cultura e de serviços, notadamente na área da saúde (Santiago, 2010).

Em 1975, com a junção dos antigos Estados do Rio de Janeiro e da Guanabara, nasceu o novo Estado do Rio de Janeiro e a capital foi transferida para a cidade do Rio de Janeiro.

Para Ferreira (1997), Niterói tem seu desenvolvimento econômico e modernização garantidos, independentemente de ser ou não capital. A história de Niterói garantiu-lhe certa autonomia política e tem lhe permitido redefinir seu perfil como cidade.

Niterói, em 1969, foi a cidade que recebeu a primeira competição de cunho escolar de abrangência nacional: os Jogos Estudantis Brasileiros – (Arantes, 2011), assim passando a ser reconhecida como a cidade que iniciou o processo de estímulo a competições escolares. Naquela época, as demandas eram diferentes, mas hoje as competições estudantis são uma oportunidade de estímulo ao espírito esportivo, além de difundirem os valores do esporte entre os jovens.

A lei federal de Diretrizes e Bases da Educação já valorizava a prática de esporte na escola e pode ter contribuído para que não apenas Niterói, mas outras cidades despertassem para a valorização da prática esportiva no ambiente escolar. Deve-se lembrar que o país vivenciava a ditadura, período em que o esporte fora colocado como modelo de preparação militar e de esporte com alto rendimento.

Em 1975, foi criada a Secretaria de Saúde e Ação Social de Niterói – Decreto 2.194 –, e suas ações passaram a ser fundidas com as diretrizes brasileiras, pois nessa época o Brasil criava o Sistema Nacional de Vigilância Epidemiológica.

Em 1979, Niterói começou a desenvolver uma política de saúde que agregava o desenvolvimento urbano a uma melhor saúde e qualidade de vida. Diversas secretarias começaram a se unir para promover uma saúde social na cidade (Santiago, 2010).

Nesse período, o município se destacou ainda mais no cenário nacional, pois não só discutia o modelo vigente do Estado, mas propunha inovações no modo de conceber a saúde e a assistência à população. Dentre as propostas de Niterói dessa época, destacam-se:

- constituição da rede municipal de saúde;
- extensão de cobertura da saúde a bairros periféricos;
- implantação de uma rede básica de serviços de saúde;
- utilização de agentes de saúde;
- valorização da atenção primária.

De acordo com Teixeira et al. (1999), Niterói não viu de longe o movimento da reforma sanitária da saúde no país, a cidade vivenciou a Conferência Nacional de Saúde (1980) e passou a discutir, no município, a reformulação do modelo de assistência de saúde vigente.

Niterói entendeu que era necessário não copiar um modelo desenvolvido pelo Estado, mas que deveria construir uma política de saúde que era oposta à do Estado. A cidade era alicerçada em estratégias alternativas que se opunham à política ministerial de saúde vigente no país, que era fragmentada, segmentada por múltiplos ministérios e muito centrada nos grandes hospitais com tecnologia (MS, 2006e).

No período de 1982 a 1987, a cidade implementou o projeto de ações integradas de saúde – Projeto Niterói. Passou a ocorrer a articulação entre várias instituições prestadoras de serviços numa rede hierarquizada de atenção em nível local (Teixeira et al., 1999).

Em 1984, foi criado um Laboratório de Produção de Medicamentos Homeopáticos junto à Unidade Municipal de Saúde – UMS no bairro Engenhoca, experiência pioneira no país, em se tratando de instituição pública (Santiago, 2010).

A Secretaria Municipal de Saúde publicou, na mesma época, um livro que foi um marco na saúde: *Educação e Saúde – propostas para programa de saúde escolar*, editado em conjunto com a Secretaria Municipal de Educação (Santiago, 2010). Niterói percebeu que a educação e saúde caminham lado a lado e a publicação reforçava a ideia de união de forças para melhoria da saúde da população.

Em 1988, até mesmo por influência da CR/88, o Conselho Municipal de Saúde, pela primeira vez, incluiu representantes das instituições públicas e privadas do setor saúde e lideranças comunitárias. A proposta era debater e direcionar a Política Municipal de Saúde (Santiago, 2010).

No ano seguinte, em 1989, o Projeto Niterói trouxe profissionais que tinham experiência participativa do movimento sanitário que o país havia passado e a saúde da cidade começou a melhorar, culminando na criação da Fundação Municipal de Saúde de Niterói (FMSN).

Mas, foi em 1992 que aconteceu o maior marco da cidade de Niterói no que se refere à saúde: a implantação do modelo de medicina familiar. Ressalta-se que esse modelo resultou de experiência bem-sucedida em Cuba, local em que a cidade se inspirou para construir o programa niteroiense.

De acordo com Teixeira et al. (1999), mesmo existindo diferenças entre os dois países, Niterói buscou na experiência cubana a viabilidade política de um plano municipal que respondesse aos princípios do SUS. Para tanto, foram levados em conta, entre outros fatores:

- humanização do atendimento de forma a facilitar a construção da cidadania e a consciência dos determinantes acerca do processo saúde doença;
- saúde integral da população;
- fortalecimento da promoção à saúde e o estímulo para promovê-la.

Ao longo da implantação, o programa contou com a supervisão do Ministério da Saúde de Cuba, mas sua efetivação se deu por conta dos resultados primários, pois se revelou eficiente no tratamento e atenção básica dos moradores.

Oliveira e Mizubuti (2009) esclarecem que a inserção do PMF permitia que o usuário realizasse movimentos horizontais e verticais pelos espaços de saúde, em busca de procedimentos ampliados e mais complexos, até chegar ao topo da pirâmide, que eram os hospitais com capacidade de internações e protocolos de última ação do tratamento.

O município foi um dos pioneiros a reconhecer que muitos casos não necessitam de hospitais como fora, a partir da década de 1950, defendido pelo governo federal ao colocá-los como centros de referência.

Niterói, que já se destacava por propor ações, foi o município que criou o Programa Médico de Família – PMF no país. Isto porque o programa foi tão eficiente que serviu de modelo para outros projetos de saúde da família, inicialmente no estado do Rio de Janeiro e posteriormente para vários municípios de outros estados brasileiros.

Quando o Ministério da Saúde Brasileiro adotou o Programa de Saúde da Família – PSF como estratégia nacional de construção de um novo modelo de atenção, reconheceu a importância do município na área da saúde e contou com a participação permanente da equipe coordenadora municipal de Niterói (Hübner; Franco, 2007).

# CAPÍTULO 2

## OBESIDADE, UM PROBLEMA DE SAÚDE PÚBLICA

Em publicação da *World Health Organization* (WHO), agência especializada das Nações Unidas que dirige e coordena os temas de saúde internacional e pública, percebe-se que a obesidade é entendida como uma ameaça crescente para a saúde das populações, em um número cada vez maior de países. Na verdade, a desnutrição e as doenças infecciosas como causas mais significativas de problemas de saúde foram substituídas pela obesidade, que se tornou problema comum (WHO, 2005), mas esse problema não se iniciou nas últimas décadas.

Com o fim da necessidade de caçar/colher frutos e com o iniciar da agricultura há 12 mil anos, os seres humanos tiveram pela primeira vez a possibilidade de se fixar à terra e de armazenar provisões para resistir às diversidades do clima, às guerras, às pragas e epidemias.

Mas nem todos tiveram fartura com a agricultura. Em muitas regiões existiram epidemias de fome, que acabaram com populares inteiras. Mesmo entre os egípcios, gregos e romanos que construíram impérios, comida à vontade era privilégio das classes dominantes; escravos, trabalhadores braçais e lavradores viviam assediados pela desnutrição crônica. A dificuldade de acesso a alimentos perseguiu boa parte da humanidade até a metade do século XX, mesmo na Europa desenvolvida.

Ainda hoje, epidemias de fome assolam países da África e da Ásia e persistem de bolsões de pobreza espalhados pelos quatro cantos do mundo.

No final do século XX, convivendo com esses desnutridos, grandes massas populacionais de países ricos passaram a enfrentar também o problema oposto: a obesidade epidêmica, consequência do acesso farto aos alimentos e da falta de atividade física. (Varella; Jardim, 2009, p. 13)

Ao tratar da obesidade como o tema central desta obra, optou-se por desenvolver um segundo capítulo onde fossem disponibilizados dados e informações que proporcionassem a compreensão da obesidade a partir de diferentes perspectivas.

Para tanto, dividiu-se o capítulo em quatro seções. A primeira apresenta os conceitos da obesidade. A segunda trata da transição epidemiológica, o processo que conduziu à definição da obesidade como Doença Crônica Não Transmissível – DCNT. A terceira e quarta abordam, respectivamente, problemas e causas da obesidade, e também se discutem equilíbrio energético, hábitos alimentares e atividade física da população brasileira com foco principal nos adolescentes.

**1. OBESIDADE: CONCEITOS**

A obesidade é conceituada de forma complexa e diversificada e pode afetar crianças, adolescentes e adultos (MS, 2006d). É definida como uma doença grave (OMS, 2004), crônica (MS, 2006d) e integra o grupo das Doenças Crônicas Não Transmissíveis (DCNT) (Pinheiro et al., 2004).

No Quadro 2, apresenta-se a visão da obesidade por diferentes referências que a definem a partir da mudança causada na estrutura do corpo – maior peso, mais gordura e os riscos para saúde.

**Quadro 2. Visão da obesidade por diferentes fontes**

| Conceitos de obesidade | Fonte(es) |
|---|---|
| Condição de acúmulo anormal de gordura no tecido adiposo numa extensão em que a saúde pode ser prejudicada | Garrow, 1988 |
| Excesso de gordura corporal | Anjos, 2006 e MEC, 2007a |
| Grau de armazenamento de gordura no organismo associado a riscos para a saúde, devido a sua relação com várias complicações metabólicas | MS, 2006d |
| Grau bem elevado de sobrepeso | MS, 2007a |
| Aumento exagerado do peso em relação à altura | MS, 2007a |

Fonte: Elaborado pelo autor a partir das fontes citadas no quadro.

As referências apresentadas no Quadro 2 centralizam suas definições no aumento, acúmulo ou elevação da gordura corporal, acima do padrão de normalidade preestabelecido. Pode-se intuir que, independentemente do autor ou instituição, as definições da obesidade têm como base um critério quantitativo: o aumento da gordura corporal ou do peso.

Para o Ministério da Saúde (2007a, p. 44), "no sinônimo popular, os gordos correspondem aos obesos".

Contudo, esta definição é genérica, uma definição mais científica classifica a obesidade, levando em consideração alguns critérios, por exemplo, a obesidade é um peso em excesso, relativo a tabelas ou padrão de normalidade. É o que se verifica com a utilização do índice de massa corporal – IMC[21], estabelecido pela OMS. Especificamente no adulto, os critérios adotados são (Anjos, 1992):

- baixo peso – IMC < $18,5 kg/m^2$;
- normal – $18,5 \geq$ IMC < $25\ kg/m^2$;
- sobrepeso – $25 \geq$ IMC < $30\ kg/m^2$;
- obesidade – IMC $\geq 30\ kg/m^2$.

E, para se calcular o IMC do adulto, utilizam-se duas variáveis (MS, 2005a): massa corporal (peso) e estatura (altura).

Considerando que um indivíduo possui 80Kg e 1,60m de altura, ao realizar o cálculo do IMC (peso/altura *versus* altura), o resultado será de 31,25. O indivíduo está enquadrado no ponto de corte estabelecido para adulto como obesidade.

Contudo, Anjos (2006) esclarece que na obesidade ainda não se sabe qual é o limite de aceitabilidade da quantidade de gordura antes que haja repercussões à saúde.

Na verdade, o que ocorre é que o IMC leva em consideração peso e altura, mas não diferencia os percentuais de

---

21. O Índice de Massa Corporal é calculado com a fórmula de (IMC: $kg/m^2$), por meio da divisão da massa corporal (kg) pelo quadrado da estatura (m²) (Vasconcellos et al., 2013a). O IMC, também chamado índice de Quételet, é o índice antropométrico mais amplamente utilizado e pode ser acessado por meio das medidas de massa e estatura corporal e divisão da primeira em quilogramas pelo quadrado da segunda em metros (Gomes et al., 2010).

gordura e massa muscular. Se uma pessoa tiver uma musculatura muito desenvolvida, será mais pesada e poderá apresentar resultado de obesidade, que na realidade não existe.

Duas pessoas que pesam 90 quilos podem ter características musculares diferentes. Um pode ser considerado obeso pelo IMC, mas não o é, isto porque seu corpo constitui-se predominantemente de músculos, enquanto que outro homem pode ter seu peso resultante de maior quantidade de gordura, que não o determina somente como obeso, mas também propício a ter diversas outras doenças provenientes da obesidade.

No caso dos adolescentes, utiliza-se o índice de massa corporal para idade, IMC-I (Vasconcellos, 2011), em que se faz uma comparação do adolescente avaliado com o modelo proposto por De Onis et al. (2007), que é baseado no padrão esperado para a idade correspondente e que tem como referência adolescentes dos EUA.

Calcula-se o IMC do adolescente de forma semelhante ao adulto, mas em seguida deve-se fazer o cruzamento com a idade para então verificar o resultado. Como exemplo pode-se citar um adolescente de 17 anos com 51 quilos e 1 metro 59 centímetros de altura. Calculando-se o IMC ($51 \div 1,59^2$), chega-se ao resultado de 20,17. Então deve-se olhar o gráfico especifico para adolescente no ponto onde se encontram a linha horizontal referente ao IMC 20 com a linha vertical referente à idade 17, neste caso o adolescente será caracterizado como eutrófico.

Mas assim como em relação ao adulto, embora o IMC seja um padrão de utilização universal e bastante utilizado em estudo epidemiológico (Mello et al., 2004), não é 100% fidedigno quanto à categorização de um adolescente obeso. Para medir com maior precisão a obesidade, seja no adolescente ou no adulto, é necessário se complementar o IMC com outras medidas: percentual de gordura, perímetro de cintura ou relação entre cintura e quadril.

Ressalta-se que o Brasil deveria ter um estudo longitudinal feito com uma amostra significativa que pudesse servir de referência para se comparar os adolescentes brasileiros, visto que a realidade antropométrica dos adolescentes dos EUA não é igual à dos brasileiros.

## 2. TRANSIÇÃO EPIDEMIOLÓGICA, OBESIDADE COMO DCNT

A transição epidemiológica refere-se às transformações no perfil de morbimortalidade de uma população, fundamentada nas alterações demográficas de uma pirâmide etária jovem para madura ou envelhecida. O fato mais representativo no cenário epidemiológico brasileiro foi a mudança do estado desnutrição para obesidade ou infecção para doenças crônico-degenerativas (MS, 2007a). "O processo de transformação da sociedade é também o processo de transformação da saúde" (MS, 2006a, p. 9).

A transição epidemiológica se caracteriza pela minimização de doenças infectocontagiosas, associadas à desnutrição, fome, falta de saneamento básico e pobreza e maximização de DCNT agregadas a um padrão de vida mais urbano e industrializado (MS, 2009a).

Se, no passado, eram doenças infecciosas e exterminaram populações ou deficiências nutricionais, na atualidade o consumismo gera excessos à vida humana saudável. Assim, a obesidade emerge como consequência perversa dessa nova lógica econômica adotada pela civilização (SBP, 2008, p. 5).

Pelos textos citados, verifica-se que no passado a preocupação com a saúde estava focada em duas vertentes: (1) forma de transmissão da doença entre indivíduos; (2) desnutrição. No que se refere à primeira, o sistema de saúde evoluiu em diversos países a fim de que essa preocupação fosse amenizada. No caso da desnutrição, a oferta de produtos industrializados possibilitou maior disponibilidade de alimentos, enquanto o aumento do poder de compra facilitou o acesso a eles. Os dois fatos contribuíram para a redução dos casos de desnutrição.

Se, por um lado, se minimizou a desnutrição, por outro, o novo modelo alimentar oportunizou maior ingestão de alimentos industrializados com alto teor calórico, o que contribuiu para desencadear muitos casos de obesidade (Popkin, 2001).

Ressalta-se que o atual sistema alimentar tem como base a industrialização dos alimentos, tornando a maioria dos alimentos disponíveis independente da estação e fornecendo produções altamente manufaturadas. Apesar de isto poder ter contribuído para melhorar a disponibilidade alimentar, não foi melhorada a qualidade nutricional das dietas (OMS, 2004).

Para esta obra, o período de transição epidemiológica considerado compreende o espaço de tempo do aparecimento e preocupação com Doenças Crônicas Não Transmissíveis (DCNT) em detrimento das Doenças Crônicas Transmissíveis (DCT), especificamente a obesidade.

As mudanças que modificam uma sociedade como um todo não ocorrem abruptamente no intervalo de dias, mas pela soma de fatos e causas ao longo de um período extenso, décadas, por exemplo. Contudo, no que se refere à obesidade, na segunda metade do século XX, quando o desenvolvimento tecnológico alcançou muitos avanços, beneficiando a indústria e permitindo a globalização, houve alteração brusca no modo de viver da maioria das pessoas.

Monteiro (2000), por exemplo, afirma que foi na década de 1960 que os processos de transição demográfica, epidemiológica e nutricional passaram a atingir vários países, incluindo o Brasil. Para esse autor, tal mudança se resulta das alterações ocorridas no modelo demográfico, no perfil de mobimortalidade, consumo alimentar e gasto energético.

À semelhança de Monteiro, o Ministério da Saúde Brasileiro[22] (2005a) salientava, com detalhes, quais foram, já há meio século, as mudanças dos padrões demográficos e gasto energético resultantes das alterações do trabalho. Essas alterações, no campo ou na cidade, exigiam muito trabalho físico e, consequentemente, alto gasto energético. O uso de bicicletas ou a realização de caminhadas para locomoção foram substituídos por carros e ônibus. Seja na esfera domiciliar ou na de trabalho – ambientes de escritório e indústrias –, os equipamentos reduziram, no todo ou em parte, a quantidade de esforço físico desenvolvido pelas pessoas na realização de tarefas, independente de sua localização – zonas urbanas e/ou rurais.

Em relação ao consumo alimentar, o Ministério da Saúde (2009a) alerta que mudanças na composição corporal dos indivíduos, assim como na estatura, ocorreram em função das mudanças no padrão alimentar e de atividade física da população. Nas sociedades contemporâneas, a adoção de alimentação com abundância de açúcar, sódio e gorduras e fraca em fibras resulta na elevação do peso e em DCNT relacionadas à obesidade.

O exemplo mais notório são os Estados Unidos (EUA), país que possui uma indústria alimentícia muito forte, exporta diversos alimentos industrializados e acaba sendo modelo de consumo copiado por diversos outros países.

Para Oliveira et al. (2003), a obesidade apresenta crescimento progressivo nos países em desenvolvimento, por estarem introduzindo determinados hábitos dos EUA, sem, no entanto, apresentarem acesso a informações e adotarem políticas de saúde que atendam adequadamente à população.

O modelo cultural dos EUA é de aceleração nas ações para não se perder tempo, o que desencadeou o mercado de

---

22. Será adotada a designação de Ministério da Saúde para se referir ao Ministério da Saúde Brasileiro.

*fast-foods*[23] *(*comida rápida) que se proliferou por todo o território dos Estados Unidos. Quase sempre os produtos ofertados pelos *fast-foods* contêm muita gordura em sua composição, principalmente gordura saturada[24] e gordura trans[25], como é o caso dos hambúrgueres e pizzas, sorvetes e tortas. Também é comum o uso de açúcar em excesso na fabricação de certos alimentos, como os refrigerantes e as sobremesas.

A oferta de fibras alimentares por esses estabelecimentos é muito baixa. Isso pode ser verificado observando-se a quantidade de verduras e frutas ofertadas pelos *fast-foods*. De fato, raramente nos produtos há a presença desse grupo de alimentos (frutas e verduras), e quando há a quantidade é muito reduzida (MEC, 2007b, p. 50-51).

É, portanto, natural que Wilkinson e Pickett (2010) e também a Organização Mundial de Saúde – OMS (2004) enfatizem que o problema da obesidade se tornou comum, aparecendo como uma das principais causas de mortalida-

---

23. Alimentos com alta quantidade de gordura (principalmente gordura saturada), açúcar, colesterol ou sal e com pouca ou nenhuma quantidade de vitaminas e minerais (MEC, 2007a).
24. Gordura saturada é um tipo de gordura presente em alimentos de origem animal. São exemplos: carnes gordas, toucinho, pele de frango, queijo, leite integral, manteiga, requeijão, iogurte. O consumo desse tipo de gordura deve ser moderado, porque quando consumido em grandes quantidades pode aumentar o risco de desenvolvimento de doenças do coração (MS, 2007b, p. 50).
25. Gordura trans é um tipo de gordura encontrada em grandes quantidades em alimentos industrializados, como as margarinas, cremes vegetais, biscoitos, sorvetes, *snacks* (salgadinhos prontos), produtos de panificação, alimentos fritos e lanches salgados que utilizam as gorduras vegetais hidrogenadas na sua preparação. O consumo desse tipo de gordura deve ser muito reduzido, considerando que o nosso organismo não necessita desse tipo de gordura e, ainda, porque quando consumido em grandes quantidades pode aumentar o risco de desenvolvimento de doenças do coração (MS, 2007b, p. 50).

de, substituindo as preocupações de saúde com doenças infecciosas, antes consideradas os problemas principais.

Na atualidade, as fronteiras nacionais estão acabando devido à globalização (Thompson; Hirst, 1998) e o modernismo trouxe agregado o sedentarismo e hábitos alimentares inadequados que são os maiores causadores da obesidade. O comodismo do século XXI reflete no gasto energético, por outro lado, alimenta-se mais por causa do aumento na aquisição de gêneros alimentícios; ademais "nós temos como padrão de beleza mundial à magreza, mas temos como hábito de vida atual, a fartura, a grandeza, a quantidade" (Domingues Filho, 2000, p. 15).

## 2.1 TRANSIÇÃO EPIDEMIOLÓGICA NO BRASIL

A data de início da transição epidemiológica no Brasil, assim como as mudanças que a provocaram, são apresentadas na literatura de forma divergente, quanto à semelhança com o ocorrido no mundo.

O Brasil transformou nas três últimas gerações em uma sociedade predominantemente urbana. Esse fato alterou o tipo de trabalho e lazer; alimentação e nutrição; e saúde e doença, todos estes ficaram parecidos com os de países do primeiro mundo.

> Em 1950, dos 50 milhões de brasileiros, a maioria vivia na zona rural; já em 2003, de uma população estimada em 176 milhões de pessoas, mais de 82% residiam em áreas urbanas. Essa urbanização muito rápida desestruturou as formas tradicionais de vida. (MS, 2005a, p. 125)

Mas, se de uma maneira geral, a transição epidemiológica foi marcada pelas DCNT em detrimento de DCT e desnutrição, para muitos estudiosos, o processo brasileiro se apresenta de forma diferente: houve sobreposição de etapas, em que as DCT e DCNT ocorreram simultaneamente (MS, 2005a).

Tal fato pode ser explicado pelo tamanho territorial brasileiro. Diferentemente de outros países em que houve simplesmente a troca da desnutrição para a obesidade, no Brasil, a obesidade cresceu, mas ainda existem regiões interioranas e mais pobres onde casos de desnutrição persistem.

Um acontecimento que pode justificar a visão anterior está no fato ocorrido no início da década de 1990, no país, em que a obesidade foi meramente acrescentada à política pública de vigilância epidemiológica (VE), antes restrita à desnutrição (MS, 2009a). Não se podia eliminar a desnutrição das políticas por se tratar de situação ainda presente na sociedade, mesmo que em menor quantitativo, comparado a anos e períodos anteriores, ao mesmo tempo em que não se podia desconsiderar a ocorrência do oposto, a obesidade, como situação crescente e de forma acelerada.

Entretanto, em 2007, o Ministério da Saúde apontou para um novo período de transição epidemiológica no Brasil: maior frequência da obesidade, se comparada à desnutrição e a valorização desse processo no plano da saúde coletiva, visto que

> os principais responsáveis pelo aumento acelerado da obesidade no mundo e em nosso país são relacionados com o ambiente e as mudanças de modo de vida, sendo, portanto, passíveis de intervenção, demandando ações no âmbito individual e coletivo. (MS, 2006d, p. 19)

Para o Ministério da Saúde (2005b), a situação do Brasil em relação à obesidade se apresenta como resultante do aumento da oferta de alimentos, alimentos estes que favorecem a ocorrência da obesidade. Isto porque a mudança na alimentação da população brasileira tem se caracterizado pela oferta de alimentos industrializados, somada ao acesso facilitado à alimentação de baixo custo e muito calórica, ao mesmo tempo em que há redução no consumo de alimentos saudáveis: cereais integrais, legumes, frutas e verduras. Sem esquecer que, associado a isso, houve diminuição de atividades físicas, como se referiu anteriormente.

Para o Ministério da Saúde (MS, 2005a), o momento que o Brasil vive em relação às tendências de obesidade expressa a magnitude do problema e a necessidade urgente de intervenções para tentar retroceder o avanço do excesso de peso e, concomitantemente, das outras DCNT no Brasil.

### 2.2 TRANSIÇÃO EPIDEMIOLÓGICA NOS ADOLESCENTES

Fala-se muito de transição epidemiológica ocorrida nos adultos, mas pouco se fala na transição acontecida nos adolescentes. Essa categoria passa por uma transição epidemiológica nutricional, em que os jovens deixaram, em sua maioria, de serem desnutridos para serem obesos.

Infelizmente os adolescentes ainda são tratados por diversos segmentos como inclusos na faixa etária que precisa comer para ficar forte e crescer, mas não recebem orientações adequadas para isso. Não basta associar mais comida à força e ao crescimento. Torna-se preciso questionar o estilo de vida do adolescente no que se refere à atividade física. A partir disso é que se pode refletir sobre o que comer, para que comer, onde comer, quando comer e em que quantidade.

Recentemente no Brasil foi produzido comercial para TV sobre o consumo de achocolatado para adolescentes. No cenário, aparecia um adolescente assistindo TV, sentado no sofá e a mãe se despedindo para ir ao trabalho, dando ideia de que essa cena se repetia por muitos dias. A cada novo dia, o sofá e o adolescente iam se fundindo num só, até o dia em que a mãe olhou e viu apenas o sofá. Ela foi até a cozinha, preparou o achocolatado e deu ao adolescente. Imediatamente o adolescente ficou forte e saiu de dentro do sofá se dirigindo para a rua e realizando atividade física. Para encerrar, ainda era dita a mensagem que aquele achocolato dava força e energia. A questão é que essa relação entre o achocolatado e a atividade na vida real não existe. Se o adolescente praticar atividade física, irá gastar a energia produzida pelo alimento consumido, mas caso o adolescente não realize atividade física, a energia acumulada pelo consumo do achocolatado será transformada em gordura[26].

Ressalta-se que adolescentes são o público-alvo de estudo desta obra e, por isso, optou-se em apresentar alguns dados sobre esse grupo com posteriores conceituações.

O Brasil possui uma população de 190 milhões de pessoas (Unicef, 2013) e, de acordo com o inquérito populacional feito pela Pesquisa Nacional de Saúde do Escolar – PeNSE, 34.115.678 são adolescentes entre 10 e 19 anos (Tabela 1).

Tabela 1. Distribuição da quantidade de adolescentes brasileiros por idade

| Idade | Masculina | Feminino | Ambos |
|---|---|---|---|
| 10 | 1.719.538 | 1.672.120 | 3.391.658 |
| 11 | 1.718.997 | 1.640.442 | 3.359.439 |
| 12 | 1.894.617 | 1.697.202 | 3.591.819 |
| 13 | 1.763.584 | 1.714.513 | 3.478.097 |
| 14 | 1.911.908 | 1.804.574 | 3.716.482 |
| 15 | 1.830.260 | 1.732.643 | 3.562.903 |
| 16 | 1.725.139 | 1.579.367 | 3.304.506 |

26. Sobre a relação entre consumo de alimentos e gasto energético, tópico 4.1.

| 17 | 1.759.642 | 1.604.068 | 3.363.710 |
|---|---|---|---|
| 18 | 1.624.425 | 1.591.549 | 3.215.974 |
| 19 | 1.609.144 | 1.521.946 | 3.131.090 |
| Total | 17.557.254 | 16.558.424 | 34.115.678 |

Fonte: Adaptado de IBGE, 2010a.

Diferentemente do PeNSE, o Estatuto da Criança e do Adolescente – ECA, lei 8.069, de 1990, considera adolescente pessoas com faixa etária de 12 a 18 anos de idade – artigo 2° – e, em casos excepcionais e quando disposto na lei, o estatuto é aplicável até os 21 anos de idade, artigos 121 e 142 (Brasil, 1990).

Em estudos de avaliação nutricional, a adolescência é, frequentemente, definida como a faixa etária entre 10 e 20 anos de idade (Gomes et al., 2010).

Autores e/ou instituições divergem-se no que se refere ao início e término da adolescência. Para os fins desta obra, adotar-se-á a idade da adolescência entre 10 e 19 anos, definida pelo PeNSE e que corrobora o estabelecido pelo Ministério da Saúde: "a adolescência é o período de transição entre a infância e a fase adulta (entre 10 a 19 anos), caracterizada por intensas transformações biopsicossociais" (MS, 2006d, p. 65). A adolescência é um período de várias mudanças no corpo e no comportamento, tais como: crescimento das mamas nas meninas, o surgimento de pelos e o amadurecimento das genitálias. Paralelamente ele começa a assumir mais responsabilidades e se torna mais independente, o que provoca mudanças no seu comportamento. Todas essas transformações desta fase influenciam o comportamento alimentar (MEC, 2007a).

A adolescência é o segundo momento de maior velocidade de crescimento do ser humano. Na puberdade, cada sexo sofre transformações específicas, seja no que se refere às características sexuais e/ou nas mudanças corporais tais como o aumento de pelos, tamanho de pênis e seios (Gouveia, 1999).

Segundo Axelrud et al. (1999), a puberdade por se tratar de período com acelerado desenvolvimento físico, exige maior quantitativo de energia e nutrientes. Cerca de um quarto da altura e 50% do peso de um adulto são contraídos na adolescência e esta formação é consequência do desenvolvimento esquelético, da composição corporal e tamanho dos órgãos.

Durante toda a fase da adolescência, o indivíduo vivencia mudanças biológicas e alterações sociais com efeitos emocionais em sua vida (Barros; Nahas, 2003). Para a OMS (2004), o peso não é apenas resultado dos processos internos ocorridos no organismo, ele também sofre influência dos fatores comportamentais relacionados ao ambiente social.

Normalmente o adolescente ganha peso na fase da puberdade, com posterior perda consequente do estirão do crescimento. Por esse motivo, adolescentes e pais devem estar cientes de que esse ganho de peso faz parte do processo de crescimento, caso contrário podem achar que seus filhos estão "gordinhos" e iniciarem então uma dieta sem acompanhamento e/ou orientação profissional, o que pode atrapalhar o crescimento desses adolescentes.

O outro extremo é quando o excesso de peso é fato e os pais iniciam pressão quanto à necessidade de emagrecimento. Esse tipo de comportamento gera ansiedade e os adolescentes passam a comer ainda mais, o que os torna obesos. "O mais importante nessa fase é possuir uma alimentação saudável" (MEC, 2007a, p. 30).

Para uma vida saudável, não basta uma alimentação saudável (Nahas, 2003), devem-se somar atividades físicas variadas e regulares, cuidados médicos adequados e um ambiente familiar estimulante, que dê suporte e conforto.

A publicação do Ministério da Educação (2007b, p. 42) acrescenta que o "estado nutricional dos adolescentes é de grande importância para seu crescimento e desenvolvimento, tanto físico como intelectual".

> Os adolescentes, ao mesmo tempo em que experimentam mudanças biológicas, cognitivas, emocionais e sociais, vivenciam um importante momento para a adoção de novas práticas, comportamentos e ganho de autonomia e, também, de exposição a diversas situações que envolvem riscos presentes e futuros para a saúde. A exposição a diversos fatores de risco comportamentais, como tabagismo, consumo de álcool, alimentação inadequada e sedentarismo. (MS, 2013b, p. 25)

Tanto o Ministério da Saúde como a OMS enfatizam que a adolescência se apresenta como faixa etária que requer cuidados especiais, pois é nela que o desenvolvimento da obesidade é mais difícil de ser identificado, em função do constante desenvolvimento. Com efeito, trata-se de uma fase etária em que há aumento da autonomia, que é frequentemente associada a refeições irregulares, hábitos alimentares alterados e períodos de inatividade durante o lazer.

Guedes e Guedes (1998) explicam que em relação aos aspectos alimentares, o jovem adolescente passa a apresentar maior suscetibilidade à propaganda consumista da indústria alimentícia, possui mais oportunidades de consumir alimentos de elevado contributo calórico fora de casa e maior capacidade para influenciar os alimentos consumidos em casa. Quanto à inatividade física, a aquisição de hábitos sedentários, traduzidos pelas práticas passivas de ocupação do tempo livre, mediante substituição de atividades lúdicas, envolvendo esporte e esforços físicos mais intensos por diversão eletrônica, parecem ser as principais responsáveis pelo declínio na demanda energética dos adolescentes.

Nos EUA, por exemplo, a tendência crescente de obesidade levou os pesquisadores a reconhecer que a obesidade na infância e adolescência é um preditor-chave da da obesidade na idade adulta e, por isso, trata-se de um problema de saúde pública (Singh et al., 2008). Logo, os adolescentes devem ser uma prioridade para as intervenções de prevenção (Wilson, 2007). Assim, há uma urgente necessidade de educar a comunidade urbana e estimulá-la a adotar costumes de vida e hábitos alimentares saudáveis para precaver-se do excesso de peso e da obesidade, assim como dos efeitos nocivos associados (Laxmaiah et al., 2007). "Deve-se estimular paralelamente o envolvimento de atividades físicas aeróbicas e a mudança de hábitos alimentares incorretos" (Silva; Silva, 1995, p. 67), principalmente nos adolescentes, pois nota-se que eles não estão envolvidos em comportamentos de prevenção da obesidade, nos níveis recomendados, contribuindo para o crescente predomínio de sobrepeso e obesidade (Driskell et al., 2008).

### 3. PROBLEMAS ASSOCIADOS À OBESIDADE

Uma preocupação que tem alertado diversos pesquisadores são as doenças ligadas à obesidade, o que a torna bastante complexa.

Por exemplo, na Suécia, a frequência de licença para tratamento de saúde em longo prazo – mais de seis meses – foi relatada como sendo 1,4 e 2,4 vezes maior em homens e mulheres obesos, respectivamente, em comparação com a população sueca em geral (Sjostrom et al., 1995). Na Finlândia, a obesidade foi associada a um risco duas vezes maior de incapacidade prematura para o trabalho em homens, e 1,5 vez maior em mulheres (Rissanen et al., 1990).

Verifica-se que existem muitas doenças e agravos que acometem as pessoas com obesidade. No Quadro 3, apresenta-se lista com 38 problemas associados à obesidade. No mais, deve-se ressaltar que existem, também, os gastos para tratar e combater suas sequelas, muitas vezes apresentando-se como mais um problema ao indivíduo e sua família[27].

**Quadro 3. Problemas e doenças associadas às pessoas obesas**

| Problema | Fonte |
|---|---|
| Acidente vascular cerebral | Anjos, 2006 |
| Alteração do sistema de coagulação | Anjos, 2006 |
| Alteração na estética | MS, 2004 e Costa et al., 2006 |
| Alto colesterol | USDA, 2010 |
| Anormalidade do Metabolismo da glicose | OMS, 2004; Anjos, 2006 |
| Apneia do sono | OMS, 2004 |
| Asma | Katch; McArdle, 1984 |
| Cânceres: mama, próstata, endométrio e cólon | Anjos, 2006; USDA, 2010 |
| Complicações ortopédicas | Nahas, 2003; OMS, 2004 |
| Diabetes | Nahas, 2003; MS, 2006d; USDA, 2010 |
| Dificuldades respiratórias | Pinheiro et al., 2004 |
| Dislipedemia | Pinheiro et al., 2004; Anjos, 2006 |
| Distúrbio do metabolismo glicídico | Katch; McArdle, 1984 |
| Distúrbio do metabolismo lipídico | Katch; McArdle, 1984 |
| Distúrbio hepático | Nahas, 2003; OMS, 2004 |
| Distúrbio psicossocial | OMS, 2004; MS, 2006d |
| Distúrbios do aparelho locomotor | Pinheiro et al., 2004 |
| Distúrbios gastrointestinais | OMS, 2004 |
| Doenças cardiovasculares | OMS, 2004; Anjos, 2006; USDA, 2010; Grandelle, 2013 |
| Doenças digestivas | Nahas, 2003 |

---

27. Tópico 3.1. Custos da obesidade.

| | |
|---|---|
| Doenças renais | Nahas, 2003 |
| Hipertensão | MS, 2006d; Anjos, 2006; USDA, 2010; |
| Intolerância a glicose | Anjos, 2006 |
| Maior sofrimento | MS, 2006d |
| Maiores taxas de pobreza | Gortmaker et al., 1993 |
| Menor capacidade física | Silva; Silva 1995 |
| Menor qualidade de vida | Domingues Filho, 2000 |
| Menores rendas familiares no futuro | Gortmaker et al., 1993 |
| Menores taxas de casamento | Gortmaker et al., 1993 |
| Morte prematura | OMS, 2004; USDA, 2010; Grandelle, 2013 |
| Osteoartrite | Katch; McArdle, 1984; Anjos, 2006 |
| Pneumopatia | Katch; McArdle, 1984 |
| Precoce Envelhecimento | Varella; Jardins, 2009; Grandelle, 2013 |
| Problemas dermatológicos | Pinheiro et al., 2004 |
| Resistência à insulina | Anjos, 2006 |
| Risco de DCNT | Anjos, 2006 |
| Risco de morbidade | Keendy; Goldberg, 1995 |
| Risco mortalidade adulta | Keendy; Goldberg, 1995 |

Fonte: Elaborado pelo autor.

### 3.1 CUSTOS DA OBESIDADE

O custo com o tratamento de DCNT, que inclui a obesidade, representa grande encargo social e econômico, até mesmo para os países onde a renda é maior (MS, 2005a).

Os custos econômicos da obesidade foram avaliados em vários países desenvolvidos e estão

> na faixa de 2 a 7% dos custos totais de cuidados com a saúde. Essas estimativas conservadoras, baseadas em critérios variáveis, indicam claramente que a obesidade representa um dos maiores itens de gasto nos

orçamentos nacionais de cuidados de saúde. (OMS, 2004, p. 80)

O próprio nome do Ministério não é de doença e sim Ministério da Saúde. O Ex-Ministro da saúde esclarece que

> precisamos cuidar da saúde precisamente para diminuir as doenças e reduzir dois custos: o custo individual dos que sofrem com elas e o custo social e econômico de tratamentos complexos e de hospitalização. (Serra, 2002, p. 15)

No Brasil, as DCNT foram responsáveis pela maior parcela dos óbitos e das despesas com assistência hospitalar no Sistema Único de Saúde (SUS), totalizando cerca de 69% dos gastos com a saúde em 2002 (MS, 2005b).

No Brasil, o gasto por ano é estimado em 1,5 bilhões de reais com internações hospitalares, consultas médicas e remédios para tratamento do excesso de peso e doenças associadas (600 milhões vêm do SUS – o equivalente a 12% do orçamento do governo com todas as outras doenças). Esses dados demonstram a importância das DCNT no país (Anjos, 2006).

De acordo com as afirmações que constam na publicação da OMS (2004), o impacto econômico da obesidade e doenças relacionadas[28] é normalmente estimado pelos estudos de custo da enfermidade. Estes são úteis para o desenvolvimento de políticas de saúde pública, mas em suas

---

28. Atualmente, por exemplo, as doenças cardiovasculares são as doenças que mais matam no mundo. Cerca de 18 milhões de pessoas morrem no mundo, por ano, devido a essas doenças. De acordo com o Ministério da Saúde, as doenças cardiovasculares são uma das principais causas de morte no país. Além disso, essas doenças são responsáveis por grande parte do gasto com a saúde (remédios e hospitalizações).
Elas tornaram-se uma das principais causas de morte, devido às mudanças no padrão da alimentação, como o aumento do consumo das gorduras saturadas, que tornou as dietas mais calóricas, bem como a redução da atividade física diária (MEC, 2007a, p. 84).

limitações devem ser reconhecidas: os custos intangíveis[29] e muitos dos custos diretos do tratamento e da prevenção da doença, especialmente porque aqueles contraídos fora do sistema de atenção à saúde formal tendem a ser ignorados.
O Quadro 4 mostra os tipos de custos econômicos da obesidade com impacto na saúde.

**Quadro 4. Tipos de custos econômicos da obesidade**

| Custos | Impacto na saúde |
|---|---|
| Diretos | Custo para a comunidade, resultante do desvio de recursos para o diagnóstico e tratamento de doenças diretamente relacionadas* com a obesidade, assim como pelo custo do tratamento da obesidade em si (incluindo o custo de prestar cuidados de saúde aos pacientes e suas famílias e o custo dos provedores de serviços). |
| Indiretos | Bem estar e benefícios económicos perdidos para outros membros da sociedade, devido à redução nos bens e serviços produzidos para o resto da sociedade. Estes custos são normalmente medidos como a produção perdida pela ausência relacionada com o trabalho e morte prematura. |
| Intangíveis | Custo para o indivíduo, que surge do impacto da obesidade sobre a qualidade de vida em geral e especificamente sobre a saúde. |

\* Por exemplo, o MS (2007a, p. 14) diz que "as doenças cardiovasculares, que representam a principal causa de morte e de incapacidade na vida adulta e na velhice e são responsáveis, no Brasil, por 34% de todas as causas de óbito, estão relacionadas, em grande parte, com a obesidade".

Fonte: Adaptado de OMS, 2004.

---

29. Publicação do Ministério da Saúde Brasileiro informa que os custos intangíveis da obesidade envolvem dias perdidos de trabalho, mortalidade prematura e baixa qualidade de vida (MS, 2012a, p. 45).

Ações para a promoção de atividade física com o objetivo de melhora da qualidade de vida são justificáveis economicamente. Os EUA podem ser citados como exemplo: a cada um dólar investido em atividade física, seja em tempo ou equipamento, uma economia de 3,2 dólares com despesas médicas é gerada. Além disso, é fato que indivíduos fisicamente ativos podem economizar cerca de 500 dólares anuais com despesas de saúde (MS, 2002a).

## 4. CAUSAS DA OBESIDADE EXÓGENA

Hebebrand e Hinney (2009, p. 83) afirmam que "uma pessoa pode sofrer influência e se tornar obesa por meio de traços genéticos ou não genéticos – influência do ambiente que ela vive e interage". Assim também alerta a SBP (2008, p. 17), "a obesidade se desenvolve, na grande maioria dos casos, pela associação de fatores genéticos, ambientais e comportamentais". A obesidade é uma doença multifatorial complexa (MS, 2013b); ela é uma condição resultante de um estilo de vida que promove um balanço de energia positivo, mas que também se torna manifesta mais rapidamente em pessoas que herdam uma susceptibilidade a estarem em um balanço de energia positivo[30] (OMS, 2004, p. 134).

Considerando as definições anteriores, observa-se que elas compartilham a ideia de que a obesidade pode ser adquirida tanto por fatores genéticos quanto não genéticos. Esta obra concentrar-se-á em identificar o segundo: fatores não genéticos.

De acordo com sua origem e classificação etiológica, Mello et al. (2004) e Domingues Filho (2000) comparti-

---

30. "O BE pode ser definido como a diferença entre a quantidade de energia consumida e a quantidade de energia gasta na realização das funções vitais e de atividades em geral" (MS, 2006d, p. 19).

lham o pensamento de que a obesidade pode ser identificada como de dois tipos: exógena ou endógena.

A obesidade exógena é causada por fatores externos, como a dieta hipercalórica e o baixo gasto calórico (sedentarismo). Já a obesidade endógena é causada por fatores internos, como a alteração hipotalâmica, tumores, enfermidades inflamatórias, traumatismos crânio-encefálico, alterações endócrinas (hipotireoidismo, insulinoma, hipercorticalismo suprarrenal, hiperandrogenismo ovárico), alterações genéticas e por ação farmacológica (Domingues Filho, 2000, p. 21).

A obesidade exógena resulta da desproporcionalidade entre gasto calórico e ingestão de alimentos e o seu combate deve estar concentrado na orientação alimentar, principalmente nas mudanças de hábitos concomitante ao desenvolvimento de atividade física. No caso da obesidade endógena, após a identificação da doença básica, deve-se proceder ao início do tratamento.

De acordo com Anjos (2006): em quase todos os casos a obesidade consiste de um quadro prolongado de Balanço Energético (BE) positivo (obesidade exógena) e não de alterações hormonais ou de endocrinopatias (obesidade endógena), como imaginado pela maioria da população.

Observa-se que a conceituação de obesidade exógena está relacionada à influência do ambiente em que o adolescente vive e sua interação comportamental. Assim como foi afirmado por Hebebrand e Hinney e SBP, ainda que estes autores não tivessem denominado de obesidade exógena.

Conforme exposto na introdução desta obra, busca-se entender e identificar fatores exógenos que afetam o balanço energético e, consequentemente, causam a obesidade. Por isso, nesta obra, não serão investigadas a classificação etiológica do tipo endógeno e sim a obesidade exógena a partir da definição citada por Mello et al. (2004) e por Anjos (2006), definição que se resume em associar a obesidade exógena à ingestão maior que o gasto energético.

A partir das referências, elaborou-se o Quadro 5, que relaciona as causas da obesidade com o fator relacional vivenciado pelos adolescentes.

Quadro 5. Causas da obesidade exógena

| Relação | Causas | Autor(es) |
|---|---|---|
| Com atividade física | Ausência de gasto energético – GE adequado na atividade física diária. | Katch; McArdle, 1984; Anjos, 2006 |
| Com a alimentação | Consumo frequente de refeições ou alimentos muito calóricos | MS, 2006b; ME, 2007b |
| Com atividade física e alimentação concomitantemente | Aumento no consumo de alimentos associado à redução da atividade física (Balanço energético positivo). | OMS, 2004; MS, 2004; Daniels et al., 2005; MS, 2005a; Anjos, 2006; MS, 2006d e SBP, 2008; MEC, 2007a |

Fonte: Elaborado pelo autor.

A leitura do Quadro 5 permite destacar três linhas de pensamento sobre causas da obesidade exógena:

1. Admissão de que as causas estejam associadas à ausência do GE diário pela diminuição da atividade física ou até mesmo ausência, neste caso se traduzindo em um estilo de vida sedentário;

2. Defesa do fato de que as causas surgem pela alimentação inadequada que pode ser um distúrbio nutricional, consumo

exagerado de alimentos ou por dietas não apropriadas – com alto teor de gordura e industrializados;

3. Suposição de que a obesidade exógena aconteça pelo desequilíbrio entre a ingestão energética IE e o GE em longo prazo.

O fato é que a obesidade é causada pelo desajuste entre alimentação e atividade física, decorrente daí a importância de explicar o desajuste que causa a obesidade. Esta, entretanto, acontece em função do desequilíbrio de duas variáveis: alimentação e atividade física. Por isso, antes de estudá-las em tópicos específicos, apresentar-se-ão dados sobre o (des)equilíbrio energético – ingestão de alimentos *versus* gastos de energia.

## 4.1 (DES)EQUILÍBRIO ENERGÉTICO

O Ministério da Saúde (2004, p. 65) afirma que a "obesidade é uma doença que acontece quando o gasto de energia é menor do que o consumo, levando ao acúmulo de gordura no corpo".

Dada à relevância do papel da energia ingerida e gasta no desenvolvimento da obesidade, optou-se por discutir, de forma mais detalhada, o papel da energia na causa da obesidade.

## Quadro 6. Relação entre obesidade e (des)equilíbrio energético

A obesidade é causada pela ingestão excessiva de calorias em relação ao gasto. Isto é, se alguém come mais do que consegue gastar, o excesso é transformado em gordura.

A ingestão de calorias se dá pela alimentação, já o gasto da energia ocorre de três maneiras:
1. Metabolismo de repouso: calorias necessárias para manter as funções vitais (respiração, batimento cardíaco, etc.);
2. Termogênese dieta-induzida: calorias gastas no processo de digerir e absorver os alimentos;
3. Termogênese exercício-induzida: calorias gastas pela atividade física, tanto nos movimentos do dia a dia, como no caminhar, levantar, pegar objetos, quanto nas atividades programadas, como ginástica e esportes.

Fonte: Axelrud et al., 1999, p. 15.

A energia química, extraída dos alimentos e utilizada para a realização de exercícios é quantificada em uma unidade térmica, chamada caloria[31], que expressa o valor energético do alimento (Guedes; Guedes, 1998).

Uma caloria é a quantidade de calor necessária à elevação da temperatura em um grau centigrado para a quantidade de um quilograma de água. Mais precisamente, esta caloria é chamada kilocaloria e é abreviada como kcal.

A queima de um grama de proteína pura liberará 4 kcal, a de carboidrato também 4 kcal, e a de gordura 9 kcal. Dessa forma, como a maioria dos alimentos da dieta normal de um indivíduo consiste destes três nutrientes, o

---

31. De acordo com MS, (2005a, p. 97), quilocaloria (kcal) é a unidade de medida da energia gasta pelo corpo humano em suas atividades metabólicas e físicas e do teor de energia encontrado nos alimentos. Já as vitaminas e minerais não fornecem energia.

valor calórico de certo alimento será determinado pelas porções médias de proteínas, carboidratos e gorduras que o alimento contém (Silva; Silva, 1995).

Visto o quantitativo de kcal liberados, entende-se a recomendação de nutricionistas em restringir gorduras e doces da alimentação para pessoas com interesse em emagrecer. Embora a proibição do consumo às vezes exista por período determinado, não há pretensão de exclusão, mas sim de consumo moderado.

> Para o equilíbrio energético do organismo, não faz diferença se as calorias vêm das verduras, dos legumes, das gorduras ou dos carboidratos; o que interessa é o número total de calorias ingeridas. (Varella; Jardins, 2009, p. 27)

Por outro lado, fará diferença a quantidade de atividade física desenvolvida pelo indivíduo, pois quanto maior o quantitativo de atividade física, também será maior o gasto energético. Este, sendo maior, irá requerer mais energia, o que significa a ingestão de mais alimentos. De forma simplista, pode-se dizer que quanto mais atividade física o indivíduo realiza, mais alimento poderá consumir.

Silva e Silva (1985) afirmam que a energia é necessária para a manutenção das funções vitais, independentemente do indivíduo estar em repouso ou desenvolvendo exercício. Para os autores, a energia se apresenta como denominador comum tanto de alimentos quanto de exercícios, pois quando há a prática de atividade física, torna-se necessária maior quantidade de energia proveniente do metabolismo e fornecida pelos alimentos ingeridos e armazenados nas ligações químicas dos carboidratos, proteínas e gorduras – três principais nutrientes dos alimentos que contêm energia.

Se a pessoa ingerir mais caloria do que o organismo necessita para as atividades diárias, a energia que sobra irá formar gordura corporal. De fato, se a pessoa ingere mais alimentos ou diminui a atividade física, ela irá ganhar peso porque essa gordura acumulada poderá gerar o estado nutricional caracterizado como obesidade (MS, 2005a).

É possível também mensurar a energia consumida ao longo de determinado período com desenvolvimento de atividade física por unidade de tempo. Neste caso, a unidade mais usada é kcal/min, em que o conhecimento do valor calórico total dos alimentos consumidos ao longo do dia e do gasto energético resultante das práticas de atividades físicas possibilita determinar o programa de emagrecimento e/ou manutenção de peso que mais se adéqua ao indivíduo (Silva; Silva, 1995).

Existe uma equação do Equilíbrio Energético que pode ser compreendida ao entender que a primeira lei de termodinâmica, a chamada lei de conservação de energia, indica que a energia não se cria, nem se destrói, porém troca de forma. No que se refere ao organismo humano, a energia exigida para suprir a demanda requerida pelo trabalho biológico é sintetizada a partir dos alimentos consumidos. Logo, o equilíbrio energético oferece indicações quanto ao estado nutricional com repercussões diretas na variação do peso corporal.

A relação consumo *versus* demanda energética apresenta três possíveis situações (Guedes; Guedes, 1998):

a. Balanço Energético Positivo;
b. Balanço Energético Negativo;
c. Equilíbrio Energético.

## 4.1.1 BALANÇO ENERGÉTICO POSITIVO

O Balanço Energético Positivo acontece quando a ingestão é maior que o gasto energético. "Na obesidade, a base da doença é o processo indesejável do balanço energético positivo, resultando em ganho de peso" (MS, 2006d, p. 22).

O balanço energético positivo é, muitas vezes, tratado com nomenclaturas diferentes, como se depreende do apresentado no Quadro 7.

**Quadro 7. Termos utilizados para designar Balanço Energético Positivo**

| Terminologia | Significado | Autor |
|---|---|---|
| Equilíbrio Energético Positivo | A maior ingestão calórica por intermédio da dieta estabelecida habitualmente e a menor demanda energética proveniente das atividades físicas do cotidiano. | Guedes; Guedes, 1998 |
| Balanço Positivo de Energia | Quando a ingestão é maior do que o gasto, o balanço positivo de energia promove aumento nos estoques de energia e peso corpóreo. | OMS, 2004 |
| Desequilíbrio energético | Ingerem-se mais calorias do que se gasta. | USDA, 2005a |
| Balanço Energético Positivo | Acontece quando a quantidade de energia consumida é maior do que a quantidade gasta. | MS, 2006d |

Fonte: Elaborado pelo autor.

A partir da leitura do quadro anterior, observa-se a existência da utilização inadequada do termo equilíbrio energético positivo. Empregam-se palavras contraditórias e inapropriadas para dar significado à relação entre alimentação e atividade física. Por exemplo, denomina-se equilíbrio o que na verdade é balanço.[32]

Pode-se dizer que um adolescente apresenta balanço energético positivo quando, por exemplo, ele consome, em média, alimento com equivalente energético de 4.000 kcal/dia, acompanhado por demanda proveniente do trabalho biológico de apenas 2000 kcal/dia, o que equivale a equilíbrio positivo ou "superávit" de 2000 kcal/dia. Esses 2000 kcal extras, não utilizadas pelo organismo, são estocados na forma de gordura, que resultam em proporcional aumento corporal (Guedes; Guedes, 1998).

Padrões de alimentação e de atividade física apresentam--se como grandes influenciadores da equação de balanço de energia. Podem, inclusive, ser considerados como pontos--chave a serem modificados quando se pensa em ações que inibiam o aumento de peso (OMS, 2004).

Modificar hábitos pessoais de atividade física requer sério compromisso com alterações na rotina diária incluindo períodos regulares de atividade física relativamente enérgica (Katch; McArdle, 1984).

### 4.1.2 BALANÇO ENERGÉTICO NEGATIVO

O Balanço Energético Negativo acontece quando a ingestão de alimentos e consequente energia ingerida são menores que o gasto energético. No Quadro 8 apresen-

---

32. De acordo com os objetivos desta obra adotar-se-á a nomenclatura Balanço Energético Positivo, a mesma usada pelo Ministério da Saúde Brasileiro. Destaca-se apenas que, no caso de citações, a nomenclatura utilizada pela referência mencionada será mantida.

tam-se os nomes dados para Balanço Energético Negativo a partir de diferentes referências.

**Quadro 8. Terminologias utilizadas para designar Balanço Energético Negativo**

| Terminologia | Significado | Referências |
|---|---|---|
| Equilíbrio calórico negativo | Produzido tanto pela restrição alimentar como pelo exercício. | Katch; McArdle, 1984 |
| Equilíbrio energético negativo ou "déficit" energético | Consumo alimentar menor ao mesmo tempo em que utiliza mais energia para atender as necessidades energéticas do trabalho biológico diário. | Guedes; Guedes, 1998 |
| Balanço de Energia Negativo ou Balanço Energético Negativo | Ingestão menor do que o gasto, promovendo diminuição nos estoques de energia e peso corpóreo. | MS, 2004 |

Fonte: Elaborado pelo autor.

Em relação à nomenclatura, ressalta-se que não se trata de equilíbrio calórico negativo porque a situação não é de equilíbrio ou estabilização, mas sim de desequilíbrio ou balanço[33] Quando existe gasto energético superior à energia adquirida com a alimentação, tem-se um balanço energético negativo.

---

33. Nesta obra, adotar-se-á o termo balanço energético negativo.

Pode-se dizer que um adolescente apresenta balanço energético negativo quando, por exemplo, ele consome dieta alimentar por volta de 2.000 kcal/dia ao mesmo tempo em que utiliza 3.000 kcal/dia para atender às necessidades energéticas do trabalho biológico diário. O "déficit" de 1.000 kcal ocasiona reduções equivalentes no peso corporal, na medida que o organismo recorre aos estoques adicionais de nutrientes na tentativa de atender às necessidades energéticas (Guedes; Guedes, 1998).

O gasto aumentado de energia é uma característica intrínseca da atividade física e do exercício. As necessidades de energia aumentam dos níveis basais, imediatamente após o início de atividade física e o aumento persiste pela duração da atividade física. A quantidade total de energia gasta depende das características da atividade física – modo, intensidade, duração e frequência – e da realização individual do exercício – tamanho corpóreo, nível da condição de estar habituado e aptidão física (OMS, 2004).

Os exercícios mais adequados para queima de grandes quantidades de calorias são aqueles que envolvem grandes massas musculares, durante um longo tempo: andar, correr, pedalar, nadar, jogar voleibol (Silva; Silva, 1995).

### 4.1.3 EQUILÍBRIO ENERGÉTICO

Dá-se o nome de equilíbrio energético ao estado de um indivíduo que não ganha e nem perde peso. Portanto, o equilíbrio energético é obtido por meio do "saldo" existente entre a energia ingerida[34] e gasta pelo organismo nas atividades diárias.

Para Varella e Jardins (2009), a relação entre a energia proveniente dos alimentos e o peso corpóreo é simples: energia ingerida – energia gasta = energia armazenada. O

---

34. A ingestão total de energia se refere a toda a energia consumida como alimento e bebida que possa ser metabolizada pelo corpo (OMS, 2004).

corpo não desperdiça energia. Cada caloria ingerida em excesso será armazenada sob a forma de gordura.

O equilíbrio energético também recebe outros nomes, contudo, existe uma inapropriação no termo, pois se designa como balanço o que é equilíbrio (Quadro 9).

**Quadro 9. Terminologias utilizadas para designar Equilíbrio Energético**

| Terminologia | Significado | Autor |
|---|---|---|
| Equilíbrio Isoenergético | Condição na qual o consumo e a demanda são iguais. | Guedes; Guedes, 1998 |
| Equilíbrio Energético | Relação entre o consumo energético, traduzido pelo equivalente energético calórico de nutrientes que compõem a dieta, e a demanda energética associada ao equivalente energético do trabalho biológico. | Guedes; Guedes, 1998 |
| Balanço Energético | Equilíbrio entre ingestão e gasto energético. | MS, 2005 |
| Balanço Calórico | Relação entre as calorias consumidas a partir de alimentos e bebidas e as calorias gastas nas funções normais do corpo (isto é, os processos metabólicos) e através atividade física. | USDA, 2010 |

Fonte: Elaborado pelo autor.

No desenvolvimento desta obra, a nomenclatura adotada será Equilíbrio Energético quando a ingestão for igual ao gasto, pois nessa situação a pessoa está em equilíbrio e não em balanço ou desajuste. Ressalta-se que nem todas as publicações dos Ministérios que serão apontadas utilizam a nomenclatura equilíbrio energético. Desta forma, essa terminologia será mantida apenas quando for o caso de citação.

Pode-se dizer que um adolescente apresenta equilíbrio energético quando, por exemplo, ele consome, em sua dieta alimentar, por volta de 3.000 kcal/dia e, simultaneamente, seu trabalho biológico solicitar demanda energética diária equivalente às mesmas 3.000 kcal. Neste caso, a relação energética estará equilibrada. Logo, não deverá haver modificações no peso corporal (Guedes; Guedes, 1998).

A situação ideal de manutenção estável do peso corporal é quando a energia consumida − a partir dos alimentos − está perfeitamente equilibrada com o gasto energético − energia despendida em atividades físicas diárias. Enquanto este equilíbrio for mantido dentro de estreitos limites, haverá pouca flutuação do peso corporal. Importante ressaltar que esta situação é adequada quando se trata de um indivíduo que se encontra em estado nutricional eutrófico.

O estado nutricional, no plano individual ou biológico, é o resultado do equilíbrio entre consumo alimentar e gasto energético do organismo. Esse gasto refere-se à utilização dos alimentos pelo organismo para suprir as suas necessidades nutricionais e está relacionado ao estado de saúde e à capacidade de utilização dos nutrientes fornecidos pela alimentação. A energia necessária para nutrir o sujeito varia em função do sexo, idade, estado de saúde, estado fisiológico e nível de atividade física dos indivíduos.

> Para um adequado estado nutricional, no que se refere à energia, o consumo alimentar deve estar em perfeito equilíbrio com o gasto da energia do organismo usada para manter as funções vitais e nas atividades físicas diárias. (MS, 2005a, p. 97)

A atividade física se torna importante no equilíbrio energético, pois as pessoas que são fisicamente ativas aproveitam melhor os alimentos nutritivos, sem acumular gordura no corpo.

> À medida que a atividade física aumenta, o mesmo acontece com a massa corporal magra (massa muscular) e o corpo gradualmente muda de forma, ocorrendo a substituição da gordura por massa muscular. (MS, 2005a, p. 95)

Para Guedes e Guedes (1998), o equilíbrio energético é fator significativo para as alterações associadas à proporção relativa de gordura e de massa isenta de gordura, o que torna a alimentação e o exercício os mais relevantes mecanismos para estabilização do peso corporal. Desse modo, o equilíbrio energético se caracteriza como de importância fundamental no moderno cenário da nutrição, do exercício físico e da composição corporal.

Sizer (2003) esclarece que quando um adolescente come demais ou muito pouco o corpo termina com um balanço energético desequilibrado: captou maior ou menor quantidade de energia do que requerida para gasto. Os mecanismos pelos quais o corpo utiliza sua energia são subjacentes a alterações que ocorrem na composição corporal.

O MS (2005a, p. 20) alerta que: se tudo ocorre de maneira normal, o balanço energético sobe e desce ao longo do dia e de um dia para o outro sem, contudo, levar a uma mudança duradoura do balanço energético ou do peso corporal.

> Isso porque mecanismos fisiológicos múltiplos determinam mudanças coordenadas entre ingestão e gasto energético, regulando o peso corporal em torno de um ponto de ajuste que mantém o peso estável.

As pessoas não podem controlar as calorias despendidas em processos metabólicos, mas eles podem controlar o que comer e beber, bem como quantas calorias gastam na atividade física (USDA, 2010).

## 4.2 COMPORTAMENTO ALIMENTAR DOS ADOLESCENTES

Diferente dos animais que escolhem os alimentos por extinto e não necessitam de um nutricionista para lhe ensinar a comer, o homem escolhe por atratividade e não por causa do seu benefício nutricional.

> Se os alimentos estão disponíveis, todos os animais em seus habitats escolhem alimentos certos e desprezam os que não servem e só ingerem o que precisam. O homem muitas vezes ingere os alimentos errados, despreza os certos e muitas vezes come significativamente mais do que precisa. (Gouveia, 1999, p. 66)

Para Gouveia (1999), o comportamento alimentar dos indivíduos é moldado não exclusivamente pelos hábitos alimentares, tais como as práticas de seleção, aquisição e preparo relativo à alimentação, mas tem suas bases fixadas na infância, quando é transmitido pela família e passa a ser sustentado pelas tradições, crenças e tabus que são transmitidos de geração em geração.

Crianças desde os primeiros anos de vida recebem em seu prato mais comida do que conseguem comer. Muitos responsáveis dizem: "Menino, você tem que comer tudo pra engordar e crescer forte! Criança gordinha é criança saudável!". De fato, muitos responsáveis envolvidos por fatores culturais fortemente ligados ao fator psicológico podem contribuir para a obesidade na infância e na adolescência. Somente uma educação alimentar pode ensinar as crianças a colocarem no prato somente aquilo que for necessário para saciar a fome (MEC, 2007b).

Em algumas famílias, a comida ocupa o centro das atenções. Desde o nascimento, filhos e netos são estimulados a comer o máximo que conseguem. No tempo em que as crianças corriam pela rua o dia inteiro, as calorias em excesso eram consumidas no exercício. Hoje, acumulam gordura no corpo, paradas diante da TV e das telas dos computadores, com refrigerante, doces e salgadinhos ao alcance da mão (Varella; Jardim, 2009).

No Brasil, a cultura de se celebrarem festas com comida em excesso persiste, e, para confirmar isso, basta fazer uma reflexão e lembrar como são preparadas as festas: ceias de Natal, almoços de Páscoa, aniversários de colegas da escola. Na cultura alimentar do país acredita-se que é melhor o excesso de alimento do que sua falta. Por outro lado, esse excesso gera desperdício, gera um problema ambiental e social em relação ao lixo produzido e contribui significativamente para o excesso de peso (MEC, 2007b).

A influência dos pais nos padrões de estilo de vida dos filhos, incluindo a escolha dos alimentos, indica o importante papel da família em relação ao ganho de peso. A Academia Americana de Pediatria – AAP recomenda que os pais devam ser modelo de referência aos filhos adolescentes (Bar-on, 2000).

Fiates et al. (2008), assim como a AAP, também defendem o papel da família como modelo. Para os autores, o comportamento dos pais e a disponibilidade de alimentos saudáveis para os filhos, dentro e fora de casa, devem ser fontes de reforço positivo, servindo de modelo para os filhos.

Outros autores que partilham a ideia de modelo são Axelrud et al. (1999). Para eles, dar informações úteis é importante, mas não somente isso. Deve-se dar exemplo de conduta alimentar e, somado a esse comportamento, fazer das refeições um momento agradável, aproveitar para conversar sobre assuntos que não sejam dietas, restrições alimentares ou situações correlacionadas ao problema.

De fato, o MS afirma que "o potencial educativo de papéis-modelo em casa e na escola, no desenvolvimento dos hábitos de vida de crianças e adolescentes, é inquestionável" (MS, 2005b, p. 9).

Mas, diferentemente dos autores anteriores, Plourde (2006) não assume certezas sobre a relação de modelo entre pais e filhos, apenas sugere reflexão sobre essa influência por meio da aprendizagem socioambiental, por meio da modelagem, *feedback* e instruções sobre a alimentação e hábitos de atividade física.

De acordo com publicação do MEC (2007a), quando o relacionamento entre adolescente e família apresenta-se desarmônico, os alimentos são utilizados como demonstração de rebeldia por adolescentes, principalmente diante de pais autoritários, com recusa de alimentos saudáveis, realização de dietas malucas e práticas alimentares erradas, por exemplo. Esses comportamentos também podem ocorrer quando os pais não estabelecem limites para os filhos, por isso a importância da imposição de limites alimentares.

Por outro lado, as maneiras que as relações familiares ocorrem podem ocasionar menos controle sobre a alimentação dos adolescentes, estes, nessa faixa etária, passam a ter uma vida mais independente e pertencer a um grupo no qual o comportamento alimentar pode aparecer como item que os identifica socialmente.

O comportamento alimentar dos indivíduos sofre interferência na adolescência (MEC, 2007a). A família, as atitudes dos amigos, as regras e valores sociais e culturais, as informações trazidas pelos *media*, por conhecimentos relativos à nutrição e até mesmo por "manias" aparecem como os principais fatores externos que influenciam o modo de comer.

Já os fatores internos são formados pela imagem do seu próprio corpo, por valores e experiências pessoais, preferências alimentares, pelas características psicológicas, pela autoestima, pelas condições de saúde e pelo desenvolvimento psicológico.

Tanto os fatores internos quanto externos estão ligados às condições sociais e econômicas, à disponibilidade de alimentos, à produção e à forma de distribuição de alimentos, o que leva a determinado estilo de vida, resultando em hábitos alimentares individuais.

É importante lembrar que a informação sobre nutrição e alimentação saudável (atende todas as exigências do corpo, ou seja, não está abaixo nem acima das necessidades do nosso organismo) (MEC, 2007b) para adolescentes é bastante vasta, sejam por cartilhas, livros, cartazes, sites específicos sobre o tema e palestras em escolas. Mesmo em escolas que possuem a informação sobre alimentação por meio de palestras, alguns adolescentes associam os alimentos saudáveis com atividade desinteressantes e, por isso, têm dificuldade de aplicar os conhecimentos.

Um profissional pode utilizar uma pirâmide alimentar para ensinar quais alimentos podem ser mais consumidos. A base da pirâmide são os alimentos que podem ser mais consumidos e à medida que a pirâmide afunila ficam os alimentos que devem ser consumidos em menor quantidade. Normalmente, quando se trabalha a pirâmide alimentar como recurso pedagógico, trata-se do equilíbrio energético e suas variáveis de balanço.

Sobre alimentação saudável o MS (2005a, p. 33) esclarece ainda que: a mídia tem difundido que ela é cara, entretanto a alimentação saudável se baseia nos alimentos produzidos regionalmente.

> O apoio e o fomento aos agricultores familiares e às cooperativas para a produção e a comercialização de

produtos saudáveis, como grãos, leguminosas, frutas, legumes e verduras, são importantes alternativas, não somente para a melhoria da qualidade da alimentação, mas também para estimular a geração de renda em pequenas comunidades, além de sinalizar para a integração com as políticas públicas de produção de alimentos.

Quando o adolescente se identifica com um grupo, sente a necessidade de ser igual. Sair para barzinhos com amigos e ir ao *shopping* comer alimentos do tipo *fast-food*[35] é considerado atividade prazerosa e preferida, e não poder comer sempre aquele *fast-food* que todos comem significa diferenciar-se dos demais (Axelrud et al., 1999).

A mudança no comportamento alimentar se dá mais pelo significado do alimento – *status*, autoestima, segurança – do que pelo valor nutricional (Gouveia,1999).

Ademais, é uma característica dos adolescentes viver o momento atual sem se preocupar com as consequências de seus hábitos alimentares ao longo dos anos, ainda que prejudiciais (MEC, 2007a).

Não se quer dizer aqui que a alimentação fora de casa ou do tipo *fast-food* deva ser abolida. Elas podem ser aceitáveis, desde que seu consumo não seja frequente e em grande quantidade, pois, neste caso, podem ser prejudiciais. Isto porque seu consumo pode significar menor quantidade na ingestão de proteína, cálcio, vitaminas e minerais e maior quantidade de gordura e sal. Esse hábito, segundo Ministério da Educação (2007a), prejudica o crescimento e desenvolvimento dos adolescentes e aumenta o risco de ocorrência da obesidade e outras DCNT, restritas, até pouco tempo atrás, à população adulta.

---

35. Para Ebbeling et al. (2004), adolescentes obesos tendem a ingerir maiores quantidades de *fast-food* e não compensar esse excesso energético com atividade física

Os adolescentes brasileiros possuem hábitos alimentares inadequados, com baixo consumo de produtos lácteos, frutas, verduras, legumes, e ingestão excessiva de açúcar e gordura (MEC, 2007a).

Sobre a relação entre hábitos alimentares e adolescentes, o pensamento de Varella e Jardim (2009) acrescenta à dinâmica familiar a ideia de ambiente cultural. Os autores nomeiam como ambiente cultural o meio em que o adolescente convive, assim como respectivas relações sociais estabelecidas nesse local. Acrescentam que é nesse ambiente cultural que acontecem as mais fortes influências que estimulam um estilo de vida saudável ou o desenvolvimento de um estilo de vida com ações nocivas e prejudiciais à saúde.

Guedes e Guedes (1998) compartilham do mesmo pensamento, pois associam que o tipo de estímulo e as oportunidades oferecidas aos mais jovens se caracterizam como fatores modeladores na aquisição e na incorporação de hábitos alimentares.

Em outras palavras, a partir da ideia dos autores citados pode-se perceber que a dinâmica familiar compreende um ambiente menor, ainda que não menos importante, mas que deve ser avaliado somando-se ao ambiente cultural em que o jovem está ou será inserido.

Os fatores culturais, para a OMS (2004), estão entre os determinantes mais fortes da escolha alimentar. Eles incluem pressões de grupos de colegas, convenções sociais, práticas religiosas, condução designada a diferentes alimentos, influências de outros membros do lar e estilos de vida diferentes.

Para Katch e McAardle (1984), os adolescentes devem superar pressões sociais e constrangimentos para conseguirem mudanças permanentes em seu estilo de vida.

Talvez, pela dificuldade de se ensinar aos adolescentes hábitos de alimentação saudável, autores como Varella e Jardim (2009, p. 21), preocupados com o crescimento da obesidade, mencionam que ações devem ser antecipadas a essa faixa etária. Para eles: "o tempo em que crianças gordinhas enchiam os pais e avós de orgulho já passou".

O estado nutricional das crianças na atualidade requer uma educação alimentar desde o nascimento para que ele desenvolva um paladar plural que inclua frutas, legumes, verduras, e aprenda a resistir aos apelos de doces, refrigerantes e salgadinhos.

Como o ambiente da família é uma das influências mais fortes no caso do risco de obesidade para os filhos, as famílias de jovens pareceriam ser um grupo lógico para prevenção e controle da obesidade na adolescência. As atitudes dos pais, compra e apresentação dos alimentos, modelo de alimentação e hábitos de exercícios e apoio para ocupações de lazer ativas podem afetar a alimentação de uma criança e seus padrões de exercício (OMS, 2004).

#### 4.3 ATIVIDADE FÍSICA E ADOLESCENTE

No Brasil, a atividade física é considerada tão importante que ela é um dos eixos temáticos definidos a partir das diretrizes da Política Nacional de Alimentação e Nutrição do Ministério da Saúde[36]. O propósito da diretriz é estimular a prática de atividade física regular no cotidiano das pessoas e relacionar essa prática a melhores condições de saúde e vida (MS, 2006f). Essa política teve, entre seus propósitos, a promoção de práticas alimentares e modos de vida saudáveis, e nesse contexto a prevenção e o tratamento da obesidade configuram-se grandes desafios (MS, 2006d).

São muitos os benefícios da atividade física, pesquisas mostram que ela diminui o risco de ataques cardíacos, diabetes, derrames cerebrais, além de reduzir os níveis do mau colesterol, tornar os ossos mais fortes e os músculos mais desenvolvidos, evitar problemas nas juntas e melhorar a função intestinal, a resposta imunológica, o equilíbrio hormonal e a qualidade do sono (Varella; Jardim, 2009).

---

36. Publicação: *Guia Alimentar para População Brasileira* (2006) inseriu uma diretriz para atividade física (Diretriz Especial 1), entendendo-a como elementos potencializador dos resultados esperados pela adoção de práticas alimentares adequadas e, portanto, modos de vida saudáveis.

Especificamente para o adolescente, a atividade física pode ajudar a prevenir a obesidade, pois a ela

> melhora o desenvolvimento motor, ajuda no seu crescimento e estimula a participação futura em programas de atividade física, podendo até aumentar a auto-estima do adolescentes com histórico de depressão. (MEC, 2007b, p. 54)

Caspersen et al. (1985) entendem a atividade física como qualquer movimento realizado através da contração da musculatura esquelética que resulte em GE, que, para o Ministério da Saúde (2012a, p. 72),

> trata-se de um comportamento humano caracterizado por determinantes de ordem biológica e cultural, igualmente significativos nas escolhas e nos benefícios derivados desse comportamento.

Assim, como na transição epidemiológica[37], ocorreram também mudanças no que se refere ao hábito da prática de atividade física regular. Para o MEC (2007a):

Mudanças no estilo de vida do campo (cuidado arduamente da terra) para atividade sentada e mais leve na cidade. Todo o avanço tecnológico (carro, ônibus ou metrô, telefone celular, controle remoto) contribui para que a população faça menos atividade física.

Há pelo menos 30 anos, pesquisadores já afirmam que a sociedade está hipnotizada, em diferentes graus, pela tecnologia moderna, que promove mais conforto e que não permite ao próprio corpo utilizar o seu potencial de movimento (Katch; McArdle, 1984). No Quadro 10, é possível observar exemplos de padrões de atividade física que poupam energia[38] nas sociedades modernas.

---

37. Tópico 1. Transição epidemiológica, obesidade como DCNT.
38. O assunto energia pode ser visto no tópico 4.1 (Des)equilíbrio energético.

Quadro 10. Exemplos de padrões de atividade física que poupam energia nas sociedades modernas

| Exemplo | Padrão de Atividade |
|---|---|
| Transporte | O aumento drástico na propriedade de automóveis significa que muitas pessoas agora percorrem curtas distâncias de carro ao invés de caminharem ou irem de bicicleta. |
| Em casa | Os suprimentos de combustíveis facilmente disponíveis tornam óbvia a necessidade de coletar e preparar combustíveis para iluminar e aquecer; o aquecimento central reduziu a necessidade de gastar energia com a termorregulação. O gasto de energia também é reduzido pelo uso de equipamentos de cozimento e alimentos/ingredientes preparados prontos nas refeições, além do uso de máquinas de lavar e aspiradores de pós para limpeza mais fácil e mais rápida. |
| No local de trabalho | Mecanização, robótica, computadores e sistemas de controle reduziram marcantemente a necessidade de atividades moderadas; apenas uma proporção muito pequena da população se envolve em trabalho manual com demanda física. |
| Locais públicos | Escadas, elevadores e portas automáticas são todas projetadas para economizar quantidades substanciais de tempo e energia. |
| Aquisições sedentárias | Ver televisão** e usar computadores são as principais causas de inatividade. |
| Residência urbana | Jovens relutam em sair à noite por estarem preocupados quanto a sua segurança pessoal. As crianças possuem dificuldade de brincar nas ruas em áreas residenciais em função do trânsito. |

**Há décadas o tempo excessivo dedicado a assistir televisão mostra-se como um marcador universal para identificação de adolescentes inseridos em estilos de vida que valorizam inadequados hábitos alimentares e de inatividade física (Wong et al., 1992). Estudo americano mostrou que as crianças com um televisor no seu quarto poderão ocasionar problemas maiores, pois podem assistir ainda mais televisão do que os pais estão conscientes, ou uma TV no quarto pode ser um marcador de outros comportamentos que contribuem para a obesidade infantil (Dennison et al., 2002). Porém, as recomendações nesta área variam entre países, desde ≤ 2 horas/dia nos EUA e Austrália, até estudos que mencionam que estas quantidades devam ser específicas segundo a realidade/cultura de cada país (Janssen et al., 2005).

Fonte: Adaptado da OMS, 2004.

A atividade física pode ser verificada a partir de três componentes principais distinguidos em função do ambiente e da atividade desenvolvida (Quadro 11). Independentemente do local, a recomendação da *United States Departament of Agriculture* (USDA, 2005a) é de que a realização de atividade física seja uma parte regular da rotina das pessoas.

**Quadro 11. Atividade física e os três componentes principais com respectivas atividades**

| Componentes | Atividades |
|---|---|
| Trabalho ocupacional | Atividades realizadas durante o trabalho |
| Afazeres domésticos e outros | Atividades realizadas como parte do dia a dia |
| Atividade física no tempo de lazer | Atividades realizadas no tempo livre, à vontade do indivíduo |

Fonte: Adaptado a partir de OMS (2004).

O conceito de atividade física não deve ser confundido com o de exercício físico. Este se refere à categoria da atividade física definida como um conjunto de movimentos físicos, repetitivos, planejados e estruturados para melhorar o desempenho físico. Ambas são formas importantes de manter o BE, contudo, o primeiro implica em adotar hábitos mais ativos em pequenas, mas importantes, modificações no cotidiano, optando pela realização de tarefas no âmbito doméstico e no local de trabalho e por atividades de lazer e sociais mais ativas. O segundo, geralmente, requer locais próprios para realização e acontecem sob a supervisão e orientação de um profissional capacitado em academias de ginástica, clubes e outros locais (MS, 2005a).

Mas, para Varella e Jardim (2009), praticar atividade física não exige morar perto de um parque ou frequentar academia. O governo do estado do Tocantins, por exemplo, publicou um material que menciona que a falta de equipamento não pode ser desculpa para não se movimentar e observa que

> não se precisa de nenhum equipamento, habilidade ou conhecimento específico para ser mais ativo, caminhando, dançando, passeando com os filhos ou amigos, levando o cachorro para passear, cuidando do jardim, subindo escadas ou lavando o carro ou bicicleta. (SUS, 2009, p. 11)

O incentivo à adesão às atividades rotineiras, em casa e em seu entorno, em vez de programas estruturados em centros ou locais especiais, de exercícios de baixa a moderada intensidade, como caminhadas de forma solitária ou em grupos, de dança, de atividades do cotidiano familiar, como levar o cachorro para passear, limpar o quintal, andar ou pedalar para ir à praça, à padaria, à feira e outros locais das tarefas do dia a dia, pode melhorar a adesão do grupo de adolescentes sedentário ao modo de viver ativo (MS, 2006d).

O que se enfatiza é que independentemente do local e tipo de atividade física, o que deve ser feito é promover a prática de atividade física.

No Quadro 12 se apresenta o tempo diário de atividade física recomendada por pesquisadores em diferentes países. E, no Quadro 13, por diferentes instituições.

## Quadro 12. Quantidade de tempo diário de atividade física recomendada por países

| País | Recomendação | Autor |
|---|---|---|
| Brasil | De 20 a 30 minutos de duração diários. | Silva; Silva, 1995 |
| | Pelo menos 30 minutos de atividade física de intensidade moderada, preferencialmente todos os dias da semana. | Anjos, 2006 |
| | Em torno de 60 minutos diários de atividade física de moderada a vigorosa. | Hallal et al., 2006 |
| | De forma contínua 30 minutos por dia ou acumulada (15 + 15; ou 10 + 10 + 10). | SUS, 2009 |
| Canadá | Em torno de 60 minutos, em pelo menos cinco dias da semana para todas as faixas etárias. | Mark; Janssen, 2008 |
| EUA | De 30 a 60 minutos de exercício diário regular. | Daniels et al., 2005 |
| | Adolescentes devem participar diariamente 60 minutos ou mais de atividade física moderada a vigorosa, com desenvolvimento adequado, agradável e que envolva uma variedade de tipos de atividades. | Strong et al., 2005 |
| | Mínimo de 30 a 50 minutos de atividade moderada para adolescentes ou praticar exercício intenso na maioria dos dias da semana. | Wang et al., 2007 |
| Inglaterra | Pelo menos 20 minutos de atividade física intensa três dias por semana ou 30 minutos de atividade moderada cinco dias por semana para adolescentes. | Corbin et al., 2004 |
| Suécia | Mínimo de 60 minutos de atividade física, pelo menos de intensidade moderada todos os dias para os adolescentes. | Nowicka, 2005 |

Fonte: Elaborado pelo autor.

## Quadro 13. Quantidade de tempo diário de atividade física recomendada por instituições

| Instituição | Recomendação de atividade física | Autor |
|---|---|---|
| MS*** | Pelo menos 30 minutos de atividade física, na maior parte dos dias da semana (se possível, todos), de intensidade moderada (ou leve), de forma contínua ou acumulada. | MS, 2002a |
| | Atividades de moderada intensidade por 45 a 60 minutos por dia para prevenir a obesidade. | MS, 2005a |
| | Pelo menos 30 minutos de atividade física todos os dias pessoas torna a vida mais saudável. | MS, 2006b |
| | Acumulação de pelo menos 30 minutos de atividade física todos os dias. | MS, 2006c |
| | No mínimo 30 minutos por dia de atividades aeróbicas leves ou moderadas, durante cinco dias da semana. Para atividades aeróbicas vigorosas, recomenda-se 20 minutos por dia, três vezes durante a semana. | MS, 2009a |
| OMS**** | Pelo menos 30 minutos de intensidade moderada na maioria dos dias, entretanto, mais atividade pode ser necessária para controlar o peso. | WHO, 2005 |
| USDA***** | Pelo menos 60 minutos de atividade física atividade diária para adolescente. Ela pode fazer tudo de uma vez, ou espalhá-la ao longo do dia. | USDA, 2005a |

\*\*\*Ministério da Saúde Brasileiro.
\*\*\*\*Organização Mundial da Saúde.
\*\*\*\*\* Departamento de Agricultura Americano.
Fonte: Elaborado pelo autor.

No Quadro 12 pode-se verificar que a recomendação do tempo diário dedicado à atividade física é entre 20 e 60 minutos, sendo o mínimo de 30 minutos a mais citada pelos autores, entretanto, pode-se notar que ainda não há uma homogeneidade na recomendação no que se refere ao tempo diário dedicado a essa prática. Nota-se que a recomendação chega a ser três vezes maior de uma referência para outra. Ao tratarem da intensidade do exercício a maioria das referências analisadas cita como uma atividade moderada ou vigorosa.

No Quadro 13, a Organização Mundial da Saúde e o Ministério da Saúde citam o mínimo de 30 minutos por dia, enquanto o Departamento de Agricultura Americano menciona que a necessidade diária é o dobro desse tempo. Ainda não existe, por parte das instituições, um consenso do tempo mínimo diário que uma pessoa deve se exercitar.

Diferentemente da atividade física que é proposta para melhor saúde e qualidade de vida, o esporte é, muitas vezes, associado à competição e *performance*.

Esporte, para a OMS (2004), significa uma forma de atividade física que envolve competição. Já esporte escolar, definido pelo Ministério do Esporte (ME, 2005), é aquele praticado na escola no âmbito da educação básica[39], seja como conteúdo curricular da Educação Física ou atividade extracurricular, conforme a lei n° 9.394/96[40] e que deve atender aos objetivos específicos dos respectivos projetos político-pedagógicos. Essa medida pode ser considerada relevante para que a prática de esportes se

---

39. Educação básica ou ensino básico é o nível de ensino correspondente aos primeiros anos de educação escolar ou formal. No Brasil, a educação básica compreende a educação infantil, o ensino fundamental e o ensino médio, e tem duração ideal de dezoito anos.
40. DL 9.394/96, de 20 de dezembro, na redação atual, determina a obrigatoriedade da prática de aulas de Educação Física nas escolas.

consolide como hábito saudável desde a infância e continue até a adolescência.

Deve-se ainda registrar o esporte educacional, que é quando pode ser usufruído como um bem cultural, tanto na ótica do gosto pessoal como na busca da maximização do rendimento, garantindo o direito do uso das instalações e materiais adequados a ambos os fins (ME, 2005).

Nesse cenário, o professor de Educação Física, torna-se elemento de grande importância. Ele é quem pode indicar a atividade mais adequada para cada tipo de adolescente. Por exemplo, muitos candidatos à prática de atividade física são demasiadamente gordos, torna-se então necessária a prescrição de exercícios que sejam adequados a essa condição (Silva; Silva, 1995). Atividades físicas para adolescentes devem ser adequadas ao desenvolvimento, agradáveis e devem oferecer variedade (Usda, 2010).

O professor de Educação Física é uma referência importante para seus alunos, pois a Educação Física propicia uma experiência de aprendizagem peculiar ao mobilizar os aspectos afetivos, sociais, éticos e de sexualidade de forma intensa e explícita, o que faz com que esse professor tenha um conhecimento abrangente a respeito de seus alunos (MEC, 1997).

Na prescrição das atividades, o professor de Educação Física terá de ter especial cuidado com os obesos. Esses, geralmente, além do excesso de gordura corporal, são sedentários de longa data. São mais propensos às lesões ortopédicas dos membros inferiores durante as sessões. Para esses indivíduos, a progressão da intensidade, duração e da frequência das atividades devem ser lentas e graduais (Silva; Silva, 1995), Não se deve obrigar ou constranger o aluno a realizar qualquer atividade. As propostas do professor de Educação Física devem desafiar e não ameaçar o aluno e as atividades necessitam contemplar individualmente os alunos (MEC, 1997).

Teoricamente, mostra-se a atuação do professor de Educação Física como ator de relevante para promoção da saúde. Entretanto, na prática escolar, o professor atua há mais de um século como mediador de um corpo saudável e de um estilo de vida que favorece a prevenção de doença[41].

Vale ressaltar que, assim como a alimentação, a prática de atividade física é uma aliada na perda e manutenção do peso. Além disso, ajuda a relaxar, a melhorar o humor, a disposição para as atividades diárias e a socialização. Uma alimentação saudável irá contribuir também nesse processo influenciador (MS, 2006d).

Por fim, existem as práticas corporais (MS, 2006d), expressões individuais e coletivas do movimento corporal advindos do conhecimento e da experiência em torno do jogo, da dança, do esporte, da luta, da ginástica, construídas de maneira sistemática – nos espaços formais das aulas de Educação Física nas escolas, por exemplo – e/ou de maneira não sistemática – nos espaços de lazer, no tempo livre.

O desenvolvimento de práticas corporais amplia as possibilidades de organização e escolha dos modos de movimentação e relacionamento com o corpo, ambos entendidos como benéficos para a saúde de sujeitos e coletividades, incluindo nessas práticas as caminhadas, a capoeira, as danças, o tai chi chuan, o shiatsu, yoga, entre outros. A adoção destas práticas favorece, em especial, ações que reduzam o consumo de medicamentos, estimulam a grupalidade e a formação de redes de suporte social, possibilitando a participação ativa dos usuários (MS, 2006d).

A OMS (2004) recomenda que todos os adolescentes sejam estimulados a serem os mais ativos possíveis, visto que o GE pode aumentar de forma mais eficaz com atividade geral e brincadeiras do que com esportes competitivos e exercício estruturado.

---

41. O papel do professor de Educação Física é abordado no Capítulo 2.

Diversas referências apontam a atividade física como benéfica para a saúde, como pode ser visto no Quadro 14.

**Quadro 14. Benefícios da atividade física para saúde**

| Benefícios da atividade física | Referências |
| --- | --- |
| previne doenças crônicas e obesidade | Neumark-Sztainer et al., 2003 |
| previne do ganho de peso anormal e manutenção do peso | Daniels et al., 2005 |
| combate e previne a obesidade | MEC, 2007b |
| ajuda na prevenção da obesidade | Bibiloni et al., 2010 |
| possibilita menos morte e mais qualidade de vida | MS, 2012a |

Fonte: Elaborado pelo autor.

O Ministério da Saúde (2002a) menciona que uma alimentação balanceada combinada à atividade física é útil em qualquer idade. Pesquisas têm demonstrado a relação positiva entre atividade física e saúde, em contrapartida, estudos demonstram que a falta de saúde está associada, em muito, à inatividade física (Confef, 2010).

O mundo vive um momento de pouca movimentação e muita tecnologia (Samuelson, 2002). O que se tem como certeza é que a atividade física previne e combate à obesidade, enquanto a inatividade física[42] contribui para seu agravamento (Quadro 15).

---

42. Inatividade física pode ser definida como um estado em que o movimento corpóreo é mínimo e o gasto de energia se aproxima da taxa metabólica de repouso.

## Quadro 15. Inatividade física como fator contribuinte à obesidade

| Pensamento sobre inatividade | Autor(es) |
|---|---|
| Mais do que ausência de atividade, inatividade física inclui a participação em comportamentos fisicamente passivos como assistir televisão, ler, trabalhar em um computador, falar com amigos ao telefone, dirigir um carro, meditar ou comer. | Ainsworth et al., 1993 |
| Importante fator contribuinte na manutenção da obesidade infantil. | Trost et al., 2001 |
| Um dos fatores de risco mais importantes para as DCNT, junto à dieta e uso do fumo. Não acarreta somente doenças e sofrimento pessoal, mas também representa um custo econômico significativo, tanto para os indivíduos como para a sociedade, em vista das sequelas que causa. | MS, 2002a |
| A atividade física diminuída e/ou o comportamento sedentário desempenham papel importante no ganho de peso e desenvolvimento da obesidade. | OMS, 2004 |
| Deve-se reduzir o tempo gasto em comportamento sedentário, pois novas pesquisas indicam que o tempo gasto em comportamento sedentário ou inatividade pode desempenhar um papel até mais importante do que os baixos níveis de atividade física na gênese do problema de peso do adolescente. | OMS, 2004 |
| A pouca movimentação e inatividade física podem contribuir para o ganho de peso por outros meios além da redução do gasto de energia | OMS, 2004 |
| Estudos em adolescentes demonstraram relações significativas entre inatividade física e outras práticas de saúde adversas, como consumo de alimentos menos saudáveis e uma ingestão aumentada de gordura. | OMS, 2004 |

| | |
|---|---|
| Em escolares, a inatividade física está aumentando e este aumento potencialmente é carregado para o resto da vida. | Kimm et al., 2005 |
| Um axioma popular preceitua que a maioria das pessoas torna-se obesa por causa da inatividade física (comportamento sedentário). | Fox et al., 2007 |
| Um problema de saúde pública. | Haskell et al., 2007 |
| Os riscos a saúde quando se tem um estilo de vida sedentário é a ocorrência de sobrepeso e a obesidade. | Sichieri; Souza, 2008 |
| Inatividade física é destaque entre adolescentes dos países industrializados. | Hebebrand; Hinney, 2009 |
| A vida sedentária é apontada como a principal causa da epidemia de obesidade que aflige a população. | Varella; Jardim, 2009 |
| Padrões sedentários (assistir televisão em média de 3 a 4,5h por dia) tem sido sugerido como determinante do comportamento de adolescente com obesidade | Must; Parisi, 2009 |
| Em função do crescente sedentarismo e altos níveis de obesidade na adolescência, qualquer oportunidade para aumentar a atividade física dos adolescentes devem ser apoiadas. | Singh et al., 2008; Melkevik et al., 2010 |

Fonte: Elaborado pelo autor a partir da definição dos autores citados no quadro.

Diante das discussões sobre alimentação, atividade física e inatividade física, relacionados ao problema da obesidade, nota-se que, apesar de existirem diversos esforços por parte de estudiosos e instituições a tratarem do assunto, ainda não se conseguiu conter essa epidemia que assola muitos países.

# CAPÍTULO 3

## O CONTEXTO DAS POLÍTICAS PÚBLICAS PARA OBESIDADE

Este capítulo apresenta conceitos pertinentes à área da política para posterior contextualização no cenário da obesidade escolar. Também são discutidas as ações de prevenção e promoção da saúde no ambiente escolar com ênfase nos adolescentes, assim como o combate à obesidade exógena.

### 1. CONCEITUAÇÕES NA ÁREA DA POLÍTICA

Como visto no Capítulo 2, a obesidade se tornou um problema de saúde e acomete grande número de pessoas e adolescentes no Brasil. Esta seção do capítulo discute as políticas públicas de prevenção e controle da obesidade que podem enfrentar essa realidade epidêmica.

O Estado não pode simplesmente promover uma política pública, pois as pessoas precisam entender, por meio do próprio governo, a finalidade dessa ação governamental sobre a vida delas.

Assim, para um melhor entendimento acerca das políticas públicas que podem ajudar a prevenir e controlar a obesidade em adolescentes escolares, primeiramente, optou-se em apresentar definições pertinentes à área da ciência política.

## 1.1 PÚBLICO E PRIVADO

O entendimento sobre o que vem a ser bem público e bem privado pode contribuir para melhor delinear o conceito de política pública. De acordo com o ME (2010, p. 45): "bem público é aquele que está disponível para todos – indivisível; o bem privado é aquele consumido mediante a escolha e pago – exclusivo". Em relação ao serviço público e privado:

> o público é oferecido para quem dele necessitar e não é cobrado diretamente, e o privado é consumido e pago. Nas definições de setor público e setor privado, a distinção repousa nas organizações e instituições que gerenciam e ofertam os serviços e bens, públicos e privados. As organizações do Estado compõem o setor público e as entidades não estatais compõem o setor privado.

Por mais que haja uma separação conceitual, na prática, muitas ações dependem da junção e/ou parceria dos setores públicos e privados. Inclusive, Araújo (2010, p. 79) menciona que

> é necessário que os planejamentos público e privado da sociedade incorporem condições tais como segurança pública, parques e jardins e centros comunitários que proporcionem diferentes atividades físicas.

Entretanto, nessa obra não serão discutidas o impacto da esfera privada na saúde da população. Concentrar-se-á na esfera pública. Esta decisão é justificada pelo fato de a CR/88 ter definido a saúde como de responsabilidade da União e dos Estados, até mesmo como resposta ao processo de desenvolvimento da saúde ao longo da história que a entende como um conjunto de fatores presentes no meio ambiente que proporcionam qualidade de vida aos indivíduos e à sociedade à qual pertencem.

## 1.2 ESTADO

Para Cunha (2002), é o conjunto de poderes políticos e de uma nação politicamente organizada, instituições políticas e organismos administrativos que fazem parte de uma nação soberana.

O Estado é concebido como algo impessoal e abstrato. Ele é regido por leis que representam o interesse coletivo e não individual e igual para todos. De acordo com Zipplius (1985), o Estado é uma estrutura legalmente organizada para atender às demandas de convivência de toda a totalidade dos seres humanos de um país.

Nogueira Filho (2010) afirma que o Estado veio com uma necessidade de impor a ordem, acabando com a lei do mais forte. O Estado define os limites de intervenção na vida social.

À ciência política, cabe o entendimento da relação coexistente entre Estado e política. Para Outhwaite e Bottomore (1996), de forma resumida, a ciência política dedica-se ao estudo dos fenômenos políticos. Fatos estes que são frequentemente percebidos como caracterizando exclusivamente o governo nacional, junto com autoridades locais e regionais.

> De fato, é aí que a política se torna mais visível. Mas na realidade a atividade política é geral. Ela ocorre em todas as organizações, sejam elas empresas, escolas, sindicatos, igrejas ou organizações sociais. (Silva Filho, 2003, p. 127)

Ruben e Baptista (2011) consideram a ciência política como uma área que estuda a atuação dos governos e as construções de políticas públicas.

## 1.3 POLÍTICA E POLÍTICAS PÚBLICAS

Outro termo que necessita de definição é política, considerada por Crick (1981, p. 6) como uma:

> atividade através da qual são conciliados os diferentes interesses, dentro de uma determinada unidade de governo, dando a cada um deles uma participação no poder, proporcional à sua importância para o bem estar e a sobrevivência de toda a comunidade.

A política é construída no equilíbrio entre o interesse do Estado e o interesse público, expresso no entendimento do Estado do que realmente é necessário e dos desejos da sociedade. Logo, se espera que a política seja a resposta do Estado aos anseios, desejos e necessidades da sociedade em um cenário presente e, também, se antecipando ao futuro.

Sobre esse assunto, Nogueira Filho (2010) acrescenta que a sobrevivência do ser humano não depende da política, mas é ela que permite ao sujeito viver de forma civilizada.

Com base nestes conceitos pode-se pensar a política pública como diretriz determinada pelo Estado para atender a exigências e necessidades de determinada sociedade e prover as mudanças indispensáveis ao desenvolvimento.

Mas, Labra (1999) afirma que para definir política e política pública é preciso compreender um sistema formado por quatro componentes – atores, instituições, processos decisórios e resultados – e as relações causais entre eles.

Muitos entendem política como um programa governamental ou uma ação estatal, associando-a a uma prática de integrantes do governo ou de parlamentares. Sobressai, portanto, neste entendimento,

> o lado formal da política – o legal (a Constituição Federal, as leis e atos executivos), o institucional (os Ministérios, as Secretarias e o Legislativo), o enunciado

oficial (a política nacional de saúde) e a prática de um conjunto de indivíduos na sociedade que têm como atribuição principal elaborar leis e executar as políticas, os chamados "políticos profissionais". Não há problema algum nesta associação, mas há problema quando se restringe a política apenas ao seu aspecto formal, pois a política extrapola a formalidade. (Ruben; Baptista, 2011, p. 13)

A definição de política apresentada por Ruben e Baptista entende política como um conjunto formado por leis, instituições, textos e indivíduos com o exercício de cargos políticos. Considerando que o Brasil vive sob a égide de um Estado Democrático, acredita-se que os políticos são eleitos pelo povo e, assim, representam suas aspirações. Contudo, segundo os autores, o problema reside no fato de se discutir a política apenas a partir das leis e não por meio da interface com o meio. Lamentavelmente, ainda hoje, a percepção que se tem da política alia-a a uma posição de afastamento do cidadão, enquanto que, na forma mais efetiva, ela deve fazer parte do social.

Interessante é que na década de 1980, em meio ao processo de transição da ditadura para a democracia e de discussão sobre a instituição de uma nova constituição, assim como outros setores, a saúde tornou-se assunto de intenso debate envolvendo toda a sociedade. Passadas três décadas, o questionamento que se faz é para onde foram esses sujeitos e atores? Por que esses debates se dissiparam?

O fato é que com a promulgação da CR/88 as discussões realizadas por meio do modelo participativo foram minimizadas ou terminadas e isso fez com que houvesse um distanciamento das decisões públicas realizadas pelo Estado, o que acabou por gerar uma percepção negativa da política, como se a política acontecesse apenas em via de mão única, somente ela interferisse na vida do cidadão ao invés de ser a vida do cidadão o fator de influência determinante para adoção das políticas públicas. E, até mesmo por isso, há a percepção da população de que as decisões políticas não retratam suas reais necessidades. A interação do indivíduo com a política oportunizada pelo Estado pode ajudar a construir políticas públicas que atendam às necessidades da comunidade. Entretanto, parece que o envolvimento do cidadão com a política é ainda pequena em algumas áreas. O envolvimento com a política parece ser feito mais por profissionais da área da política. Segundo Ruben e Baptista (2011), os políticos profissionais são antes de tudo pessoas que interagem para além das fronteiras institucionais, e que devem trazer para dentro do debate governamental o que há de debate na vida social e não seus interesses. Então, por que a sociedade não se sente parte da política?

> a palavra política demonstra uma atividade específica realizada por certo tipo de profissional ou significa uma ação coletiva com um objetivo comum. A política, como profissão, é uma ação com a qual *o profissional se relaciona com o poder*[43], para obter um bem comum. (Araujo, 2010, p. 66, grifos nossos)

O problema talvez esteja relacionado ao modelo da democracia brasileira. Determina-se que o povo, por meio do sufrágio universal, eleja os políticos que estarão representando-os ao longo do seu mandato, mas não há um acompanhamento das ações desse político pelo indivíduo que o escolheu. E, embora nas campanhas exista o discurso de representação do povo, não se pode descartar a busca do poder que é permeada por outras variáveis: partidos políticos, financiadores de campanhas etc. Em outras palavras, atores que acompanham o político durante seu

---

43. Destaque realizado pelo autor da obra.

mandato e exigem sua representação, sendo colocados em prioridade pelo político, muitas vezes em detrimento da própria sociedade como um todo.

Para Peters (1998), existem sim outros fatores que podem influenciar na formulação de políticas públicas e que são conhecidos como segmentos da sociedade que não fazem parte do governo. Dois exemplos são: os movimentos sociais e os grupos de interesse. Em função da política instituída e da coligação partidária cada um poderá ter um percentual de influência nas ações governamentais. Entretanto, apesar de existirem negociações, estas não impedem que o governo formule políticas públicas para a sociedade, mas apenas as tornam mais difíceis mais difícil de elaborar.

Os dois, povo e poder público, de acordo com Lhering (2003), devem lutar constantemente pelo direito. Mas, se o povo se sentir prejudicado no todo ou em parte, deve refletir sobre como agirá frente a essa ofensa. Por outro lado, Cunha (2002), defende que o Estado não deve negativar o direito, mas, sobretudo, fazer valer as leis que regem o direito na sociedade.

Talvez seja por isso que, no início do século XXI, Dye (2002) definiu a política pública como qualquer coisa que um governo – pessoas que ocupam o poder de decisão, políticos ou pessoas representadas por eles – escolhe fazer ou não fazer ou a inércia do governo em favor da continuidade do estado atual. O autor transmite a ideia de que quem toma as decisões referentes ao Estado é um grupo de pessoas que não necessariamente representam a população como um todo, podendo muitas vezes se apresentar de forma passiva às necessidades de uma sociedade.

Para Dye, as escolhas realizadas no ambiente político são uma forma de política pública e, por isso, a escolha das pessoas que farão parte do governo se apresenta como de grande relevância para o desenvolvimento de um país.

O campo do conhecimento que busca, ao mesmo tempo, analisar a ação governamental (variável independente) e, quando necessário, propor mudanças no rumo ou curso dessas ações (variável dependente). A formulação de políticas públicas constitui-se no estágio em que os governos democráticos traduzem seus propósitos e plataformas eleitorais em programas e ações que produzirão resultados ou mudanças no mundo real. (Souza, 2006, p. 7)

Independente do cenário em que ocorre e das negociações realizadas, para Labra (1999), as políticas públicas constituem-se como uma área complexa e dinâmica que precisa dar conta de resolver os diversos problemas que surgem na sociedade. E, por isso, as políticas públicas devem ser direcionadas para segmentos específicos, tais como políticas de esporte, políticas de educação, políticas de saúde etc., pois, de certa maneira, facilitam o processo e têm a possibilidade de alcançar melhores êxitos.

No que se refere à política da saúde, essa é conceituada por Campos e Tinôco (1986, p. 90) como

o conjunto de recursos de diferentes tipos que se encontram em uma quantidade determinada, que cumprem determinadas ações, que tem uma determinada organização, que se empregam para combater danos à saúde com alguma eficiência.

Ao se refletir as políticas de saúde como recursos de diferentes tipos, amplia-se sua base para além de uma instituição, como verificado no Capítulo 1, ao longo da história, pelo menos dois segmentos, além da própria saúde desempenharam ações relacionadas à saúde – educação e esportes. As ações podem ser compreendidas como os planos e programas desenvolvidos. E, no que se refere ao combate dos danos à saúde, tem-se os indivíduos como o alvo principal.

Sendo a política de saúde a variável mais conhecida e mais significativa e dependente para o encaminhamento do problema, é para ela que deve voltar-se mais concretamente *o planejador de saúde no sentido de maximizar a sua atuação para contribuir ao lado de outros fatores condicionantes no desenvolvimento de nível de saúde e do bem-estar da população*. (Campos; Tinoco, 1986, p. 113, grifos nossos)[44]

Outra consideração relevante de Campos e Tinoco em relação à política de saúde se refere à importância de atores para atuarem como mediadores do processo entre Estado e população na consolidação da qualidade de vida saudável.

De maneira geral, as políticas públicas, ainda que diante das dificuldades de implementação e consolidação, têm se mostrado de grande relevância para a sociedade brasileira e, por isso, tornam-se fundamentais para se garantir o direito à saúde. Na atualidade, em que a obesidade avança no país, políticas públicas devem garantir o acesso à alimentação adequada (Reis et al., 2011).

Segundo Reis et al. (2011), deve-se compreender que a saúde trata-se de um campo de ação social do Estado e as políticas públicas têm a função de agir não somente na recuperação da saúde dos indivíduos, mas na proteção e na promoção da saúde coletiva. E, ao se pensar na promoção, o foco principal deve ser o adolescente, faixa etária que começa a tomar decisões próprias que terão influências nos anos seguintes.

Ademais, como fato social, especificamente sobre a obesidade, as políticas não devem estar restritas à área de

---

44. Destaque efetuado pelo autor desta obra.

saúde, mas a todas as instituições e segmentos públicos de forma intersetorial. Neste caso, destaca-se o ME.

De acordo com a Constituição Cidadão de 1988, o esporte e o lazer são um direito do cidadão e devem ser oferecidos pelo Estado. Infelizmente, na maioria das cidades, o poder público não está a garantir sua efetivação (ME, 2009).

Para o ME (2010), a implantação da política pública de esporte e lazer é uma opção de governo que investe na constituição dos mecanismos necessários para torná--la uma política de Estado. Nesse sentido, alguns desafios precisam ser superados, e o principal deles, de acordo com Evans et al. (1985), seria a ausência de autonomia do Estado – neste caso do governante – para a instituição de determinadas políticas e/ou programas por influências externas e internas contrárias a elas. Se o governo tem uma autonomia parcial, a implementação de uma política pública vai depender de uma soma de outros fatores e da situação histórica vivenciada pelo país (Souza, 2006).

A existência de pacto federativo entre as três esferas de poder – União, Estado e Município – pode facilitar e até mesmo garantir obrigações do poder público para com a população visando ao bem social (ME, 2010).

Assim, tornam-se necessárias ações de aproximação entre política e cidadãos. Segundo Carnoy (1988), há necessidade de o Estado educar politicamente o cidadão, o Estado deve ter o compromisso de ser um "educador". Ele precisa conscientizar o povo e criar um novo tipo ou nível de discussão.

No contexto da saúde, mais especificamente no que se refere à obesidade, o Estado pode ter políticas públicas educativas no âmbito escolar para que o adolescente tenha um estilo de vida saudável não por imposição ou tentativa de convencimento por meio de discurso unilateral – do governo para a sociedade –, mas por meio de discussões.

## 2. PREVENÇÃO E PROMOÇÃO DA SAÚDE

A obesidade não é apenas um problema individual. É um problema de saúde pública e deve ser visto numa perspectiva de população ou comunidade. A prevenção e o controle da obesidade necessitarão de uma abordagem integrada, envolvendo ações em todos os setores da sociedade (OMS, 2004). Os problemas de saúde que afetam o bem-estar de uma proporção maior da população não tendem a ser eficazmente controlados por estratégias nas quais a ênfase está sobre os indivíduos.

De acordo com a OMS (2004), apesar do alarde por uma série de países[45] referente ao crescimento do sobrepeso e obesidade em suas populações, principalmente em adolescentes, pouquíssimos países possuem uma política de saúde ou estratégia nacional extensiva para lidar especificamente com o problema.

É fato que as doenças e agravos não transmissíveis vêm aumentando e, no Brasil, são a principal causa de óbitos em adultos, sendo a obesidade um dos fatores de maior risco para o adoecimento neste grupo. A prevenção e o diagnóstico precoce da obesidade são importantes aspectos para a promoção da saúde e redução de morbimortalidade, não só por ser um fator de risco importante para outras doenças, mas também por interferir na duração e qualidade de vida, e ainda ter implicações diretas na aceitação social dos indivíduos quando excluídos da estética difundida pela sociedade contemporânea (MS, 2006d).

Para a OMS, torna-se necessária a prevenção e o controle da obesidade, já para o MS, além da prevenção, torna-se preciso o diagnóstico precoce e a promoção. Qual deve ser o caminho seguido pelos Estados, instituições governamentais e respectivas políticas públicas? A prevenção

---

45. Pode-se citar Austrália, Canadá e Reino Unido.

ou a promoção? Existe diferença ou há uma transversalidade entre as duas?

A fim de dar esclarecimento a essas questões, o Departamento de Saúde Americano estabeleceu, ainda em 1979, a diferenciação entre prevenção em saúde e promoção da saúde. A primeira é definida como conjunto de estratégias visando proteger a saúde das pessoas de ameaças ambientais ou de fatores de risco de doenças. A segunda é vista com um conjunto de estratégias visando estimular o indivíduo a adotar hábitos saudáveis e, portanto, em mudanças pessoais profundas (Derntl; Litvoc, 2002).

As estratégias para prevenir a obesidade e promover mudanças no estilo de vida incluem ações de muitos atores e muitas vezes é necessário ir contra os interesses de quem detém o poder, tais como:

> governos em todos os níveis, taxando alimentos com baixo valor nutricional e subsidiando alimentos saudáveis, garantindo áreas para a prática de atividade física, controle da oferta de alimentos em escolas), imprensa (disseminando informações sobre hábitos saudáveis), a indústria alimentícia (rotulagem de alimentos) até os profissionais de saúde e educação. (Anjos, 2006, p. 91)

### 2.1 PREVENÇÃO

Para a OMS (2004), embora se discuta sobre as intervenções à obesidade, maior atenção deve ser dada às ações para preveni-la. Isto porque a prevenção gera resultados mais eficazes em longo prazo do que a própria intervenção. De acordo com a instituição, o propósito da prevenção da obesidade é cessar o aumento da obesidade ou reduzir o número de casos novos desta doença numa população.

Ainda de acordo com a OMS (2004), a prevenção da obesidade não se restringe a prevenir indivíduos eutróficos de ficarem com sobrepeso ou obesos. É mais do que isso, pois envolve a prevenção de obesidade naqueles que já estão com sobrepeso e a manutenção de peso naqueles que estiveram com sobrepeso ou foram obesos no passado.

Lefevre e Lefevre (2004) definem prevenção à obesidade como toda medida que, tomada antes do surgimento ou agravamento de uma dada condição mórbida, ou conjunto delas, visando afastar a doença do doente ou vice-versa, para que tal doença não se manifeste, ou manifeste-se de forma menos grave nos indivíduos e na coletividade.

De acordo com Fox et al. (2007), os hábitos de vida são desenvolvidos precocemente e, assim sendo, quanto mais cedo são iniciados os programas de controle de prevenção da obesidade, tanto melhor.

Parizková (1993) ressalta a vantagem de detecção precoce do sobrepeso e da obesidade entre os adolescentes, pois possibilita maior eficiência nas intervenções. Estas podem ser realizadas por meio de orientações dietéticas e incremento da prática de atividade física.

Segundo Fox et al. (2007), a prevenção da obesidade resulta em maior sucesso do que o tratamento e isso é particularmente verdadeiro durante a pré-adolescência (Fox et al., 2007).

Logo, tanto a realização de intervenções quanto o controle do peso corporal durante a adolescência apresentam implicações não somente para o presente, mas também para as eventuais consequências advindas do excesso de peso e gordura corporal na idade adulta (Guedes; Guedes, 1998).

Importante destacar a diferença entre intervenção e prevenção. A primeira, quando relacionada aos adultos, diz respeito ao procedimento utilizado e à ação desempenhada para interromper a doença adquirida, neste caso, a obesidade. Na idade adulta, a prevenção é quase que inexistente. Mas, quando se pensa nos adolescentes, a intervenção pode significar prevenção, pois em alguns casos, talvez na maioria, a obesidade ainda não é fato e sim o sobrepeso, que se caracteriza como um estado nutricional anterior à obesidade em função dos hábitos alimentares e estilo de vida. Assim, intervir nesta faixa etária é definir ações preventivas para interromper o progresso do sobrepeso e impedir a obesidade.

Entre as ações indicadas para a prevenção precoce da obesidade está a realização de exercícios físicos. A OMS (2004) sugere que a prevenção da obesidade se inicie na infância e/ou adolescência e esteja relacionada ao desenvolvimento e manutenção de padrões de alimentação saudável paralelo à realização de atividade física.

No Brasil, o Ministério do Esporte, visando contribuir para prevenção da obesidade, de forma articulada com outros Ministérios[46] e por meio de incentivos fiscais legais, possibilitou o financiamento de projetos esportivos sociais previsto no art. 260 do Estatuto da Criança e do Adolescente (ECA). Tal medida acabou por se efetivar, também, como importante conquista para o esporte no Conselho Nacional dos Direitos da Criança e dos Adolescentes (Conada) e deu origem à publicação de resoluções desse conselho, que dispunham sobre a criação da comissão de chancela de projetos esportivos e sociais e sobre o repasse dos recursos captados para a viabilização de projetos esportivos destinados à infância e adolescência, financiados pelo Fundo Nacional para Criança e Adolescente, FNCA (ME, 2005).

O mais importante na questão da obesidade é entender que seu desenvolvimento não é inevitável. Ao contrário, a obesidade é largamente evitável por mudanças no estilo de vida (OMS, 2004).

---

46. Ministério da Educação, Ministério do Desenvolvimento Social, Ministério da Justiça, Ministério da Saúde, Ministério do Trabalho e Ministério Especial dos Direitos Humanos.

Segundo Weintrau (1992), há uma série de razões pelas quais as estratégias de prevenção do ganho de peso e obesidade devem ser mais fáceis, menos caras e potencialmente mais eficazes do que aquelas com o propósito de tratar a obesidade após ela ter se desenvolvido completamente, mas a principal razão reside no fato de a obesidade se desenvolver com o decorrer do tempo e, uma vez desenvolvida, seu tratamento ser mais difícil.

Pi-Sunyer (1993) complementa Weintrau ao afirmar que as consequências da obesidade para a saúde resultam do estresse metabólico e físico cumulativo do excesso de peso ao longo de muito tempo e podem não ser completamente reversíveis pela perda de peso. A gordura adquirida após longos períodos de inatividade física, associados a hábitos alimentares incorretos, não podem diminuir de uma hora para outra (Silva; Silva, 1995).

A OMS sugere uma classificação para a prevenção da obesidade dividida em três segmentos: universal, seletiva e alvo (Quadro 16).

**Quadro 16. Classificação para prevenção da obesidade**

| Prevenção | Sujeitos | Objetivos |
|---|---|---|
| Universal (ou saúde pública) | Dirigida a todos em uma comunidade, independente do nível de risco. | Redução do peso médio da população. Estabilização do nível de obesidade na população para redução da incidência dos novos casos e, eventualmente, redução da prevalência de obesidade. Redução da doença relacionada ao peso, melhoras na dieta geral e nível de atividade física e redução no nível de risco de obesidade da população. |

| | | |
|---|---|---|
| Seletiva | Dirigida aos indivíduos e grupos de alto risco para desenvolvimento da obesidade. | Identificação dos subgrupos caracterizados por fatores genéticos, biológicos ou outros associados a um risco aumentado de obesidade para que o risco da obesidade possa ser eliminado com o tempo, ou, em casos genéticos, se tornem uma preocupação por toda a vida. |
| Alvo | Dirigida àqueles com problemas de peso existentes e aqueles em alto risco de doença associadas ao sobrepeso. | Prevenção do ganho adicional de peso.<br><br>Redução do número de pessoas que desenvolvem co-morbidades relacionadas à obesidade.<br><br>Prevenção às crianças e adolescentes com sobrepeso de se tornarem adultos obesos. |

Fonte: Elaborado a partir de OMS, 2004.

Sobre a classificação de prevenção seletiva (Quadro 16), a OMS (2004) sugere que as ações a serem desenvolvidas para atingir os objetivos propostos se iniciem nos ambientes escolares.

Focar a escola pode ser uma boa estratégia para prevenir a obesidade, pois a escola é um ambiente de aprendizagem e local onde o adolescente passa grande parte das horas do dia. Cabe à escola tornar-se um ambiente saudável. E, sobre ambientes saudáveis, o MEC (2010, p. 11) afirma que:

> é necessário assegurar condições adequadas do espaço físico escolar, a fim de promover bem estar às pessoas, buscar assegurar aos alunos habilidades para a vida, dotando-os de capacidade para analisar os fenômenos comunitários e estimular a prática de atividade física na escola. (MEC, 2010, p. 11)

De acordo com a OMS (2004), a prevenção e o controle da obesidade devem enfocar:

* Elementos dos ambientes social, cultural, político, físico e estrutural que afetam o estado de peso da comunidade ou população como um todo;
* Processos e programas para lidar com indivíduos e grupos que estão em risco particularmente alto de obesidade e suas comorbidades;
* Protocolos de controle para indivíduos obesos.

Ainda que a prevenção à obesidade seja importante, deve-se atentar para que as intervenções tenham realmente o propósito de prevenir e controlar a obesidade, pois, em muitas sociedades, uma ênfase inadequada à magreza tem sido acompanhada por uma prevalência aumentada de distúrbios alimentares como anorexia nervosa e bulimia, principalmente em meninas adolescentes. E, por isso, qualquer ação, seja com o objetivo de intervir ou prevenir, deve ser cuidadosamente planejada para evitar distúrbios alimentares associados ao medo indevido de engordar (OMS, 2004).

## 2.2 PROMOÇÃO

De acordo com a carta de Ottawa[47], tanto o conceito de saúde quanto o de promoção da saúde extrapolam as determinações biológicas focadas na doença. No documento, promoção da saúde trata-se da terminologia utilizada ao processo de capacitação da comunidade para atuar na melhoria da qualidade de vida e saúde com maior participação no controle desse processo.

Para o indivíduo atingir um estado completo de bem-estar físico, mental e social, torna-se fundamental identificar

---

47. Maiores detalhes no Capítulo 1.

suas aspirações, satisfazer necessidades e modificar o meio ambiente de forma favorável. A saúde deixa de ser vista apenas como uma questão de assistência médica e de acesso a remédios, e se torna um recurso para a vida que enfatiza aspectos sociais e pessoais, bem como as capacidades físicas. Paz, habitação, educação, alimentação, renda, ecossistema, recursos sustentáveis, justiça social e equidade são apresentados, na carta de Ottawa, como pré-requisitos para a saúde (MS, 2002b). Assim, a promoção da saúde não se restringe como de responsabilidade específica do setor saúde, mas engloba todos os segmentos capazes de contribuir para um estilo de vida saudável (MS, 2002a).

O momento que a carta de Ottawa foi publicada, década de 80, coincide com uma transição ocorrida no mundo consequente do desenvolvimento tecnológico que acabou por acelerar o processo de globalização. Também foi nessa época que discussões sobre a sustentabilidade entraram na pauta das sociedades. As grandes cidades começaram a repensar seus estilos de vida: tempo de trabalho, deslocamento, sistema de transportes etc.

A metade do século XX havia sido de grandes mudanças em prol do desenvolvimento, acreditando que este traria mais bem-estar às populações. Na década de 1980, percebia-se que o desenvolvimento tão almejado havia trazido algumas falências sociais. A carta de Ottawa trouxe não o registro dessas falências, mas um novo alvo que deveria ser seguido para alcançar o bem-estar.

Os problemas causados pela obesidade na saúde são desde um risco aumentado de morte prematura a várias doenças não fatais, porém debilitantes (dificuldades respiratórias, problemas musculoesqueléticos crônicos, problemas de pele e infertilidade), que possuem um efeito adverso sobre a qualidade de vida (OMS, 2004).

Cinco campos de ação centrais foram propostos pela carta de Ottawa para a promoção da saúde (Buss, 2009):

- Elaboração e implementação de políticas públicas saudáveis;
- Criação de ambientes favoráveis à saúde;
- Reforço da ação comunitária;
- Desenvolvimento de habilidades pessoais;
- Reorientação do Sistema de Saúde.

Haeser et al. (2012) destacam a intersetorialidade sugerida pelo documento, além de ressaltar a ação política e ambiental como base para se alcançar melhor qualidade de vida e saúde. Ademais, chamam a atenção para a proposta de atuação da comunidade a partir da identificação das próprias necessidades.

No Brasil, o MS entende a promoção da saúde como mecanismo para o fortalecimento e implantação da transversalidade política intersetorial que possibilite o diálogo entre diversos setores/instituições do governo comprometidos com a qualidade de vida da sociedade. Para a instituição, a promoção da saúde se apresenta como resultado das articulações entre sujeito/coletivo, público/privado, estado/sociedade, clínica/política, setor sanitário/outros setores, pois só assim torna-se possível romper com a excessiva fragmentação na abordagem do processo saúde-adoecimento e reduzir a vulnerabilidade, os riscos e os danos que nele se produzem (MS, 2006a).

Assim, a promoção de estilos de vida mais saudáveis é encarada pelo sistema de saúde brasileiro como uma ação estratégica que depende não somente dos esforços do Ministério da Saúde, mas também de outros setores e, principalmente, do comprometimento dos gestores estaduais e municipais (MS, 2002a). O foco deve ser prevenção e promoção com vista a transformar os fatores da vida cotidiana que colocam as coletividades em situação de iniquidade e vulnerabilidade. Para isso é fundamental a iniciativa do MS, em conjunto com gestores estaduais e municipais, na articulação com as políticas e programas de outros ministérios, autarquias e demais instituições públicas e privadas. (MS, 2009a, p. 9)

Para o MS, a promoção da saúde vai além dos cuidados de saúde.

> Ela coloca a saúde na agenda de prioridades dos políticos e dirigentes em todos os níveis e setores, chamando-lhes a atenção para as consequências que suas decisões podem ocasionar no campo da saúde e a aceitarem suas responsabilidades políticas com a saúde. (MS, 2002b, p. 19)

O governo federal brasileiro faz questão de mostrar o que tem feito pelo país na área da saúde e esclarece que:

> existe uma Rede Nacional de Promoção da Saúde formada por mais de 500 entes federados e financiada pelo Ministério da Saúde. Somente no período de 2006 a 2009, o MS repassou um total de R$ 80 milhões para estados e municípios desenvolverem suas ações de promoção da saúde no SUS. (MS, 2009a, p. 26)

> Dentro do atual contexto epidemiológico da sociedade brasileira, tornam-se necessárias ações para a promoção da saúde da população que produzam mudanças nos hábitos cotidianos e o combate à obesidade. Devem-se estimular hábitos alimentares saudáveis em que se proponha moderada redução na ingestão de energia como estratégia para redução da massa corporal. E, somado a isso, a prática regular de atividade física (MS, 2006a; 2008).

A Unesco[48] também valoriza e considera importante o esporte no desenvolvimento dos povos, na convicção de que o esporte e a Educação Física podem contribuir positivamente nas problemáticas de saúde e de bem-estar (ME, 2005). A inclusão de exercícios nos programas de controle de peso corporal contribui para melhorar o estado de saúde (Guedes; Guedes, 1998). A participação regular em atividade física ajuda as pessoas a manter um peso saudável e evitar o ganho de peso em excesso. Além disso, a atividade física, especialmente quando combinada com a redução da ingestão de calorias, podem ajudar na perda de peso e manutenção da perda de peso.

Diminuir o tempo gasto em comportamentos sedentários também é importante. Fortes evidências mostram que mais tempo na tela, principalmente a visão da televisão, está associada com excesso de peso e obesidade em crianças, adolescentes e adultos. Substituir o tempo de sedentarismo por ocupações ativas pode ajudar as pessoas a controlar o peso e oferece outros benefícios para a saúde (Usda, 2010).

O Ministério da Saúde, afirma que o compromisso com o desenvolvimento da prática de atividade física pela população é coletivo, além do apoio dos governantes para a construção de espaços propícios à realização de atividades físicas, exige, também, vontade do indivíduo. O indivíduo precisa ser estimulado à prática de atividades físicas (MS, 2009a). "Não basta a vontade do adolescente de fazer atividade física, faz-se necessário oferecer-lhe condições públicas para que ela se concretize" (MS, 2006c, p. 91). E, lamentavelmente, no Brasil, muitos ambientes próximo de casa não facilitam um estilo de vida fisicamente ativo (Usda, 2010).

A prática de atividades físicas em bases regulares deve ser assumida como uma regra, não apenas para os com melhor poder aquisitivo, "devemos criar condições factíveis e práticas para que a globalização do exercício se tor-

---

48. Organização das Nações Unidas para a Educação Ciência e a Cultura.

ne uma realidade preventiva em termos de saúde pública" (Stein[49], 1999, p. 148).

Johnson e Ballin (1996) mencionam que é necessário o desenvolvimento de políticas públicas que abranjam programas de incentivo à prática de atividade física. Políticas nacionais devem estimular a atividade física. No caso dos adolescentes, por exemplo, sugere-se incentivá-los a serem mais ativos nas brincadeiras, a tornarem caminhadas e ciclismo meios mais comuns de deslocamento, seja para escola ou para passeios curtos (OMS, 2004).

O Ministério do Esporte (2005) complementa a OMS, pois afirma que a prática do esporte recreativo tem a finalidade de atender aspectos do conceito ampliado de saúde sintonizada com a política nacional de promoção da saúde.

Em geral, dois tipos de estratégias de intervenção em saúde pública podem ser utilizados para atacar a obesidade (OMS, 2004):

* Aquelas com propósito de aprimorar o conhecimento e as habilidades de indivíduos em uma comunidade;
* Aquelas que objetivam reduzir a exposição de populações às causas ambientais subjacentes da obesidade.

Porém, enquanto estratégias que visavam melhorar o conhecimento e as habilidades da comunidade produziram resultados impressionantes no trato com muitos problemas de saúde, isto não tem sido verificado em relação à obesidade. Uma das causas para isso pode estar relacionada ao tipo de abordagem utilizada.

Em 1978, Berlinguer (1978, p. 7) escreveu, em seu livro *Medicina e Política*, que "para cuidar da saúde exige- -se uma ação coletiva". Entretanto, todas as intervenções de saúde pública com o propósito de controle da obesidade nas populações têm sido baseadas numa abordagem individual, desenvolvida por meio da mídia de massa, in-

---
49. Médico do Hospital das Clínicas de Porto Alegre.

tervenções nos locais de trabalho, programas e currículos com base escolar, treinamento de habilidades em clubes e centros de comunidade e projetos para alcançar uma audiência ampla de modo a fornecer informações e promover a mudança de comportamento (OMS, 2004).

Para a OMS (2004), as estratégias de saúde pública apropriadas para lidar com a obesidade devem ter o propósito tanto de melhorar o conhecimento da população sobre a obesidade e seu tratamento como reduzir a exposição da comunidade a um ambiente que promova a obesidade.

Profissionais de saúde também devem ser conscientizados a estimular um estilo de vida ativo e uma boa alimentação para melhora da qualidade de vida e saúde da população (Vasconcellos; Anjos, 2016).

Neste cenário, governos, indústrias de alimentos, mídia e consumidores, entre outros, podem influenciar, positiva ou negativamente, a alimentação e o nível de atividade física dos indivíduos. Nenhum deles é responsável, isoladamente, por criar um ambiente promotor de obesidade, mas, atuando sozinho, qualquer um deles pode gerar significante alteração. Assim, uma associação de esforços entre cada um desses atores é necessária para se alcançar o ambiente de vida saudável (OMS, 2004).

> a saúde é o maior recurso para o desenvolvimento social, econômico e pessoal, assim como uma importante dimensão da qualidade de vida. Fatores políticos, econômicos, sociais, culturais, ambientais, comportamentais e biológicos podem tanto favorecer como prejudicar a saúde. As ações de promoção da saúde objetivam, através da defesa da saúde, fazer com que as condições descritas sejam cada vez mais favoráveis. (MS, 2002b, p. 17)

De acordo com o MS (2006), as ações de promoção da saúde devem combinar três vertentes de atuação: incentivo, proteção e apoio (Quadro 17).

**Quadro 17. As três vertentes de ações para a promoção da saúde, objetivos e exemplos**

| Atuação | Objetivos | Exemplos |
|---|---|---|
| Incentivo | Difundir informação, promover práticas educativas e motivar os indivíduos para a adoção de práticas saudáveis. | Ações educativas desenvolvidas na rede básica de saúde e no cotidiano das escolas; Atividades de sensibilização e mobilização para a adoção de hábitos saudáveis (ex: campanhas publicitárias, eventos de mobilização). |
| Apoio | Tornar mais factível a adesão a práticas saudáveis por indivíduos e coletividades informados e motivados. | Rotulagem nutricional dos alimentos; Programas de alimentação institucional, disponibilização de alimentos e preparações saudáveis nas cantinas de escolas; Viabilização de espaços públicos seguros para a prática regular de atividade física e a promoção de atividades físicas em ambientes comunitários. |
| Proteção | Impedir que coletividades e indivíduos fiquem expostos a fatores e situações que estimulem práticas não saudáveis. | Regulamentação da venda e propaganda de alimentos nas cantinas escolares; Ações efetivas de promoção da saúde combinadas a iniciativas dirigidas aos indivíduos e coletividades e, também, ao ambiente. |

Fonte: Elaborado a partir do MS, 2006.

Percebe-se, a partir do Quadro 17, que o governo, por meio do Ministério da Saúde, sabe as ações que deve desenvolver para promoção da saúde. Parece, então, que o problema da saúde não está na formulação da política pública e sim na execução da mesma. As diretrizes internacionais para controle de obesidade estão disponíveis desde o ano de 2000. O Brasil popularizou-as nos anos seguintes, mas as ações em nível federal foram acontecendo de forma lenta e gradativa. É preciso desenvolver mais ações de controle da obesidade para que a quantidade de casos não aumente ainda mais no país. A Organização Mundial de Saúde direciona ações, mas cabe ao governo adotá-las.

Entre algumas das ações, destacam-se as que se referem ao planejamento urbano e políticas de transporte, leis e regulamentações, currículos escolares, incentivos econômicos, alimentação etc. (Quadro 18).

## Quadro 18. Propostas de possíveis ações para controle da obesidade

| Área para ação | Exemplos de possíveis estratégias |
|---|---|
| Projeto urbano e políticas de transporte | Criar zonas para pedestres nos centros da cidade e construir calçadas e ciclovias seguras; <br><br> Introduzir esquemas para incentivar o uso de estacionamento em conjunto com o transporte público da cidade (por exemplo: estacione e vá de metrô); <br><br> Fornecer instalações acessíveis para guardar bicicletas em cidades e áreas públicas; <br><br> Melhorar o transporte público e a segurança melhorando a iluminação da rua; <br><br> Instaurar medidas para amenizar o trânsito, aumentando a segurança das crianças que brincam e andam nas ruas; <br><br> Distribuir recursos para construir e controlar os centros de recreação e comunidade. |
| Leis e regulamentações | Melhorar a rotulação de produtos alimentares; <br><br> Limitar e regular as propagandas para adolescentes. |
| Incentivos econômicos | Introduzir subsídios para produtores de alimentos de baixa densidade de energia (por exemplo, frutas e vegetais); <br><br> Reduzir os impostos de carros para aqueles que utilizam transporte público para trabalhar durante a semana; <br><br> Fornecer descontos nos impostos para companhias que promovem o exercício e alteram as instalações para os empregados. |

| | |
|---|---|
| Currículo escolar | Fornecer áreas e instalações adequadas para suporte à atividade física, inclusive locais para trocar de roupa e tomar banho;<br><br>Garantir a distribuição de tempo curricular suficiente para atividade física;<br><br>Garantir o treinamento em habilidades alimentares práticas para todos os adolescentes. |
| Alimentação e provisão alimentar | Desenvolver padrões de nutrição e diretrizes para serviços alimentares (por exemplo, refeições escolares). |
| Promoção e educação | Promover, desde cedo, um conhecimento sobre alimentos e nutrição, preparação alimentar, dietas e estilo de vida saudáveis em todo o currículo para estudantes, professores, profissionais de saúde e equipes de extensão agrícola;<br><br>Limitar o quanto se assiste à televisão e utilizar a mídia para promover alteração de comportamento positivas (por exemplo, por meio de seriados de televisão);<br><br>Educar o público, especialmente em áreas onde o alimento é comprado, sobre a alteração de comportamento apropriado para reduzir o risco de ganho de peso;<br><br>Educar o público sobre a necessidade de ação coletiva para transformar o ambiente de forma que ele promova, e não iniba, o exercício e os hábitos dietéticos saudáveis;<br><br>Educar o público sobre os fatores importantes no desenvolvimento da obesidade de forma que a vitimização do obeso seja reduzida. |
| Produção alimentar familiar | Incentivar o uso da terra em cidades e municípios para que a família cultive vegetais, leguminosas e outras colheitas ricas em nutrientes. |

Fonte: Elaborado a partir da OMS (2004).

No Brasil, partindo do princípio de que a saúde depende da qualidade de vida, a Política Nacional de Promoção da Saúde (PNPS) afirma que as ações públicas em saúde devem ir além da ideia de cura e reabilitação. Devido à dimensão continental do Brasil e ampla diversidade social, econômica e cultural, a abordagem epidemiológica deve estar fundamentada na promoção da saúde e na constituição de ambientes e contextos promotores de práticas saudáveis que propiciem aos cidadãos o acesso às informações necessárias para a adoção de modos de vida saudáveis (MS, 2005).

Ressalta-se que saúde não é uma questão apenas de assistência médica e de acesso a remédios, ao contrário, se inicia com a promoção de estilos de vida mais saudáveis. Estes, sendo o foco das ações estratégicas do sistema de saúde brasileiro que deve contar com o comprometimento dos gestores estaduais e municipais, assim como com a participação solidária das comunidades (MS, 2002a).

Em função das necessidades de saúde da população e na busca da equidade social, no ano de 2006, foi aprovado, no Conselho Nacional de Saúde, e pactuado no âmbito da Comissão Intergestores Tripartite, o Pacto pela Saúde. Este, por meio da assinatura do Termo de Compromisso de Gestão (TCG), firmou os objetivos, atribuições e responsabilidades dos seus gestores, além de possibilitar a efetivação de acordos entre as três esferas de governo – União, Estados e Municípios – e a promoção de inovações nos processos e instrumentos de gestão do SUS. O propósito era alcançar, através de responsabilidades coletivas, maior efetividade, eficiência e qualidade sanitária (MS, 2009a).

Tanto o TCG Municipal quanto o Estadual têm como responsabilidades diretamente vinculadas à PNPS "elaborar, pactuar e implantar a política de promoção da saúde, considerando as diretrizes estabelecidas no âmbito nacional" (MS, 2009a, p. 9).

O compromisso da promoção da saúde é difundir ao máximo a informação correta de boas práticas. Uma forma para estimular o adolescente na escola é a utilização de práticas educativas com o uso de pirâmide pelos profissionais de saúde. Paraf tal considera este material eficiente e barato e pode ser uma ferramenta usada na escola.

### 2.2.1 PROMOÇÃO DA SAÚDE COM USO DE PIRÂMIDE

Há pelo menos duas décadas o uso de pirâmide é utilizado para educar o cidadão sobre uma alimentação saudável e suas repercussões para a saúde. Nesta seção, discute-se o uso de pirâmide nas políticas públicas direcionadas para adolescentes.

Como apresentado no Capítulo 1, uma política pública de saúde com foco no combate à obesidade foi lançada em 1995 pelo Departamento de Agricultura Americano denominada *Nutrition and Your Health: Dietary Guidelines for Americans*, que continha um modelo de pirâmide alimentar. Embora se trate de exemplo internacional, o Brasil introduziu o modelo à política pública de saúde e disseminou um conceito de alimentação saudável e equilibrada.

O modelo da pirâmide se tornou o indicativo de como deveria ser o estilo de vida e a orientação nutricional da população brasileira não só para o Ministério da Saúde Brasileiro, mas também para o Ministério da Educação Brasileiro (MEC, 2007b).

Para o MS, trabalhar com a pirâmide para controlar a obesidade é uma opção correta pelo fato de a obesidade no Brasil ter como um dos determinantes o uso de dietas progressivamente mais inadequadas (MS, 2009a). E, para o MEC, a pirâmide se mostra bastante didática (MEC, 2007b) e pode ser utilizada como "ferramenta de auxílio para a promoção de práticas alimentares saudáveis" (MEC, 2010, p. 18). Neste caso, a escola se apresenta como um bom local para iniciar o processo educativo sobre hábitos alimentares adequados.

Guedes e Guedes (1998) acreditam no papel relevante da escola e mencionam que, ao contrário das intervenções tradicionais, ações educativas voltadas ao controle de peso corporal desenvolvidas nas escolas requerem menos custo financeiro e podem alcançar maior número de adolescentes. Ademais, esclarecem que a utilização educativa da pirâmide é bem simples. Basicamente, se ensina que os alimentos que estão na parte de baixo da pirâmide são considerados nutricionalmente mais densos por apresentarem maior proporção de nutrientes por calorias ingeridas.

Somado ao modelo da pirâmide alimentar, o Departamento de Agricultura Americano recomendava, como forma de política pública em seu país, a adoção de um equilíbrio entre alimentos e atividade física. E, como os EUA passavam por um período de reconhecimento da importância de atividades físicas, os *Centers for Control Prevention* (CDCs[50]) e o *Amercican College of Sports Medicine* (ACSM[51]) sugeriram que o enfoque da pirâmide deveria ser ampliado de forma a abordar as necessidades de todos os indivíduos sedentários, especialmente aqueles que não pudessem ou não quisessem participar dos programas de exercícios estruturados, tais como os obesos (ACSM, 2010).

Sabia-se que a participação regular em uma atividade física de intensidade moderada estava associada com benefícios de saúde e, para promover essa mensagem, os CDCs e o ACSM recomendaram que cada norte-americano adulto acumulasse 30 minutos ou mais de atividade física de intensidade moderada na maioria ou, preferencialmente, em todos os dias da semana.

---

50. Centros para o controle e Prevenção de Doenças.
51. Colégio Americano de Medicina Desportiva.

Assim, surgiu uma pirâmide específica de atividade semelhante à pirâmide do guia alimentar do USDA, separada por quantidades, intensidade e tipos de utilização. Ela foi criada/sugerida como uma maneira de facilitar a adoção de um estilo de vida progressivamente mais ativo (ACSM, 2010).

Apesar de a pirâmide ser uma excelente ferramenta para educação alimentar ela deve estar sempre atualizada e alinhada com as novas pesquisas na área. Este pensamento motivou o Departamento de Agricultura Americano, no ano 2000, a atualizar a pirâmide alimentar, o *Nutrition and Your Health: Dietary Guidelines for Americans* (USDA, 2000). Contudo, essa nova pirâmide alimentar era igual àquela publicada em 1995.

Nessa época, as recomendações do Ministério da Saúde ainda se baseavam nas orientações do Departamento de Agricultura Americano, mas, em 1996, pesquisadores (Philippi et al.) incluíram a atividade física na pirâmide alimentar. Fato que mostra que nem sempre as políticas públicas do governo federal coincidem as propostas de pesquisadores.

A mudança de paradigma da pirâmide alimentar despertou o interesse do governo brasileiro em aplicar, nas escolas, a nova pirâmide. Esta passava a colocar a atividade física como alicerce da pirâmide e representar a ação da ciência no reconhecimento da atividade física como importante aliado da saúde.

Desde então, não bastava mais apenas educar a respeito de alimentação saudável, tornou-se preciso ensinar, também, como o organismo equilibra a energia ingerida no alimento. O conceito de equilíbrio entre a ingestão e o gasto calórico começou a despontar na literatura e na área científica.

Fruto das publicações para uma melhor saúde, prevenção de doenças e combate à obesidade, o Brasil passou a adotar a atividade física como base para um estilo de vida ativo.

Simultaneamente ao reconhecimento internacional da atividade física como importante para o equilíbrio energético e estar na base na pirâmide alimentar, surgiram novas tecnologias que transformaram o adolescente cada vez mais sedentário e com um estilo de vida passivo. Os adolescentes passaram a ter baixo gasto energético diariamente, pois estão na maioria do tempo intretidos em atividades intelectuais (sem movimentação) tais como tempo destinado a fazer curso de idiomas, curso de informática, ouvir música no quarto, ler livros deitado ou sentado, assistir televisão, usar computador, *tablet* e mexer no celular.

Em 2003, no Brasil, Sizer propôs uma nova pirâmide de atividade física. As atividades físicas na base da pirâmide e no seu centro serviam como exemplos de modo de ativos. Os exemplos de atividades sedentárias no topo da pirâmide não são intrinsecamente nocivas, mas precisam ser equilibradas com atividades físicas mais exigentes para que o corpo permaneça sadio.

Fato relevante de combate à obesidade foi o lançamento, pelos EUA, do Guia Alimentar, em 2005, denominado *Dietary Guidelines for Americans* (Usda, 2005b). Este guia tinha incluso a quantidade diária de alimento e a continuação conceito de "pirâmide". Contudo, a ilustração que vinha no guia em forma de pirâmide trazia uma indicação para que as pessoas praticassem atividade física que poderia ser moderada e variada.

Atualmente, por mais que os EUA agora recomendem um prato bem colorido e não trabalhem tanto com o uso da pirâmide, considera-se de extrema importância que políticas públicas de promoção da saúde direcionadas aos adolescentes escolares utilizem a pirâmide para ensinar sobre o equilíbrio energético.

É possível que, mesmo sendo o equilíbrio energético o reflexo da alimentação e da atividade física, eles estejam sendo trabalhados separadamente na escola. O professor de Educação Física trabalha com a pirâmide de atividade física e a nutricionista ou médico com a pirâmide alimentar. O ensino fragmentado de apenas um dos elementos que causa a obesidade pode não ser tão eficiente quanto à ferramenta que use os dois.

Acredita-se que o uso da pirâmide deve, ao mesmo tempo, ilustrar tanto as atividade físicas quanto a alimentar de forma paralela. Sugere-se, assim, a pirâmide alimentar e de atividade física – PAAF (Figura 1).

**Figura 1. Pirâmide alimentar e de atividade física, PAAF**

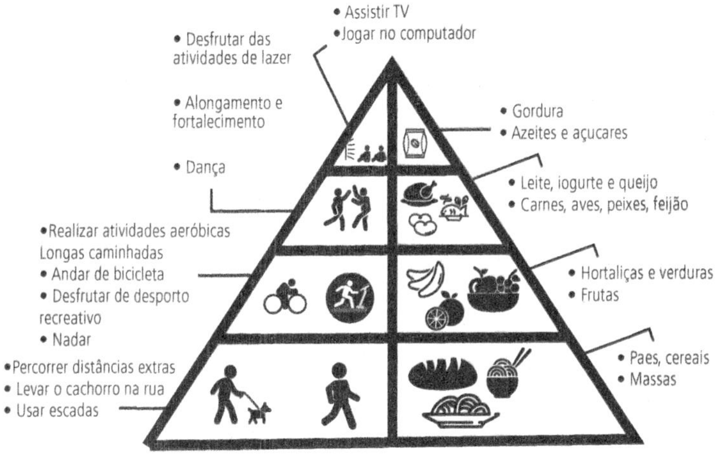

Fonte: Elaborada pelo autor.

Na PAAF, a pirâmide da atividade física é unida à pirâmide de alimentação. A proposta trata-se de material didático que possibilite o uso de uma única ferramenta. Além disso, a proposta é que a atividade física seja dividida por níveis de gasto energético, assim como a alimentação é dividida por nível de ingestão energética.

O topo da pirâmide deve ser a área que ocupe menos espaço na vida da pessoa – atividades de lazer passivo junto com uma alimentação inadequada. No "andar" imediatamente inferior, uma atividade física leve junto com algumas alimentações. Já no meio, atividade física regular junto com uma alimentação do dia a dia. E, na base da pirâmide, a área que ocupe o maior espaço, práticas diárias de esporte e ou atividade física equilibrando todo balanço energético. E, para completar, nessa pirâmide passa a se indicar o que deve ser feito de forma moderada, de 2 a 3 vezes por semana, de 3 a 5 vezes por semana e todos os dias. Essa pirâmide é apenas um exemplo de como as duas áreas podem se unir para criar um material didático (PAAF), não devendo ser prescrita como regra para adolescentes, pois as necessidades diárias de cada indivíduo são diferentes e os exercícios e alimentação propostas em cada camada devem ter prescrição personalizada.

### 3. COMBATE À OBESIDADE EXÓGENA

Para combater a obesidade em adolescentes, deve-se pensar em dois grupos-alvo:

- adolescentes que ainda não estão no estado nutricional classificado como obesidade;
- adolescentes que já estão obesos.

Para o primeiro grupo, adolescentes que ainda não estão no estado nutricional classificados como obesidade, a OMS (2004, p. 3) afirma que a "obesidade é uma doença grave, mas seu desenvolvimento não é inevitável. Ela é largamente evitável por mudanças no estilo de vida". Para adolescentes, deve-se ter como alvo a prevenção do ganho de peso.

No caso do segundo grupo, adolescentes que já estão obesos, para que estes possam perder peso é importante reduzir calorias e aumentar a atividade física (Usda, 2005a). Por isso, uma publicação mais recente da *United States Departament of Agriculture* recomenda que se aumente a atividade física e reduza o tempo gasto em comportamentos sedentários (Usda 2010).

Entretanto, considera-se que os dois grupos são importantes para intervenções de promoção da saúde. O que se pode analisar a partir de todo o texto escrito ao longo do Capítulo 2 é que existem três maneiras de desequilibrar a equação energética e produzir um balanço energético negativo, ou seja, prevenir ou combater a obesidade:

1- reduzir a ingestão calórica abaixo do nível energético requerido diariamente;
2- manter o consumo alimentar regular e aumentar o gasto energético, através de atividades físicas adicionais, além das necessidades energéticas diárias;
3- combinar os métodos 1 e 2, reduzindo o consumo alimentar e aumentando o gasto energético diário.

Acredita-se que qualquer uma das três opções anteriores surtirá efeito em longo prazo nos adolescentes. Ressalta-se que o estado nutricional é chamado assim porque é um estado e não um fim. O adolescente que é acometido da obesidade exógena não é obeso, ele está obeso.

Por isso, a intervenção nesses dois grupos pode ajudar a prevenir e combater a obesidade exógena. De forma mais simplificada, esclare-se ainda que existem autores que defendem uma ação focada na alimentação, outros na atividade física e aqueles que defendem uma ação conjunta de intervenção na alimentação e atividade física dos adolescentes.

No Quadro 19, pode-se ver exemplos de estratégias para prevenção e combate da obesidade que focam da alimentação, na atividade física ou em ambas de forma simultânea.

## Quadro 19. Item de intervenção para prevenção e combate à obesidade exógena

| Foco | Estratégia | Autor |
|---|---|---|
| Alimentação | Uma alimentação saudável evita o aparecimento da obesidade. | MEC, 2012 |
| Atividade física | A variável chave de débito de energia em um indivíduo é o grau de atividade física. | OMS, 2004 |
| | Ao se admitir que qualquer trabalho físico deverá exigir equivalente gasto de energia, não só o envolvimento em rotinas de exercício físicos, mas também tornando o dia mais ativo fisicamente, deverá aumentar a demanda energética, auxiliando na promoção do equilíbrio energético negativo necessário aos programas de controle de peso corporal. | Guedes; Guedes, 1998 |
| | Estratégias que investem na redução de comportamentos sedentários mostram resultados positivos no controle de obesidade entre adolescentes. | Campbell et al., 2002 |

| | | |
|---|---|---|
| **Alimentação e Atividade Física** | Para obter um equilíbrio calórico negativo combinações de exercício e dieta tendem a ser mais eficientes do que cada um por si. | |
| | Para reduzir o excesso de gordura corporal podem ser prescritas a dieta ou a prática de atividade física, entretanto, está provado cientificamente, que a combinação destes dois procedimentos é o que melhor resultado produz. | Katch; McArdle, 1984 |
| | A combinação de exercício físico e dieta são mais eficazes na promoção de perda de gordura do que qualquer um dos métodos isoladamente. | Silva; Silva, 1995<br><br>Skender et al., 1996 |
| | As duas variáveis devem ser trabalhadas, pois para as pessoas obesas fazem-se necessárias modificações de comportamento no seu dia a dia como também um controle alimentar, pois só os exercícios físicos são insuficientes para prover perda significativa no percentual de gordura. Todo tipo de atividade física promove um bom consumo de energia, ou seja, promove um gasto calórico. | Domingues Filho, 2000 |

Fonte: Elaborado pelo autor.

## 4. ESCOLA

Esta seção subdivide-se em duas partes. A primeira contempla a escola como local para participação política que visa despertar no adolescente o ganho de habilidades de autonomia em prol da sua própria saúde. A segunda mostra a escola como mediadora entre governo e indivíduo para obtenção de um estilo de vida saudável e equilibrado.

### 4.1 EDUCAÇÃO E PARTICIPAÇÃO POLÍTICA

De acordo com o MS (2009a), Estado e sociedade são corresponsáveis no respeito, proteção, facilitação e busca dos indivíduos à alimentação digna para a obtenção de uma vida saudável. Interessante o fato de a sociedade ser responsável por algo em que ela, no cenário atual, é a principal vítima. Vítima do grande quantitativo de propagandas em favor dos produtos industrializados, vítima da ausência de informações sobre os alimentos verdadeiramente saudáveis, vítima das decisões em nível político que não a incluem nas discussões.

Tanto a educação é uma estratégia importante da saúde pública quanto a saúde é uma estratégia importante para que se tenha melhor aproveitamento do processo educativo. O que falta sã]o os investimentos efetivos nesses dois setores para que haja a melhoria da qualidade de vida dos indivíduos e das comunidades (MS, 2006f).

Definindo-se a escola como ambiente de instrução e informação, o Estado reconhece que pode ser um local para a orientação alimentar, neste caso, definida sob a terminologia de educação nutricional e utilizada como "ferramenta de grande utilidade tanto para promoção de hábitos alimentares saudáveis quanto para a prevenção e o controle da obesidade" (MS, 2006d, p. 43).

O papel da educação no combate à obesidade torna-se essencial, porque os adolescentes, quando na puberdade, prestam pouca atenção ao peso e só passam a se preocupar mais tarde, quando começam a se socializar e a ouvir comentários dos colegas, período em que se torna mais difícil a regressão da obesidade[52]. "As meninas são mais sensíveis às pressões sociais para se tornarem magras. Os meninos despertam para o problema mais tardiamente" (Varella; Jardim, 2009, p. 34).

Ademais, na esfera de combate a obesidade por meio da educação[53] alimentar do povo, ao analisar o papel do governo, Gouveia (1999) declara que não há dúvida de que a educação nutricional deve interferir em questões políticas como um campo de ação a médio e longo prazo, colaborando, assim, com a educação política do povo.

Ao relacionar educação e saúde, desvincula-se a saúde da doença e da prescrição de normas, pois a educação assume papel estratégico para a promoção da saúde. Para a educação, utilizam-se métodos pedagógicos que contemplem a participação dos envolvidos com o objetivo de sensibilização, conscientização e mobilização, visando dar respostas para situações, individuais ou coletivas, que afetam a qualidade de vida de forma negativa (MS, 2009a).

De acordo com Nogueira (2001), comunidades com educação[54] escolar de qualidade, nas quais conhecimento básico e especializado combina-se com valores cívicos e

---

52. Discussão apresentada no Capítulo 2.
53. Para Gouveia: educar é um processo de mudança que ocorre, no mínimo, entre duas pessoas: educando e educador. Ser um educador significa mudar conhecimentos, atitudes e ações em todas as situações que se fizerem necessárias (Gouveia, 1999).
54. Dentro do nosso Estado o documento mais importante a ordenar a vida em sociedade é a constituição da República. Em seu bojo encontramos um dos direitos mais importantes que existem e sempre haverá de existir, qual seja, o Direito à educação (Faria, 2009).

educação para cidadania, tendem a ser mais propícias à participação política e à prática democrática.

Para Gouveia (1999), problemas nutricionais de uma sociedade podem ser entendidos e partir dos seus níveis educacional, cultural e social. Mas, para o autor, só a educação também não fornece a resposta para o problema, embora ele afirme que sem educação não é possível enfrentar o desafio.

Deve-se ter a consciência de que a orientação educativa busca criar e/ou desenvolver um ambiente capaz de fomentar e incentivar o educando a refletir sobre seus conceitos e atitudes e passar a agir de forma positiva. Tem-se um projeto e/ou um programa de ideias e valores paralelo a uma promoção dessas mesmas ideias e valores, o que acaba por, subjetivamente, modificar a conduta do educando ao longo de determinado tempo. Ou, pelo menos, torná-lo consciente e responsável por suas atitudes.

Após esse processo, passa a ser possível incumbir à sociedade, juntamente com o Estado, a responsabilidade pela qualidade de vida por meio de uma alimentação saudável. Pois depois de ser conscientizado e ter partição ativa nas decisões políticas, o consumo de alimentos não saudáveis e a aquisição de problemas de saúde consequentes dessa opção passam a serem resultados de escolhas individuais, tirando-lhe, assim, da posição de vítima de um sistema.

Ademais, a orientação educativa é, também, uma aprendizagem de profundidade, pois visa promover a maturidade do indivíduo possibilitando-o ultrapassar aspirações próximas e promovendo-o a níveis maiores e mais avançados. Faria Junior (1980) equipara a orientação educacional a uma higiene mental, uma prática terapêutica com base científica para aliviar tensões ou conflitos do indivíduo, conduzindo ao equilíbrio.

A educação tem de inspirar-se nas possibilidades do homem como ser vivo e ater-se às condições fundamentais da sobrevivência biológica, bem como atuar para que essa sobrevivência se efetive nas melhores condições possíveis (Gouveia, 1999, p. 59)

Logo, se a política tem como objetivo promover mudanças visando ao desenvolvimento do Estado para atender às necessidades da sociedade, ao estar informado de suas necessidades e ser oportunizado a interferir no processo, o indivíduo, ainda que não na posição de político, passa a ter participação mais consciente e ativa politicamente.

> a política é luta apaixonada, entrega e dedicação. Como aposta nas vantagens da comunidade – do latim *communitate*, referente ao que é comum. A política é acima de tudo aposta na participação política: disposição para interferir no rumo das coisas, ser sujeito ativo dos processos que dizem respeito a todos e todos comprometem. Em seu estágio mais avançados, é aposta na participação democrática, dedicada a refundar o poder, a transformá-lo em algo mais acessível, menos ameaçador, mais compartilhado. A política democrática deste ponto de vista, qualifica-se pela preocupação em fazer com que o participar se afirme como parceiro do governar e do representar, tanto quanto em tentar garantir que o diálogo prevaleça como forma de expressar e resolver conflitos entre as partes da sociedade. (Nogueira, 2001, p. 30)

O conceito de Nogueira valoriza uma construção da política a partir da participação política cidadã. Para Ruben e Baptista (2011), a política não pode estar limitada ao seu aspecto formal de enunciado oficial, a política precisa ser entendida como uma prática de choques e conflitos de interesses, de posições e percepções do mundo, que produz acordos momentâneos e dinâmicos e que, por fim, expressa uma forma historicamente construída de viver e reproduzir da sociedade.

No capítulo primeiro, ao analisar o histórico das políticas de saúde, verificou-se que os períodos com grande participação de atores e consequentemente maiores embates foram os que produziram mais conquistas na área da saúde no país, fato que justifica o estímulo à participação mais ativa das pessoas na vida pública.

Ruben e Baptista (2011) mencionam que o Brasil tem vivenciado um momento de ampliação da participação política. Cada vez mais os cidadãos e organizações presentes na sociedade civil desempenham papéis importantes junto ao Estado. Entretanto, essa ampliação se apresenta, principalmente, na esfera de pessoas com maior nível de instrução e os menos favorecidos ainda ficam de fora dos debates e da participação política ativa. E são os menos favorecidos também os mais necessitados de políticas que lhes garantam direitos que degustam leis que "já chegam prontas para o consumo". Retoma-se a fala da necessidade de educar o cidadão para ser ator neste cenário e não apenas o sujeito que recebe a ação.

Neste cenário, também não se pode desconsiderar aqueles que não se aproximam da política porque perderam a confiança no sistema político instalado.

> o cidadão, confuso, entediado com o roteiro e empanturrado de informações que não consegue decifrar, foge da política. Ou daquilo que dizem ser política. Os mais pobres, permanecem insatisfeitos com o que têm e com o que recebem dos governos, do Estado, ou da comunidade, não encontram motivos para se interessar pelo jogo político ou para ser leais às instituições públicas. O debate não lhes diz respeito, nem os motiva. Até mesmo o voto e o ato de votar – tradicionais

motivos de festa cívica e tratados com deferência por largas camadas da população – perdem força e valor. A sensação é de desprestígio da democracia, para alegria dos conservadores. (Nogueira, 2001, p. 20)

Se, por um lado, existem pessoas preocupadas em estimular uma educação política e consequentemente uma participação na política, existem aqueles que estão satisfeitos com o repúdio à política feita por muitos. No Brasil, depois que as pessoas se familiarizam com o poder público e com a política, atuam com o objetivo de se perpetuarem nela, o que acaba, muitas vezes, por colocar desejos próprios em detrimento da nação. Não educar o cidadão o ajuda a atingir esse objetivo.

Torna-se necessária a existência de forças que combatam o apoderamento político individual. O ME, tentando evitar tal situação e ao mesmo tempo ampliar e garantir a participação da sociedade, instituiu a realização de conferências bianuais. Diversos setores são convidados a participar da elaboração da agenda de esporte e lazer e das políticas públicas que podem ser implantadas nessa área. A proposta reforça a importância de ouvir a sociedade e manter canal permanente de comunicação (ME, 2005 e 2010).

a) os objetivos coletivos estão dispostos nos arts. 6º, 217 e 227 da Constituição Federal. A regulamentação dos direitos reconhecidos nesse importante marco legal existe parcialmente. Observa-se que o processo de produção de agenda e regulamentação das ações ocorre por meio de conferências (municipais, estaduais e nacional) de esporte e dos conselhos de esporte (municipais, estaduais e nacional), que deliberam as prioridades e pactuam com os setores da sociedade a formatação institucional. Esses mecanismos atribuem legitimidade as escolhas e aos processos de implantação dessa política pública

b) o desenho da política pública de esporte e lazer a concebe como política setorial no campo das políticas sociais. Assim, foi criado um Ministério para se ocupar desse setor das políticas públicas sociais. A instituição de um órgão gestor na esfera federal no nível estratégico da gestão induz o processo de ampliação da institucionalização dessa política pública nas demais esferas de governo. O processo progressivo de ampliação da robustez dessa política pública de esporte e lazer também pode ser observado no aporte de recursos financeiros no orçamento público. Em 2003, era aportada nessa área a importância de R$ 371.316.462,00 e, em 2010, foram previstos no orçamento R$ 2.102.422.358,00, um aumento de 566,21%. (Silva et al., 2010, p. 47)

O entendimento de política vai muito além da compreensão a partir do texto legal ou do programa governamental.

A análise e compreensão de uma política nos instiga a ir além do formal e buscar o entendimento das negociações e conflitos (os bastidores) presentes na construção de um enunciado oficial, (re)conhecendo os grupos e suas diferentes visões de mundo em disputa e as estratégias utilizadas. Reconhecendo também que a política sofre, continuamente, a interferência de outros sujeitos, ou seja, se transforma na prática, se transforma à medida que passa a ser colocada em prática, na interação com outros sujeitos. (Ruben; Baptista, 2011, p. 15)

Buss (2009) vai além da escola como forma de conscientizar o indivíduo e dar a ele condições de participação na política que irá atendê-lo. O autor defende a necessidade do ambiente escolar não apenas como espaço para aquisição de poder técnico e consistência política, mas como local para o desenvolvimento de habilidades pessoais para atuar em prol de sua própria saúde. Conceito que passa a se relacionar com a ampliação da autonomia dos sujeitos. Pensamento compartilhado, também, pelo MS.

O aumento da autonomia para as escolhas e práticas alimentares implica, por um lado, um aumento da capacidade de interpretação e análise do sujeito sobre si e sobre o mundo e, por outro, a capacidade de fazer escolhas, governar e produzir a própria vida.

Para tanto, é importante que o indivíduo desenvolva a capacidade de lidar com as situações, a partir do conhecimento dos determinantes dos problemas que o afetam, encarando-os com reflexão crítica. Diante dos interesses e pressões do mercado comercial de alimentos, bem como das regras de disciplinamento e prescrição de condutas dietéticas em nome da saúde, ter mais autonomia significa conhecer as várias perspectivas, poder experimentar, decidir, reorientar, ampliar os objetos de investimento relacionados ao comer e poder contar com pessoas nessas escolhas e movimentos. Há uma linha tênue entre dano e prazer que deve ser continuamente analisada, pois leva os profissionais de saúde, frequentemente, a se colocarem nos extremos da omissão e do governo exacerbado dos outros. Para isso, deve-se investir em instrumentos e estratégias de comunicação e educação em saúde que apoiem os profissionais de saúde em seu papel de socialização do conhecimento e da informação sobre alimentação e nutrição e de apoio aos indivíduos e coletividades na decisão por práticas promotoras da saúde. (MS, 2012b, p. 25)

Para o MS, a autonomia do indivíduo o capacita a fazer as melhores escolhas, pois estará apto a refletir e discernir sobre as informações que são veiculadas no cotidiano. E essa autonomia é adquirida na escola, "a escola tem o papel de educar o adolescente para que ele se torne um cidadão crítico, que saiba fazer escolhas adequadas e de forma responsável" (MS, 2010, p.10).

Quando o MS distribuiu a caderneta de saúde aos adolescentes[55], a mesma afirmava que o adolescente deveria ter a responsabilidade por sua própria saúde, pois esse ato de responsabilidade iniciava o adolescente no processo de cidadania. Para o MS (2009c), aprender a cuidar do seu próprio bem-estar é um dos desafios mais importantes para uma vida saudável (MS, 2009c).

Interessante que, nos Parâmetros Curriculares Nacionais, consta que, ao término do ensino fundamental, o aluno de Educação Física irá ser capaz de: conhecer, organizar e interferir no espaço de forma autônoma, bem como reivindicar locais adequados para promover atividades corporais de lazer, reconhecendo-as como uma necessidade básica do ser humano e um direito do cidadão (MEC, 1997).

Observa-se que a escola não se trata apenas de um ambiente ou mais um espaço a ser visualizado com atenção para informação e orientação à saúde, mas essencial no que diz respeito ao indivíduo em relação à saúde e todas as interfaces, iniciando-se pelo esclarecimento sobre alimentação saudável, passando pela conscientização sobre o mercado nutricional e chegando com a possibilidade de participação política deste indivíduo.

### 4.2 ESPAÇO PARA CONSTRUÇÃO DE ESTILO DE VIDA SAUDÁVEL

Grande parte do tempo em que os adolescentes estão fora de casa é passado na escola. E, quando se trata de escola pública o adolescente faz, pelo menos, duas refeições no ambiente escolar, local onde se começam a for-

---

55. Assunto tratado no Capítulo 1.

mar os hábitos alimentares. Por isso, torna-se importante que uma alimentação saudável seja estimulada na escola (MEC, 2007).
Segundo Gouveia. (1999, p. 65)

a escola é, indiscutivelmente, o melhor agente para promover a educação nutricional uma vez que é na infância que se fixam atitudes e práticas alimentares difíceis de modificar na idade adulta.

Os hábitos vivenciados pelos adolescentes na escola podem ser apropriados e se tornarem benéficos para a sua saúde, sendo então transportados por toda a vida. Logo, investir na formação de bons hábitos de saúde alimentar significa economizar custos de tratamento com agravos decorrentes do excesso de peso e outras doenças decorrentes da obesidade, tanto no que se refere para o poder público quanto ao indivíduo de forma particular.

Investir na escola deve ser uma diretriz do governo, porque a escola tem se mostrado um ambiente positivo para implantação de programas de prevenção à obesidade (Sichieri; Souza, 2008). De certa forma, não seria exagero afirmar que a prevenção alimentar não tem preço, mas sua ausência terá custos tangíveis e intangíveis.

O Ministério da Saúde Brasileiro também considera importante a escola e afirma que "a escola tem influência sobre as escolhas, o consumo de alimentos e a prática de atividade física, e deve ser considerada pelos profissionais de saúde[56]" (MS, 2006d, p. 66). É na escola que o adolescente aprende também sobre a importância da atividade física para manutenção do equilíbrio energético.

Segundo a OMS (2004), as escolas também precisam promover constantemente prática de atividade física incorporando atividades recreativas em seus currículos. O curioso é

---

56. Neste caso, os professores de Educação Física que atuam dentro das escolas.

que não só no Brasil, mas no mundo todo, existe uma tendência à redução de atividades físicas nos programas de educação escolar. E, paralelo a isso, observa-se significativo aumento da frequência de obesidade entre adolescentes (MS, 2002a).

Talvez por isso, ao tratar da relação entre obesidade dos adolescentes e a escola, Anjos (2006, p. 90) afirme que "é uma ação importante a introdução de aspectos da alimentação saudável no conteúdo de várias matérias que fazem parte do currículo escolar". Se a educação alimentar ficava até então restrita à Educação Física e se esta tem tido sua importância reduzida dentro do espaço escolar, torna-se importante que outras forças dentro do ambiente escolar exerçam essa função.

Embora se possa imaginar que a escola represente o equipamento protagonista social principal no movimento de mudança no quadro da obesidade, não se pode esperar que a escola sozinha possa reverter essa situação.

Para se atingir melhorias efetivas na qualidade de vida da população é necessária ação de diferentes parceiros da área social se articulando em prol desta causa (MS, 2006f).

É fato de que sozinha a escola não consegue reverter o problema da obesidade em adolescentes, mas com a inclusão de atores que ali atuem apoiados pela esfera governamental por meio de normatização das ações pode sim haver diferença na vida dos adolescentes.

A OMS (2004) apresenta três razões para justificar a introdução de programas de prevenção em escolas:

- Uma grande proporção de adolescentes vai à escola;
- Grande parte da alimentação e do exercício do adolescente ocorre no ambiente escolar.
- Programas educacionais e profissionais da saúde podem identificar e atuar com adolescentes em risco de obesidade.

Além disso, para um controle de peso eficaz é necessário recrutar grupos e indivíduos em risco e, para isso, a escola pode contribuir fazendo campanhas de consciência pública esclarecendo os perigos do excesso de peso (OMS, 2004). A escola precisa desempenhar seu papel junto com a família na comunidade. A escola pode ser uma grande referência e influenciar práticas políticas, atitudes de alunos, professores, outros profissionais de educação e de saúde e seus familiares. Devido a todos esses fatores,

> o setor Educação é um aliado importante para o setor Saúde e a escola pode ser um espaço estratégico para a promoção da saúde. A promoção da saúde na escola é uma prioridade intersetorial complexa por várias razões. Ainda que as atividades de educação para a saúde venham se realizando desde muito tempo, na maioria das vezes mantêm seu foco na prevenção e no controle de doenças e muito pouco na questão da formação de atitudes saudáveis de vida, do desenvolvimento psicossocial e da saúde mental e em práticas mais efetivas. (MS, 2006f, p. 35)

Ao longo do mandato político[57], o governante se torna representante legal do Estado. Nesta função, tem o dever de criar políticas públicas que atendam às demandas da sociedade. E, neste momento, a obesidade se apresenta como uma delas.

O próprio Ministério de Educação enfatiza que o governo precisa reconhecer que a obesidade é uma doença, um problema epidemiológico do país e que programas de prevenção e combate precisam ter o objetivo bem definido para que consigam contemplar essa população. Entretanto, "o Ministério da Educação deve fomentar projetos de atividade física e alimentação saudável dentro do ambiente escolar" (MEC, 2010, p. 17).

---

57. No Brasil são quatro anos podendo ser reeleito por mais quatro.

O Estado, representado pelo Ministério da Educação, reconhece a necessidade de se controlar a obesidade, entretanto, esse reconhecimento tem que se tornar prioridade na agenda política.

O reconhecimento científico de que existe a necessidade de ações voltadas para a área da saúde é antigo. Campos e Tinoco (1986, p. 50) mencionavam que "deveria existir uma política pública voltada para a saúde da sociedade" em função do crescimento da obesidade. Ressalta-se que foi nesta época que se publicou a carta de Ottawa[58].

Na década seguinte, em 1998, Guedes e Guedes afirmavam que era conveniente refletir sobre a ausência nos currículos das escolas brasileiras de informações acerca do suprimento alimentar e da demanda energética relacionada à promoção da saúde.

É papel de cada gestor público e do governo como um todo a proteção e promoção da saúde dos adolescentes escolares principalmente nas escolas públicas, onde os adolescentes precisam ter garantidos os direitos de acesso à alimentação diária, assim como a oferta de atividade física regular. Entretanto, o que tem acontecido são controvérsias no que se refere às diretrizes do governo e sua atuação no ambiente escolar: diminuição da atividade física e aumento no consumo de alimentos calóricos (OMS, 2004).

Cabe ao governo intervir no ambiente onde a agenda de prioridades pactuadas dos diversos grupos de interesse – escola, comunidade e cientistas – demonstra a necessidade de intervenção.

Quando se pense em controle da obesidade, há consenso de que as ações coletivas superam as individuais e, tendo por base esse sentido do grupo, muitas ações são pensadas tendo como foco o ambiente escolar (MS, 2009d).

---

58. Sobre a carta de Ottawa, ver Capítulo 1.

O Ministério da Educação Brasileiro (2010, p. 13) ressalta a existência da Lei n. 11.974/09, que refere no Art. 2º, parágrafo II,

> a inclusão da educação alimentar e nutricional no processo de ensino e aprendizagem, que perpassa pelo currículo escolar, abordando o tema alimentação e nutrição e o desenvolvimento de práticas saudáveis de vida, na perspectiva da segurança alimentar e nutricional.

O fato de constar nos Parâmetros Curriculares Nacionais ou existir uma lei específica não garante a efetivação de políticas públicas de prevenção de obesidade focadas no ambiente escolar. Por exemplo, os governos e autoridades regionais estão em uma posição para garantir que a atividade física regular seja realizada em todas as escolas. Contudo, muitos permitiram que o tempo destinado a tais atividades nas escolas fosse reduzido e os locais nos quais os alunos antes brincavam com segurança fossem utilizados para outros propósitos (OMS, 2004).

É importante saber que o Ministério da Saúde Brasileiro afirma que

> o compromisso com o desenvolvimento da prática de atividade física pela população é coletivo, o que exige, além da vontade do indivíduo, o apoio dos governantes na construção de espaços propícios para este tipo de iniciativa. (MS, 2009a, p. 27)

E, dentro dessa coletividade, estão os adolescentes que podem participar de forma passiva ou ativa na construção de políticas públicas em seu benefício.

A adolescência é uma fase da vida muito complexa e, por isso, vários fatores devem ser levados em consideração ao se analisar a alimentação do adolescente. Um deles é a diretriz do Governo e o setor produtivo de alimentos que visa regulamentar estratégias de marketing de alimentos, em todas as formas de mídia, principalmente para aquelas direcionadas para crianças e adolescentes (MS, 2005a).

Além disso, existem os sistemas alimentares[59] que são profundamente influenciados pelas condições naturais do clima e solo, pela história, pela cultura e pelas políticas e práticas econômicas e comerciais. Esses são fatores ambientais fundamentais que afetam a saúde de todos. Se esses sistemas produzem alimentos que são inadequados ou inseguros e que aumentam os riscos de doenças, eles precisam ser mudados. É aqui que se manifesta, com maior propriedade, o papel do Estado no que se refere à proteção da saúde da população, que deve ser garantida por meio de suas funções regulatórias e mediadoras das políticas públicas setoriais.

"Os adolescentes têm direito a escolhas, mas é preciso que as opções saudáveis sejam oferecidas e sejam também acessíveis no seu cotidiano"(MS, 2006d, p. 66) na escola.

---

59. O termo "sistema alimentar" refere-se ao conjunto de processos que incluem agricultura, pecuária, produção, processamento, distribuição, importação e exportação, publicidade, abastecimento, comercialização, preparação e consumo de alimentos e bebidas" (Sobal et al., 1998).

# CAPÍTULO 4

## PESQUISA DE CAMPO: A QUESTÃO DA OBESIDADE NA PERCEPÇÃO DOS DIRETORES ESCOLARES DE NITERÓI

Neste capítulo, apresenta-se pesquisa realizada nas escolas municipais de Niterói, assim como respectivos resultados e discussões com base nas diretrizes dos Ministérios da Saúde, Esporte e Educação divulgadas em suas publicações. A estas, somaram-se, ainda, referências nacionais e internacionais sobre o tema.

O capítulo divide-se em quatro seções. A primeira apresenta a pesquisa. Na segunda, explica-se o processo de amostragem utilizado. Dando prosseguimento, na terceira escreve-se sobre os procedimentos adotados para a busca de resultados. E, por fim, na quarta e última seção há a discussão dos resultados.

### 1. A PESQUISA

Ao iniciar a obra, tinha-se como hipótese que os programas de governo são capazes de influenciar na prevenção da obesidade a partir da identificação das causas exógenas. Entretanto, ao longo das discussões desta obra, verificou-se que as ações que objetivam o fim, ou pelo menos a redução da obesidade no Brasil, devem ser também atingidas por meio da promoção da saúde. E, no que se refere à promoção, apontou-se a escola como o espaço onde as ações podem obter os melhores resultados.

Constatou-se que alguns programas do governo, embora ainda com a terminologia de prevenção, possuem cunho de promoção, na maioria ligada às atividades físicas em escolas.

Assim, elaborou-se formulário a ser aplicado com os gestores escolar, neste caso os Diretores das escolas, para verificar a percepção deles em relação aos fatores contribuintes à prevenção apontados pelas publicações ministeriais.

Entre os motivos que contribuíram para a escolha de Niterói como cidade onde seriam aplicados os formulários, estão:

• Ter sido cidade "exemplo" para o Brasil no que se refere às políticas públicas de saúde;
• Possuir pequeno quantitativo de escolas do ensino fundamental e assim ser mais fácil não somente a aplicação dos formulários, mas principalmente se tornar polo experimental para a implantação de um novo modelo de promoção de saúde para prevenção da obesidade;
• Ser residente da cidade e por isso ter maior acesso às escolas;
• Já ter realizado pesquisas com escolares na cidade e saber que existe a possibilidade de sugerir propostas para implantação visando ao desenvolvimento dos escolares.

## 2. PROCESSO AMOSTRAL

A pesquisa de campo foi constituída por 12 diretores de escolas[60] municipais do segundo segmento do ensino fundamental[61].

No Quadro 20, apresenta-se o nome das escolas e respectivos bairros onde estão localizadas.

---

60. Quantitativo referente ao universo total de escolas que existem no município de Niterói.
61. Antiga 5ª série à 8ª série primárias.

## Quadro 20. Nome das escolas e localização por bairros

| Nome da Escola | Bairro em que a escola está localizada |
|---|---|
| Francisco Portugal Neves | Piratininga |
| Levi Carneiro | Pendotiba |
| José Anchieta | Morro do Céu |
| Santos Dumont | Bairro de Fátima |
| Altivo César | Barreto |
| João Brasil | Morro do Castro |
| Rachide da Glória Salim Sacker | Santa Bárbara |
| Maestro Heitor Villa Lobos | Ilha da Conceição |
| Honorina de Carvalho | Pendotiba |
| Paulo Freire | Fonseca |
| Dr. Alberto Francisco Torres | Centro |
| Infante Dom Henrique | Engenhoca |

Fonte: Elaborado pelo autor.

Destaca-se o fato de o número de escolas ser o mesmo de regiões administrativas (RA), doze. Entretanto, o quantitativo e localização das escolas não estão relacionados às RAs. Observa-se que os bairros do Ingá, Icaraí e São Francisco não possuem escolas municipais para segundo segmento do ensino fundamental em seus espaços. Uma das hipóteses para essa razão pode estar relacionada ao fato de se tratar dos bairros que correspondem à Zona Sul da cidade. Logo, com maior poder aquisitivo e, por isso, maior adesão às escolas privadas em sobreposição às públicas.

Outra verificação ressalta a existência de uma única escola na Região Oceânica, embora apareça como a mais extensa do município. Mesmo sendo uma área que vem apresentando acelerado crescimento, ainda sim, trata-se de localidade em que a ocupação urbana mostra-se recente. E, no que diz respeito à RA Rio do Ouro, existe um impasse histórico na região. Trata-se de região vizinha ao município de São Gonçalo. Na verdade, a RA é dividida entre os dois municípios, inclusive há ruas em que o lado direito pertence à cidade de Niterói e o lado esquerdo à cidade de São Gonçalo, ou vice-versa. No mapa está representada apenas a parte que pertence a Niterói, mas em função dessa divisão, a RA se mostra bastante fragilizada em relação aos serviços públicos, pois há constantes discussões a quem cabe, Niterói ou São Gonçalo.

Pode-se dizer que há concentração de escolas nos bairros com assentamento demográfico mais antigo e com maior número de habitantes. De certa maneira, trata-se de locais que servem de "modelo" para as demandas sociais do município.

## 3. PROCEDIMENTOS METODOLÓGICOS

Inicialmente se realizou análise de conteúdo[62] das publicações oficiais dos Ministérios de Saúde, Esporte e Educação centrados na análise temática desta obra, obesidade exógena em escolares adolescentes. Foram utilizadas cinco categorias de análise de conteúdo que tinham relação com a obesidade exógena. São elas:

---

62. Segundo Zanella (2009, p. 128): "a análise de conteúdo trabalha com materiais textuais escritos, tanto textos que são resultados do processo de pesquisa como as transcrições de entrevista e os registros das observações, como textos que foram produzidos fora do ambiente de pesquisa, como jornais, livros e documentos internos e externos das organizações".

- Políticas públicas;
- Adolescentes;
- Obesidade exógena;
- Equilíbrio energético
- Prevenção da obesidade[63].

Justifica-se a escolha de tal análise por ser "a mais comumente utilizada na pesquisa em atenção à saúde" (Pope; Mays, 2009, p. 83).

Para Bardin (1979, p. 105), "o tema é a unidade de significação que se liberta naturalmente de um texto analisado segundo critérios relativos à teoria que serve de guia à leitura". Esse tema comporta um feixe de relações e pode ser graficamente apresentado através de uma palavra, uma frase, um resumo. Trabalhar com a análise temática

> consiste em descobrir os núcleos de sentido, que compõem a comunicação e cuja presença, ou frequência de aparição pode significar alguma coisa para o objetivo analítico escolhido. (Minayo, 2010, p. 86)

A partir da revisão, de forma sistemática[64], das publicações oficiais do governo federal[65], identificou-se como são descritos os contributos para a prevenção da obesidade exógena dos adolescentes escolares (Tabela 2).

---

63. Não se utilizou a categoria promoção por ter sido verificado anteriormente que, embora alguns programas sejam para promoção da saúde visando à redução da obesidade, não utilizam a terminologia promoção. Esta é incluída na prevenção.
64. Conceito adotado por Minayo (2010): Pesquisa Social: teoria, método e criatividade.
65. Todos os materiais que existem disponíveis nos sites dos Ministérios sobre esse tema.

Tabela 2. Quantidade e percentual dos fatores citados nas publicações dos Ministérios como influenciadores na prevenção da obesidade em adolescentes

| Fatores | Publicações (n) | Percentual (%) |
|---|---|---|
| Escola pública | 22 | 78,6 |
| Pais | 19 | 67,8 |
| Programa de governo | 18 | 64,7 |
| Nutricionista | 16 | 57,1 |
| Professor de Educação Física | 16 | 57,1 |
| Amigos | 14 | 50,0 |
| Espaço público esportivo | 14 | 50,0 |
| Médico | 14 | 50,0 |
| Propaganda | 13 | 46,4 |
| Avanços tecnológicos | 12 | 42,8 |
| Segurança pública | 8 | 28,6 |

Fonte: Elaborado pelo autor.

Os resultados encontrados na revisão das 28 publicações dos Ministérios da Saúde, Educação e Esporte apresentados na Tabela 2 mostram que existem, pelo menos, 11 fatores que podem de alguma maneira contribuir para prevenção da obesidade exógena em adolescentes.

Entre os fatores que mais apareceram nas publicações oficiais do governo federal como possíveis contribuidores na prevenção da obesidade em adolescentes, a escola está em primeiro lugar seguida dos pais. Resultado que corrobora a discussão da sobre a importância da escola em função do tempo que o adolescente passa nela, das informações que são disponibilizadas⁶⁶ e dos pais no que tange à influência familiar⁶⁷.

Nota-se que o primeiro fator, escola, pode ser considerado como espaço físico, os pais como uma relação natural e os programas de governo como setor público. E segue-se, então, o professor de Educação Física e nutricionista que, de certa forma, podem ser determinados como os primeiros indivíduos dentro do processo com capacidade e qualificação de interferir em outros sujeitos, neste caso, os adolescentes com sobrepeso ou obesos.

No que se refere ao professor de Educação Física, visto a importância da atividade física verificada ao longo da obra, entende-se sua posição. Mas chamou a atenção o nutricionista, pois embora se apresentem pirâmides alimentares e sua inclusão no ambiente escolar, não se verificou, entre as referências, espaço para tal profissional de forma direta. Fator que merece maior discussão⁶⁸.

Esta primeira amostra serviu para diagnosticar, nos 28 textos, os 11 fatores que são importantes e contribuintes à prevenção da obesidade exógena pelos ministérios para, em seguida, inseri-los nos questionários e torná-los perguntas chave da pesquisa de campo. Pois, após diagnosticar o que as publicações do governo consideravam importantes, poder-se-ia usá-los para identificar a correlação com o pensamento de quem atua, na prática, dentro da escola.

Mas, antes ainda de efetivar a pesquisa de campo, foi necessária a solicitação de permissão à Fundação Municipal de Educação para realização da pesquisa nas escolas de Niterói. Esta solicitação objetivava a aquisição de documento que pudesse ser apresentado nas escolas com a recomendação da Fundação para a participação dos dire-

---

66. Capítulo 3.
67. Capítulo 2.
68. Seção 4.4.5.

tores na pesquisa, fato que mostra a abertura do município para apreciação de pesquisas, resultados e até mesmo aplicação de modelo visando melhores resultados na administração pública.

A visita às escolas ocorreu entre os meses de fevereiro e março de 2014. Cada diretor recebeu e assinou um Termo de Consentimento Livre e Esclarecido que explicava a participação voluntária na pesquisa e que ele poderia desistir de participar e retirar seu consentimento a qualquer momento, sem que ocorresse prejuízo em sua relação com os pesquisadores ou com as instituições.

Foi realizada uma entrevista com cada um dos 12 diretores usando um questionário estruturado[69]. Todas as entrevistas aconteceram na própria escola, no horário escolar, na sala da direção. O questionário visava identificar a percepção dos diretores das escolas sobre a obesidade exógena em adolescentes e, para tal, utilizou-se o questionário como instrumento dividido em três partes:

1. Programas do governo federal que aconteceram na escola ao longo do ano de 2013;
2. Conhecimento, pelos diretores, sobre processo de adesão aos programas;
3. Fatores influenciadores à obesidade.

O(a) diretor(a) tinha tempo para responder cada questão do questionário e somente quando já tinha esclarecido e respondido a primeira questão se passava para a próxima pergunta e assim sucessivamente, até o fim do questionário.

Ressalta-se que, antes de iniciar o questionário, era explicado a cada diretor(a) sobre a importância das respostas de forma correta e sincera. Foi também esclarecido

---

[69]. As entrevistas estruturadas consistem em aplicação de questionários estruturados, e os entrevistadores são treinados para fazer perguntas de maneira padronizada (Pope; Mays, 2009, p. 24).

como as informações obtidas com essa pesquisa poderão ser úteis cientificamente, servir de auxílio para outros estudos e contribuir no direcionamento de novas diretrizes das políticas públicas voltadas à obesidade exógena com foco nos adolescentes escolares.

A Tabela 3 apresenta os programas desenvolvidos pelo governo federal, número de escolas que o realizaram e percentual de adesão das escolas em relação ao total do município de Niterói.

Tabela 3. Programas do governo federal que aconteceram nas escolas de Niterói em 2013

| Programas | Aconteceu (n) | Percentual (%) |
|---|---|---|
| Atleta na Escola | 8 | 66,6 |
| Escola Aberta | 5 | 41,7 |
| Alimentação Saudável nas Escolas | 3 | 25,0 |
| Mais educação | 3 | 25,0 |
| Controle de Doenças Não Transmissíveis | 1 | 08,3 |
| Esporte e Lazer da Cidade | 1 | 08,3 |
| Hortas Comunitárias | 1 | 08,3 |
| Médico de Família | 1 | 08,3 |
| Nacional de Alimentação Escolar | 1 | 08,3 |
| Saúde na Escola | 1 | 08,3 |
| Segundo Tempo | 1 | 08,3 |

| | | |
|---|---|---|
| Academia da Saúde | 0 | 00,0 |
| Centro de Iniciação ao Esporte | 0 | 00,0 |
| Controle de Peso | 0 | 00,0 |
| Controle de Prevenção da Obesidade | 0 | 00,0 |
| Escola Saudável | 0 | 00,0 |
| Nacional de Melhoria do Acesso / Qualidade da Atenção Básica | 0 | 00,0 |
| Nacional de Promoção da Atividade Física | 0 | 00,0 |
| Núcleos de Saúde Integral | 0 | 00,0 |
| Prevenção Universal / Saúde Pública | 0 | 00,0 |

Fonte: Elaboração própria.

Do total de 20 programas que o governo federal disponibiliza para municípios, apenas 11 foram aderidos pelas escolas de Niterói. O que não significa que todas as escolas aderiram, ao contrário, o programa que teve maior adesão foi o Atleta na Escola, totalizando oito escolas e representando 66,6% do total das escolas. Mas os demais programas não atingiram nem mesmo 50% das escolas.

No questionário era possível que os(as) diretores(as) informassem algum programa que havia acontecido ao longo do ano de 2013 e que não estava inserido na listagem disponibilizada. Cinco programas municipais foram citados, mas também com número muitíssimo pequeno de adesão (Tabela 4).

**Tabela 4. Programas municipais que aconteceram nas escolas em 2013**

| Programas | Aconteceu (n) | Percentual (%) |
|---|---|---|
| Jogos Escolares de Niterói | 2 | 16,7 |
| Formação de Merendeiros | 1 | 08,3 |
| Trakking | 1 | 08,3 |
| Pais Alunos e Professores Pela Alimentação Saudável | 1 | 08,3 |
| Jovem Aprendiz | 1 | 08,3 |
| Clin Social | 1 | 08,3 |

Fonte: Elaborado pelo próprio autor.

No que se refere ao conhecimento dos diretores em relação aos mecanismos de adesão aos programas federais, 53,8% deles afirmaram conhecer o processo.

No questionário foi utilizada uma classificação de Nível de Influência na Prevenção da Obesidade Exógena (Nipoe) alocada em uma escala de cinco categorias de influência para os 11 fatores definidos pelas publicações dos ministérios[70]. São eles: nenhuma influência, pouca influência, média influência, muita influência e muitíssima influência. Mas, ao tabular os dados, para melhor explanação dos resultados, optou-se em reagrupar os níveis de influência de maneira que restassem apenas três:

- baixa influência (nenhuma influência + pouca influência);
- média influência;
- alta influência (muita influência + muitíssima influência).

---

70. Tabela 2.

Tabela 5. Nipoe segundo diretores das escolas (%)

| Variável | Baixa influência | Média influência | Alta influência |
|---|---|---|---|
| Pais | 16,6 | 00,0 | 83,3 |
| Espaço Público Esportivo | 16,6 | 16,7 | 66,7 |
| Nutricionista | 0,8,3 | 25,0 | 66,7 |
| Professor de Educação Física | 00,0 | 33,3 | 66,7 |
| Avanços Tecnológicos | 08,3 | 33,3 | 58,3 |
| Programa de Governo | 08,3 | 41,7 | 50,0 |
| Amigos | 08,3 | 41,7 | 50,0 |
| Médico | 25,0 | 25,0 | 50,0 |
| Propaganda | 25,0 | 25,0 | 50,0 |
| Escola Pública | 00,0 | 58,3 | 41,7 |
| Segurança Pública | 41,7 | 41,7 | 16,6 |

Fonte: Elaborado pelo próprio autor.

A Tabela 6 apresenta os 11 fatores e sua colocação como variável de influência para o governo e para os diretores[71]. Neste caso, considerou-se a soma das porcentagens referentes à média e alta influência.

---

71. Tabela formada a partir das informações das tabelas 2 e 5.

**Tabela 6. Importância dos fatores de influência para governo e diretores de escola**

| Fatores | Colocação para governo | locação para diretores |
|---|---|---|
| Escola pública | 1º | 1º |
| Pais | 2º | 5º |
| Programa de governo | 3º | 2º |
| Nutricionista | 4º | 2º |
| Professor de Educação Física | 4º | 1º |
| Amigos | 5º | 2º |
| Espaço público esportivo | 5º | 4º |
| Médico | 5º | 6º |
| Propaganda | 6º | 6º |
| Avanços tecnológicos | 7º | 3º |
| Segurança pública | 8º | 7º |

Fonte: Elaborado pelo próprio autor.

Interessante observar que tanto para o governo como para os diretores, a escola é vista como local de maior influência para desenvolver ações de prevenção à obesidade. E, também para ambos, a segurança pública aparece como último fator influenciador.

Outro fator que se apresenta em primeiro lugar para os diretores juntamente com a escola é o professor de Educação Física, seguido imediatamente pelo nutricionista, dois profissionais da saúde. Interessante que embora o médico também seja um profissional de saúde, para os diretores e ministérios, sua influência na prevenção é menor. Este resultado pode ser explicado pelo fato do médico ter maior atuação quando se trata de intervenções, seja por meio de remédios e/ou cirurgias, enquanto que o professor de Educação Física pode atuar na prática de atividades físicas e o nutricionista com a orientação alimentar, ambos estratégias de prevenção.

Mais um fator que merece destaque são os pais. Para o governo aparece como segundo influenciador, mas para a escola como quinto. Isso pode ser explicado pelo fato de o governo pensar no seio familiar, versão tradicional de família com pais e filhos. Mas, para o diretor que tem maior convivência com os estudantes e seu dia a dia, acaba percebendo o pouco tempo compartilhado entre pais e filhos na atualidade e até mesmo a inexistência da família tradicional.

A Tabela 7 mostra o Nipoe de outros fatores citados pelos diretores, além dos 11 diagnosticados nas publicações ministeriais e colocados no questionário.

Tabela 7. Nipoe de outros fatores citados pelos diretores

| Variável | Baixa influência | Média influência | Alta influência |
|---|---|---|---|
| Familiares | 0 | 8,3 | 0 |
| Renda familiar | 0 | 8,3 | 0 |
| Informação por meio de palestras | 0 | 8,3 | 0 |

Fonte: Elaborado pelo próprio autor.

## 4. DISCUSSÃO DOS RESULTADOS

Os resultados encontrados nas publicações dos Ministérios da Saúde, Esporte e Educação mostram que pelo menos 11 fatores podem, de alguma maneira, contribuir para prevenção da obesidade exógena em adolescentes.

Alguns destes fatores são semelhantes aos encontrados nas referências dos capítulos anteriores, tais como escola e pais, por exemplo. É possível que possam existir outros fatores que não foram identificados nesta obra. Por exemplo, o elemento psicólogo não foi mencionado nas publicações e incluso nos 11 fatores, mas é um elemento citado como componente de uma equipe de acompanhamento, utilizado em Minas Gerais[72] para prevenção e controle de obesidade em adolescentes (Confef, 2014b).

De fato, faz sentido o fator influenciador psicólogo, pois, segundo Guedes e Guedes (1998), os obstáculos psicológicos que dificultam a adesão dos adolescentes às rotinas de exercícios físicos parecem ser mais acentuados que as barreiras físicas.

Os fatores psicossociais, mesmo não sendo o foco desta obra, foram incluídos no final deste capítulo, por entender que eles devem ser mais discutidos quanto ao seu papel na área da saúde.

Assim, a discussão dos resultados, apresentada nesta seção do capítulo, apresenta-se subdividida em função dos 11 fatores apresentados pelas publicações ministeriais acrescidos do fator diretor e aspectos psicossociais. A justificativa do primeiro é demonstrada na seção correspondente e, o segundo, em função das considerações anteriores.

Embora a opção por esta estrutura torne a discussão mais extensa, acredita-se que proporcione facilidade para posterior compreensão do modelo sugerido pelo autor.

### 4.1 FATOR DIRETOR

Embora o diretor da escola também não tenha sido citado nas publicações dos Ministérios como fator que contribui para prevenção da obesidade, ainda sim se apresenta como fator importante pelo fato de ser o gestor do principal espaço citado pelas publicações para as ações de prevenção

---

72. Estado localizado na Região Sudeste do Brasil.

da obesidade e, também, responsável pela captação dos projetos a serem desenvolvidos no ambiente escolar. Sobre esta responsabilidade, cita-se, inclusive, o quantitativo de diretores que desconhecem os mecanismos para adesão aos programas do governo federal que objetivam contribuir para a prevenção da obesidade, quase 50%[73]. Se existe um desconhecimento dos mecanismos de adesão, certamente o projeto do governo federal que poderia ajudar a prevenir a obesidade nos escolares nunca irá acontecer.

No cenário atual, o papel do diretor se apresenta como de grande relevância, cabe a ele entender da legislação e interagir com outras esferas de governo. No caso de Niterói, o diretor precisa se relacionar com a Fundação Municipal de Niterói e com as secretarias de Saúde, Educação e Esporte.

Os resultados das entrevistas com os diretores das escolas públicas de Niterói demonstraram que 100% dos programas que as escolas aderiram em 2013 aconteceram nas escolas no mesmo ano. E, visto que o tempo decorrido entre a adesão ao programa e a ocorrência na escola é bastante breve, a dificuldade pode estar no mecanismo de adesão.

Organismos governamentais e Diretores precisam aumentar a interação para melhor entendimento do processo de captação dos programas. Isto porque todo o sistema de candidatura para captação de um programa para a escola passa necessariamente pelo preenchimento *on-line* do site do Ministério específico do programa pela prefeitura após pedido da escola. Diversos pré-requisitos são solicitados para a cidade candidata e após análise pelo governo é feita a liberação dos recursos com respectivas condições de infraestrutura.

Os resultados das entrevistas que visavam identificar a percepção dos diretores sobre os fatores que influenciam na prevenção da obesidade mostraram que foram mencionadas por pelo menos um deles três outros fatores influenciadores não verificados nas publicações dos ministérios: familiares,

---

[73]. Os resultados são que 58,3% dos diretores conhecem o mecanismo de adesão aos programas do governo federal e 41,7% desconhecem.

renda familiar e informação por meio de palestras. Tais fatores corroboram os encontrados por pesquisadores da área de prevenção da obesidade:

• fator influenciador familiares, por Axelrud et al., 1999;
• renda familiar, por Ruano e Pujol, 1997;
• informação por meio de palestras, por Fiates et al., 2008.

Para o primeiro novo fator, aspecto familiar, esclarece-se aqui que são os outros membros da família que não os pais já citados. De fato, os familiares podem ser um fator contributo e poderiam constar nas publicações, pois muitos adolescentes, nos dias de hoje em que pais e mães trabalham fora, passam parte do seu tempo diário na casa de familiares.

O segundo, a renda de escolares, deveria ser um fator que constasse nas publicações, pois se entende que o fator renda pode privilegiar a prática de atividade física em locais privados e a compra de alimentos mais saudáveis[74], influenciando, assim, no estado nutricional.

Já no terceiro, palestras, as mesmas não foram agrupadas no questionário porque se entendeu que a palestra não seria um fator contributo e sim o meio pelo qual os outros fatores poderiam contribuir. Ressalta-se que informação/palestra são mencionadas nas publicações.

### 4.2 FATOR ESCOLA PÚBLICA

Esta obra identificou que a escola pública foi a que mais apareceu nas publicações oficiais do governo federal (78,6%),

---

74. Essa compra não estaria relacionada diretamente à questão custo, mas sim porque se acredita que as pessoas com maior poder aquisito também são aqueles com maior nível educacional e cultural e, por isso, sabem fazer melhores escolhas no momento da compra de alimentos.

e pela percepção dos diretores, apresentou-se, assim como o professor de Educação Física, fator que influencia em 100% no processo de prevenção da obesidade.

Os resultados encontrados nas publicações dos Ministérios sobre a Escola, como contributo para a prevenção da obesidade, estão de acordo com o que habitualmente se pensa sobre o assunto e também se encontra em Guedes e Guedes (1998), que dizem que o ambiente escolar se constitui em excelente oportunidade de prevenção e controle da obesidade na medida em que os adolescentes dedicam significativa quantidade de tempo de vida as atividades escolares.

Pelo fato de a escola não ter recebido nenhuma votação de baixa influência demonstra que a percepção dos diretores frente à escola é de que ela é um contributo fundamental para prevenção de obesidade.

Este resultado se assemelha ao encontrado na publicação internacional do Usda que atribui à escola um importante papel no apoio a mudanças nos comportamentos alimentares e de atividade física para adolescentes (Usda, 2010). Para Anjos (2006), a escola tem um papel importante no incentivo da prática de atividade física para que se desenvolva habilidades motoras, consciência dos benefícios da vida ativa na saúde e do bem-estar das pessoas.

A escola é um ambiente crucial para a promoção da alimentação saudável, pois se caracteriza por um espaço de aprendizado e troca de ideias. Neste espaço, o aluno adquire conhecimentos e habilidades, tem contato com diferentes culturas, alimenta-se e educa-se de uma forma abrangente (MS, 2006d).

"A escola tem papel fundamental na construção dos hábitos alimentares corretos" (MEC, 2007b, p. 54). O fato de o MEC considerar a escola como ambiente importante de aprendizado não significa que valorize o espaço e as pessoas que ali estão.

No Brasil, a escola pública é ainda muito associada à qualidade ruim, pensamento consequente do fato de muitas escolas no país estarem sucateadas e com falta de professores. Inclusive, até recentemente, a escola pública no Brasil era vista como espaços para os pobres e a escola particular era para os ricos[75]. Esse conceito tem passado por mudanças baseado no fato de que, na escola pública, os funcionários são concursados e teoricamente estão em melhores condições de preparo para atuar na escola. É claro que existem exceções, mas como exceção não será considerada na continuação da discussão.

Ao longo da obra, a escola foi citada historicamente como palco de diversas ações de políticas públicas que permite afirmar que realmente é na escola que podem ser ensinados os valores e comportamentos para uma melhor qualidade de vida.

Para muitas crianças, a escola pública é o primeiro local de convívio social fora do ambiente familiar. Quando a criança chega à adolescência ela começa a ter consciência de que passou muito tempo de sua vida dentro da escola e que ali muitos comportamentos foram socializados. Na escola, as regras de comportamento começam a ser desenvolvidas e ajudam a moldar as ações cotidianas.

Como na escola o adolescente irá interagir com amigos e equipe de funcionários, neste ambiente ele terá comportamentos que são indicados e permitidos e terá que cumprir regras de comportamento social. É na escola que ele estuda sobre o comportamento social e como ele deve se comportar como cidadão. É na escola que ele aprende. O aprendizado na escola é um legado que ele levará para sempre.

A LDB da educação, que norteia o ensino nas escolas brasileiras, obriga que seja oferecido no mínimo quatro horas

---

75. Fato que justifica a inexistência de escolas públicas na Zona Sul da cidade de Niterói.

de aula para o ensino fundamental, entretanto, não é definido o tempo para a realização de atividade física.

Parece controverso, mas é fato que no Brasil algumas escolas não possuem espaços adequados para a prática de atividades físicas, tais como quadra. Neste caso, é comum a adaptação de espaços alternativos, tais como estacionamentos, pátios e salas de aula para realização das aulas de Educação Física. Esta ação acaba por restringir o quantitativo de horas/aula de Educação Física e, também, inibir alguns movimentos que exigem maior esforço, tais como jogos com bola, pois a bola muito frequentemente quebra os vidros ao redor.

Se a escola não possui instalações adequadas para a prática de atividade física, o aluno dificilmente irá se exercitar na escola e conseguir prevenir a obesidade.

Existem ainda escolas que não possuem nem mesmo os espaços alternativos e os professores de Educação Física acabam ministrando aulas teóricas. O momento que deveria ser utilizado para levantar da cadeira e exercitar o corpo, os alunos continuam sentados. Como prevenir a obesidade em estado hipocinético?

Segundo dados do Censo Escolar de 2009 divulgados pelo MEC, apenas 31% das unidades de Ensino Fundamental têm esses equipamentos. E mais: uma parcela considerável delas sofre com más condições de conservação – o piso está rachado ou falta material, como tabelas, redes e gols. Essa realidade, no entanto, não pode ser um impeditivo para aulas produtivas, Conforme consta nos Parâmetros Curriculares Nacionais (PCNs), mesmo que não se tenha uma quadra convencional, é possível adaptar espaços para o trabalho em Educação Física (Meirelles, 2010).

Outro problema associado à ausência do local adequado é o constrangimento dos alunos. Normalmente, para a realização da aula prática, meninos e meninas precisam estar de roupas adequadas, tais como shorts, bermudas e afins. Como nessa fase ocorrem as transformações no aumento do seio, tamanho do quadril, nádegas, pênis, entre outras, isso pode afastar alunos das aulas de Educação Física. Isso não acontece com todos os alunos adolescentes. Existe o que nesse momento querem mostrar seus corpos bem moldados e sarados. Mas, como grande parte dos adolescentes está acima do peso, mostrar seu corpo não é uma boa ideia.

A ausência de vestiários nas escolas públicas também é um problema. Os alunos, quando fazem aulas de Educação Física, tendem a transpirar muito e a produzirem um odor forte. Muitas escolas públicas não têm chuveiro no banheiro e isso inibe também o aluno a fazer aula. O adolescente não gosta de ir para a sala de aula todo suado e também não é o ideal.

A pesquisa de campo identificou que no município de Niterói todas as escolas investigadas possuem uma quadra para realização de aulas de Educação Física, mas apresentam o problema de não serem padronizadas quanto ao tamanho e à localização, fato consequente da implantação das escolas em prédios ou casas já existentes.

As políticas públicas devem olhar para escola para além das diretrizes feitas de cima para baixo e devem procurar investigar a fundo as reais condições do interior da escola. Somente conhecendo como a escola funciona na prática, a mesma poderá realmente ser apontada pelas publicações oficiais como ambiente que previne a obesidade. Um extenso país como o Brasil não pode ter ações iguais como se todas as escolas públicas fossem iguais.

Outro problema de grande relevância está associado ao tempo de aula. Além da diminuição da carga horária da disciplina de Educação Física, os professores responsáveis pela atividade precisam diminuir seu tempo, pois precisam esperar que os alunos se desloquem das salas de aula até os espaços destinados para a prática da Educação Física. Soma-se ainda o tempo para realização da chamada e esclarecimentos sobre a aula. E, por fim, o tempo atribuído à liberação antes do término da aula para que os alunos troquem de roupa e cheguem na sala no horário da próxima aula, pois é comum os professores das outras disciplinas não liberarem mais cedo para fazerem Educação Física e ainda cobrarem que os alunos estejam em sala no horário de suas aulas.

Como apresentado no Capítulo 2, o tempo recomendado para atividade física é de pelo menos 30 minutos diários. As aulas de Educação Física não conseguem contemplar as recomendações nessa área. No caso de Niterói, os alunos têm dois tempos semanais de 45 minutos, sem descontar os deslocamentos entre sala de aula e troca de roupa.

Se a escola for o único local onde esse adolescente pratica atividade física, é possível que ele acabe o dia em balanço energético positivo pela pouca energia gasta. Novas estratégias para que os adolescentes passem mais tempo realizando aulas de Educação Física ou praticando esportes devem ser mais discutidas pela escola.

Deve-se repensar as afirmações das publicações dos ministérios quanto às importâncias atribuídas à escola na prevenção da obesidade por meio da realização de atividades físicas.

A OMS afirma que os governos e autoridades regionais estão em uma posição para garantir que a atividade física regular seja realizada em todas as escolas. Contudo,

> muitos permitiram que o tempo destinado a tais atividades nas escolas fossem reduzido e os locais nos quais os alunos antes brincavam com segurança fossem utilizados para outros propósitos. (OMS, 2004, p. 130)

É também na escola que o adolescente se alimenta. Na escola ele faz pelo menos duas alimentações – lanche e almoço ou lanche e janta. A pesquisa dessa obra identificou que, em Niterói, todas as escolas possuem um refeitório e são servidas pelo menos duas refeições para os adolescentes.

O problema relacionado à alimentação no ambiente escolar refere-se à preparação dos alimentos. Quem prepara os alimentos são as merendeiras (cozinheiras), que, por mais que saibam fazer comidas saborosas, desconhecem o valor nutricional de cada alimento.

As refeições preparadas pelas merendeiras atendem a um momento histórico diferente do atual, desnutrição ao invés da obesidade. As comidas preparadas têm o foco em adolescentes abaixo do peso, pois ainda persiste a ideia de que os adolescentes se alimentam apenas na escola e, se tratando das únicas refeições diárias, precisam oferecer quantidades calóricas acima do ideal para compensar a ausência no restante do dia.

De fato, no passado existiam muitos adolescentes cuja única alimentação que faziam era na escola. Aliás, os pais enviavam os filhos para escola para eles receberem a comida que não podiam oferecer. Isso no Brasil ainda não acabou, mas evoluiu, principalmente nos grandes centros urbanos. Embora se encontre pessoas com baixo poder aquisitivo na escola pública, a parcela de desnutridos é pequena.

Uma solução para o excesso de comida que é oferecido ao adolescente é o uso do conceito utilizado na Educação Física: *princípio da individualidade biológica*. Este princípio irá preconizar que escola, por meio da merendeira (ou outro funcionário), trabalhe com o adolescente entendendo que cada um é diferente biologicamente e nutricionalmente, sendo assim, precisa ser atendido de acordo com sua característica e necessidade.

Por exemplo, por que a merendeira coloca a mesma quantidade de comida para todos? Se cada um tem uma necessidade diária de ingestão e gasta quantidade diferente, então, por que se alimentam em igual quantidade? Não está se questionando aqui o tipo de comida diferenciada na escola pública, essa é outra questão. Discute-se a quantidade de comida para cada um. O foco de controle da obesidade não deve estar restrito à qualidade da comida, mas também à quantidade de comida. O MS (2009b) também é adepto desse pensamento e declara que a escola deve adequar a alimentação do adolescente ao seu estado nutricional. Entretanto, as merendeiras não cumprem essa diretriz. O que se verificou em Niterói no horário da refeição foi uma fila indiana onde todos os adolescentes recebem seu prato em quantidades iguais às do colega. E, quando o adolescente pede para colocar mais comida no prato ou entra na fila novamente para repetir, é visto pelas merendeiras e amigos como guloso, mesmo que este gaste muita energia durante o dia com diversas atividades, ele não tem a opção de comer mais. Por outro lado, se ele pede para colocar menos comida no prato, é visto pelas merendeiras e amigos como "passarinho" que come pequenas quantidades ou como fresco, que não come a comida da escola.

Mas a merendeira não é a vilã da história, ela, como mencionado, na maioria das vezes, desconhece os valores nutricionais do alimento. Ela é, muitas vezes, o operacional que repete, diariamente, o preparar refeições e servir alunos.

A pesquisa identificou que Niterói possui um diferencial para merendeiras: um curso para melhor aproveitamento dos alimentos na escola. Neste curso, elas aprendem como preparar o alimento de forma a reaproveitar melhor o valor nutritivo de cada alimento.

Entretanto, o curso não é feito na própria escola e tampouco contempla a todas as merendeiras. Muitas alegam que não fazem o curso porque é longe e porque não têm interesse, pois já sabem cozinhar. Além de algumas merendeiras não conseguirem se qualificar foi diagnosticado que algumas escolas possuem venda de sorvete, salgados e refrigerantes, tanto para funcionários como para alunos. A conivência de alguns diretores ajuda a prática de vendas de lanches ser uma realidade em algumas escolas públicas. Torna-se necessária maior fiscalização por parte dos órgãos competentes.

Também se deve repensar o modelo de curso oferecido às merendeiras em Niterói e realizar outra medida para estimular o interesse delas pela qualificação. Até porque as diretrizes para a alimentação saudável no ambiente escolar mencionam que o município precisa capacitar as merendeiras. Caso contrário, o cenário atual da prevenção da obesidade dependerá dos fatores externos a escola.

Segundo a OMS (2004), governos e autoridades regionais são responsáveis pelo alimento servido na escola. Mesmo quando não fornecem tais alimentos, eles possuem o poder de estabelecer diretrizes firmes para a sua qualidade e composição. Infelizmente, muitos falharam em deter as diretrizes para o fornecimento de refeições em tais estabelecimentos e monitorar sua implementação, pois, paralelas à alimentação gratuita oferecida na escola pública, existem as cantinas escolares com a comercialização de alimentos industrializados.

Projetos na área escolar que contemplem as cantinas escolares podem ajudar no processo de emagrecimento e educação alimentar. Um exemplo de boa aceitação de projeto com foco nas cantinas foi o apresentado pelo Observatório de Políticas de Segurança Alimentar e Nutrição da Universidade de Brasília[76] com crianças e adolescentes.

Pode-se exemplificar com o projeto *Escola Promovendo Hábitos Alimentares Saudáveis*, o qual proporcionou a mudança da cantina para *cantina saudável*. Os resultados mostraram que 98% dos entrevistados gostaram do novo tipo de cantina e 33% dos alunos relataram aumento de consumo de alimentos saudáveis depois das mudanças implantadas (MS, 2010).

O questionamento que se faz é: por que, se a escola é considerada a mais importante pelas publicações dos Ministérios, não cumpre o papel esperado? Uma das razões

---

76. Distrito Federal do Brasil.

está no fato de a escola ser composta de pessoas que muitas vezes não estão comprometidas ou desconhecem as diretrizes do governo, entre eles o diretor da escola.

As pessoas que fazem parte do corpo de profissionais da escola são lideradas por um diretor que precisa gerir bem a máquina pública. Cada diretor de escola pública administra a escola de acordo com seus valores, sua filosofia e crenças. Existem escolas que possuem a mesma quantidade de alunos e difere na higiene, organização, atendimento de secretaria, pintura e conservação. A forma do gestor em lidar com a escola e com os servidores irá moldar a escola.

Os diretores precisam pedir auxílio a quem pode oferecer. Contudo, pedir auxílio pode demonstrar a sua incompetência, por isso muitos omitem problemas escolares para garantir o seu cargo.

É possível também que outros problemas que acontecem na escola estejam chamando mais atenção do que a obesidade. Por exemplo: tráfico de drogas na escola, violência, roubos e adolescentes grávidas.

Ainda falando dos diretores, muitos não possuem uma formação em administração ou pedagogia, formações essa que lhes daria base para gerenciar a escola. Muitos migram da função de professor para a função de diretor. Como o cargo é temporário e de confiança política muitos estão preocupados com a bonificação salarial no final do mês e desconhecem os trâmites administrativos da máquina pública.

O problema não é a migração, se existe um merecimento ou capacitação para que o professor chegue a esse cargo. A limitação ocorre quando o professor é retirado da sala de aula e não sabe atuar na esfera política da escola.

Ademais, acredita-se que as informações e debate feitos no ambiente escolar provoquem uma reflexão para além dos muros da escola. Defende-se também a escola como modelo de formação de comportamento que pode e deve ajudar o adolescente, por meio de esclarecimentos com utilização da pirâmide alimentar e pirâmide de atividade física, ensinando também sobre como é formado o equilíbrio energético.

A escola, por meio de seus atores, precisa educar o adolescente para que no futuro ele tenha autonomia para realizar escolhas saudáveis. Logo, a escola precisa ensinar o modelo de saúde correto para que, a partir dele, as escolhas dos adolescentes possam ser pautadas em escolhas conscientes.

A escola pública pode ter sido a mais apontada pelos Ministérios, por ser um local que pode, por meio das pessoas que ali estão, interagir também com os outros fatores que contribuem para a prevenção da obesidade, tais como: pais, amigos, médico e nutricionista e, apresentar-se como canal para que essa pessoas recebam ou realizem ações de promoção da saúde.

No Quadro 21, destacam-se os aspectos que devem ser verificados para auxílio na prevenção à obesidade no espaço da escola.

**Quadro 21. Aspectos que devem ser verificados para prevenção à obesidade exógena no espaço escolar**

| |
|---|
| Existência de espaço adequado para realização das aulas práticas de Educação Física; |
| Quantitativo de aulas e tempo de aulas semanais de Educação Física; |
| Reavaliação do cardápio; |
| Capacitação e qualificação das merendeiras; |
| Quantidade de comida nas refeições adequadas a cada tipo de aluno em função de gastos energéticos; |
| Existência de cantinas e respectivos alimentos comercializados; |
| Orientação aos gestores escolares, Diretores; |
| Utilização das cartilhas do governo em atividades pedagógicas com explicações sobre a pirâmide alimentar e práticas esportivas. |

Fonte: Elaborado pelo autor.

A escola pública deve ser entendida como um local onde acontecem as ações em prol do ensino do educando. Muitos atores atuam neste cenário e eles sim são fatores que contribuem para prevenir a obesidade. Lá diversas estratégias de promoção da saúde podem ser realizadas.

### 4.3 FATOR PAIS

Além da escola, as referências e os resultados da pesquisa demonstraram que o elemento "pais" também pode contribuir na prevenção da obesidade, pois foram mencionados em 67,8% das publicações, o que o colocou como segundo fator mais mencionado pelos ministérios. Esse resultado está de acordo com o expresso pela OMS, que considera a escola e a família como contributos úteis na prevenção e tratamento da obesidade (OMS, 2004).

Em relação à percepção dos diretoreso fator "pais", juntamente com o fator "escola", foi o que apresentou maior Nipoe na categoria influência muitíssimo importante, 25%. Pais, quando somados os níveis de influência, muito e muitíssimo foi o fator que mais sobressaiu, com 83%.

A percepção dos diretores em relação à influência dos pais na prevenção da obesidade dos filhos adolescentes proporciona reflexão sobre a pesquisa feita com adolescentes australianos em que se diagnosticou que aqueles que tinham comportamento sedentário eram provenientes de famílias em que os pais faziam o mesmo (Salmon et al., 2005). É possível que o estilo de vida alimentar e de atividades físicas dos adolescentes seja a reprodução do estilo de vida dos pais.

O Departamento de Agricultura Americano menciona que os pais podem ajudar os adolescentes a prevenir a obesidade, sendo este um bom modelo (Usda, 2000). O problema são os comportamentos de alguns pais que impõem alimentos aos filhos diferentes dos seus. Os pais devem não apenas definir um modelo, mas ser um bom modelo de estilo de vida que valoriza práticas saudáveis.

Se os pais são reconhecidos como fator importante na prevenção da obesidade, políticas públicas não devem focar apenas os adolescentes escolares, mas para que tenham um melhor êxito devem incluir seus pais nos programas. Alguns autores defendem essa ideia:

• Campbell e Crawford (2001), os programas de prevenção da obesidade para adolescentes mostraram que as intervenções que produziram melhores efeitos incluíram a participação dos pais;
• Golan e Crow (2004), em Israel, estudo apontou que os pais devem ser o principal mediador na intervenção de mudança de comportamento alimentar e de exercícios físicos dos filhos;
• Katz et al. (2008), as intervenções que unem nutrição e atividade física, com um dos pais, são fortes componentes para gerar a redução de peso.

A escola deve ser a mediadora do processo entre governo e pais por meio dos programas realizados no espaço escolar, seja através de reuniões, convocações ou conselhos.

No Quadro 22, destacam-se atitudes que o fator influenciador "pais" pode desenvolver para auxiliar na prevenção da obesidade exógena.

Quadro 22. Atitudes que o fator influenciador "pais" pode desenvolver para auxiliar na prevenção da obesidade exógena

| |
|---|
| Ser exemplo no lar de estilo de vida com predominância de atividades ativas; |
| Realizar práticas de caminhadas ou pedaladas com o filho; |
| Praticar esportes e compartilhar resultados; |
| Adotar um estilo de alimentação adequado; |
| Ser modelo referencial para o filho quanto ao equilíbrio energético; |
| Disponibilizar alimentos saudáveis para os filhos dentro e fora de casa; |
| Realizar refeições em família; |
| Estimular recompensas que não sejam alimentares; |
| Instruir o filho sobre alimentação e hábitos de atividade física; |
| Informar o filho sobre as mensagens da publicidade de alimentos não saudáveis; |
| Despertar o senso crítico do filho para a importância de uma autonomia de saúde. |

Fonte: Elaborado pelo autor.

**4.4 FATOR PROGRAMAS DO GOVERNO**

O fator programas do governo recebeu 50% das respostas dos diretores, colocando-o como nível de alta influência. Esse resultado ficou próximo do número de diretores que disseram conhecer o processo de adesão aos programas do governo federal.

Não foi realizado o cruzamento de dados para tal verificação, mas acredita-se que todos os diretores que citaram o fator como de alta influência conhecem o processo de adesão aos programas para prevenção da obesidade. Isto porque, se o diretor não sabe como aderir ao programa, este não é realizado na escola e, assim, não influencia na prevenção à obesidade no âmbito da escola.

Já no entendimento do governo, o fator "contributo programas do governo" foi apontado por 64,7% das publicações dos ministérios. O governo acredita na eficiência dos programas para prevenir a obesidade, ou não se justificaria a criação dos mesmos. Entretanto, ainda que exista considerável quantitativo de programas (20), o número de adesões é bastante baixo.

Os programas federais Academia da Saúde, Centro de Iniciação ao Esporte, Controle de Peso, Controle de Prevenção da Obesidade, Prevenção Universal/Saúde, Nacional de Melhoria do Acesso/Qualidade da Atenção Básica Pública, Nacional de Promoção da Atividade Física, Núcleos de Saúde Integral, Escola Saudável não aconteceram em nenhuma das escolas de Niterói em 2013.

O Programa Segundo Tempo, Horta Comunitária e o Programa Saúde na Escola aconteceram em apenas uma escola de Niterói. Sobre PSE, basicamente ele permite que os adolescentes realizem avaliação na escola, pelo menos uma vez por ano e de preferência no começo do período letivo. O objetivo é fomentar o desenvolvimento físico e mental saudáveis em cada fase da vida escolar com o oferecimento de cuidado integral de acordo com as necessidades detectadas (MS, 2009d).

No Município de Embu, Região Metropolitana de São Paulo, o Programa Saúde na Escola tem apresentado sucesso nos resultados. Ele foi idealizado a partir de 1984 e, desde 1987, está sob a coordenação da Secretaria Municipal de Saúde e integrado ao SUS (MS, 2006f). O programa tem conseguido identificar situações e grupos de risco para posterior realização de uma intervenção na escola para combater a obesidade.

O Projeto Vida Saudável é um exemplo de política pública desenvolvida pela prefeitura de Curitiba (PR) a partir de 2000, que transforma espaços públicos, como parques e espaços comunitários, em áreas de democratização da educação em saúde e de estímulo à atividade física, adoção de hábitos alimentares saudáveis, atividades culturais e de lazer, educação ambiental, entre outros, criando oportunidades de participação que favorecem o "empoderamento" e a aquisição de habilidades da população para uma vida mais saudável (Reis et al., 2011).

A pesquisa desta obra verificou que os programas do governo federal que mais tiveram adesão/aconteceu nas escolas de Niterói foram: o Programa Atleta na Escola (66,6%), seguido dos programas Escola Aberta (41,7%), Alimentação Saudável nas Escolas (25%) e Mais Educação (25%).

Em relação ao Programa Atleta na Escola, único que teve adesão em mais de 50% das escolas de Niterói, o governo federal veiculou comercial na TV no ano de 2014 com o imperativo "diretores inscrevam sua escola". O comercial falava sobre o programa e indicava a forma de adesão pelas escolas através de inscrição no site do Ministério do Esporte.

O uso da TV como meio de comunicação nos leva a duas percepções: (1) existia oferta e ainda não havia demanda equivalente; (2) a veiculação possibilitava que alunos adolescentes e pais cobrassem dos diretores a inscrição da escola.

É possível, também, que a expansão de programas na escola tenha sido influenciada pela aprovação da resolução federal que dispõe sobre a destinação de recurso financeiro para escola – Programa Dinheiro Direto na Escola (PDDE). Escolas públicas municipais, estaduais e distritais, que tenham a partir de dez estudantes na faixa etária de 12 a 17 anos matriculados no ensino fundamental e/ou médio, passaram a receber a verba após realizarem no site do Ministério do Esporte a adesão ao programa. De fato, essa resolução surgiu para:

favorecer a disseminação da prática esportiva e o desenvolvimento de valores olímpicos e paraolímpicos entre os jovens e adolescentes, numa perspectiva de formação educativa integral que concorra para a elevação do desempenho escolar e esportivo dos alunos, no âmbito do Programa Atleta na Escola. (Brasil, 2013b, p. 1)

Diante dos números, a pergunta que se faz é se não existe um controle do governo para verificar a efetividade ou não dos resultados. Entende-se que a pesquisa foi realizada em apenas uma cidade, mas, ainda sim, acredita-se que se houvesse controle por parte do governo, e Niterói se apresentasse como excepcionalidade, teria sido encontrada justificativa para tal cenário.

Não é de hoje que programas investem no ambiente escolar. Por exemplo, no cenário internacional, um programa de saúde pública de Singapura que foi lançado em 1992 e dirigido a todos os adolescentes em idade escolar combinava alterações progressivas de nutrição escolar e educação sobre nutrição e atividade física regular nas escolas. O programa era apoiado por treinamento especializado para diretores de escola, professores e cantineiros, assim como pelo fornecimento de equipamentos para melhora na merenda e atividade física. O programa comprovou que as taxas de obesidade caíram de 14,3% para 10,9% nos estudantes de ensino fundamental (Singapura, 1996).

Em Dubai, a prefeitura percebeu que nos últimos dez anos a população engordou em função do sedentarismo e da rotina alimentar de *fast-food* que entrou na moda no país. Então, o engenheiro Hussein Nasser, diretor-geral do município de Dubai, com a intenção de prevenir os problemas da obesidade, criou um projeto inusitado apelidado no Brasil de "Medida Certa de Ouro". Nesser colocou toda a população para modificar o balanço energético durante 45 dias e quem perdesse até cinco quilos ganharia um grama de ouro por quilo. Para quem perdesse até 10 quilos, dois gramas por quilo. E aqueles que perdessem mais de dez quilos, três gramas por quilo (O globo, 2013).

Os programas devem servir como ferramenta eficaz para a promoção e preservação da saúde e devem ser integrados às ações interdisciplinares de políticas públicas de saúde coletiva (ME, 2005).

Chamou a atenção saber que, por mais que os programas possam contribuir para prevenção da obesidade, muitos diretores entrevistados demonstraram desconhecer a existência deles. Por outro lado, foi interessante notar que o governo municipal também disponibiliza programas que podem auxiliar na prevenção da obesidade, mas, ainda sim, o número de adesão se apresentou muito pequeno: Jogos Escolares de Niterói, 16,7%; Formação de Merendeiros, Trakking, Pais Alunos e Professores Pela Alimentação Saudável[77] e Clin[78] Social, todos esses com 8,3% cada.

Não se questiona a importância dos programas para fomentar a prática de atividades físicas, mas no caso da cidade de Niterói, também se sabe que embora todas as escolas possuam quadras, não significa que sejam adequadas e fiquem disponíveis para uso além dos já determinados pelas estruturas curriculares.

Assim, além da necessidade de revisão do processo de adesão das escolas aos programas disponibilizados pelo poder público, no caso do governo municipal, sugere-se a implementação de projetos esportivos em pontos estratégicos da cidade – de fácil acesso – para que os adolescentes possam se deslocar até eles de todas as partes do município. Quando se pensa em esporte, muitos alunos que possuem potencial para esporte não o desenvolvem por não ter clubes e/ou escolinhas próximo de sua residência. A prefeitura pode subsidiar junto a clubes da cidade a prática de esporte e lazer.

---

77. Projeto também conhecido pela sigla Pappas.
78. Companhia de Limpeza de Niterói.

Um exemplo de programa que recebe incentivo do governo federal em Niterói é o Projeto Grael. Este atende 400 adolescentes diariamente. Lá os adolescentes escolares participam de aula de vela e natação e ainda aprendem uma profissão, desde que estejam matriculados em escolas e apresentem boas notas. Projetos como este podem ajudar a prevenir a obesidade e podem servir de modelo para utilização pela prefeitura em outras partes de Niterói.

No Quadro 23 apresentam-se ações que podem ser desenvolvidas pelo fator "programa do governo" para auxílio à prevenção da obesidade exógena.

**Quadro 23. Ações que podem ser desenvolvidas pelo fator programa do governo para auxílio à prevenção da obesidade exógena**

| |
|---|
| Determinar que seja desenvolvido pelo menos um programa em cada escola pública; |
| Acompanhar como a verba destinada para a escola está sendo aplicada; |
| Criar premiações para as escolas que desenvolverem os programas em seus espaços; |
| Promover debates com a escola, incluindo alunos e pais, sobre as DCNT com atenção à obesidade exógena; |
| Fomentar o envolvimento dos pais nos programas esportivos e de saúde realizados na escola. |

Fonte: Elaboração própria.

**4.5 FATOR NUTRICIONISTA**

O fator nutricionista teve 66,7% na percepção dos diretores no nível de influência denominado alta influência, aparecendo como segundo fator de maior influência. Já nas publicações oficiais dos Ministérios, o nutricionista foi apontado em 57,1%, ficando em quarto lugar de importância.

Mas, ainda sim, a posição corrobora com a menção do MS em publicação em que aponta o nutricionista como ator que pode fazer a avaliação nutricional de rotina nos adolescentes permitindo identificar precocemente pessoas e grupos populacionais de risco e prevenir a obesidade (MS, 2005). Também concorda com Gouveia (1999, p. 61), que apresenta

> o nutricionista como um profissional com fundamentação técnica no campo da nutrição capaz de traduzir a ciência da nutrição para a linguagem de seu público, orientando o comportamento alimentar dos indivíduos.
>
> O nutricionista se diferencia dos demais profissionais pela possibilidade de conjugar conhecimentos mais gerais em saúde com aqueles mais específicos sobre os alimentos, a técnica dietética, prescrição dietoterápica, práticas educativas em nutrição, entre outros. (MS, 2006d, p. 82)

O nutricionista pode estar envolvido com o objetivo de promoção da saúde dos escolares. Ele pode atuar realizando entrevistas com adolescente para em seguida usar as informações coletadas para direcionamento das ações (MS, 2006d) e, com ferramentas simples – estadiômetro de parede e balança –, o nutricionista pode determinar o estado nutricional deste adolescente e formular ações para controlar situações de risco.

Ademais, o nutricionista trata-se de profissional com qualificação para elaborar um recordatório da alimentação e da atividade física e, a partir dos dados coletados, propor um ajuste nos hábitos alimentares ao adolescente de forma individual.

Outra forma do nutricionista atuar é após diagnosticar, pelo recordatório, que a alimentação feita fora da escola está inadequada e propor uma utilização de combinações que unam os alimentos que o adolescente acha gostoso com aqueles que são mais saudáveis.

Pode-se também organizar, junto ao nutricionista, uma alimentação que seja compatível com aquilo que a renda familiar permite comprar e a necessidade para aquela idade. Realmente o nutricionista é importante para o êxito das políticas públicas desenvolvidas na escola. Entretanto, o MS (2009b, p. 14) menciona que

> a atuação do nutricionista em grande parte dos municípios brasileiros, precisa ser fortalecida para que a potencialidade do conhecimento da nutrição e das intervenções neste campo possam, de forma efetiva, contribuir para a melhoria da qualidade de vida e de saúde da população.

Na verdade, as possibilidades de atuação dos nutricionistas são variadas e de grande representatividade para a prevenção da obesidade em adolescentes escolares. Inserido na escola, o nutricionista pode atuar desde a elaboração de cardápio a palestras, oficinas, cozinha experimental, consultas a alunos e orientações para os pais. O problema é que muitas escolas públicas não possuem um nutricionista. Este deve atender não uma, mas toda a rede de escolas, cabendo a ele a elaboração de um cardápio que fica a cargo da merendeira o preparo, quando decide por seguir as orientações.

O governo precisa colocar o nutricionista na escola para dialogar com a merendeira e com o professor de Educação Física. O nutricionista não faz a comida na escola, quem faz são as merendeiras como mencionado anteriormente, mas cabe ao nutricionista o papel de equilibrar as porções de comida dos adolescentes durante a semana. Também não é o nutricionista que determina as atividades físicas a serem realizadas, mas é aquele que poderá dar as orientações referentes ao equilíbrio energético.

Um exemplo de como o governo pode inserir o nutricionista na escola para prevenção à obesidade é disponibilizando orientação nutricional gratuita nas escolas. A cada três meses adolescentes seriam atendidos pelo nutricionista que estaria acompanhando o equilíbrio energético autorreferido semanal e/ou mensal do aluno, podendo estender orientações aos pais dos alunos.

O MS defende que o atendimento nutricional deve ser fundamentado na promoção da alimentação saudável, atividade física e lazer, busca do prazer, do autoconhecimento e da autoestima. Acrescenta, ainda, que este profissional deve propor um plano alimentar flexível, negociado e compatível com as necessidades e realidade de cada usuário. Considerando a pactuação de metas com o usuário, devem ser valorizados os pequenos progressos nas modificações dos hábitos alimentares e de vida a curto e médio prazos, a redução do peso e do grau de obesidade e dos fatores de risco associados (MS, 2006d).

A união entre ambiente escolar e proposta pedagógica nutricional pode contribuir para a prevenção do balanço energético positivo. A utilização da pirâmide alimentar na escola pelo nutricionista junto aos alunos pode ajudar a entender a forma correta de se alimentar. O nutricionista, fora do ambiente escolar, apenas informa as pessoas e no ambiente escolar é um educador.

No Quadro 24, apresentam-se estratégias que o fator Nutricionista pode desenvolver na prevenção da obesidade exógena ao ser inserido na escola.

**Quadro 24. Estratégias que o fator nutricionista pode desenvolver na prevenção da obesidade exógena ao ser inserido na escola**

| |
|---|
| Estar preocupado em manter o equilíbrio energético dos adolescentes; |
| Propor refeições que atendam a todos os tipos de perfil de aluno; |
| Avaliar e acompanhar o estado nutricional dos alunos; |
| Orientar os alunos individualmente de como deve ser a porção de alimento colocado em seu prato, assim como o tipo de alimento; |
| Promover interação com os alunos por meio de palestras e oficinas; |
| Elaborar relatórios para a direção, professores de Educação Física e pais sobre o estado nutricional dos adolescentes; |
| Ensinar sobre a substituição de alimentos; |
| Orientar os adolescentes em relação ao planejamento da alimentação diária; |
| Utilizar o modelo de pirâmide para exemplificar cardápios saudáveis. |

Fonte: Elaborado pelo próprio autor.

Deve-se entender que, diferente da maioria dos médicos que medicam um paciente para curar algo agudo, o nutricionista ensina para toda uma vida e não apenas para um momento pontual. Ele ensina para que o estado nutricional não se torne crônico.

### 4.6 FATOR PROFESSOR DE EDUCAÇÃO FÍSICA

O professor de Educação Física apresentou boa percepção quanto ao Nipoe, 67% dos diretores citam-no como fator de alta importância. E, nas publicações dos ministérios, o professor de Educação Física aparece em

57,1%, sempre apontado como pessoa que pode prevenir a obesidade exógena.
Confef (2012, p. 4) considera

> a Educação Física como a única disciplina no currículo escolar que, entre outros benefícios, cuida do corpo com a intenção de despertar seu filho para um estilo de vida ativo e saudável.

Como o professor de Educação Física é, desde 1998, um profissional da saúde regulamentado pelo Estado e que possui um conselho, é possível que a importância dada ao fator pelos diretores seja pelo seu convívio na escola com adolescentes nas aulas de Educação Física, aulas essas que devem ensinar e estimular o aluno na busca de práticas saudáveis para que no futuro ele tenha autonomia nas suas escolhas.

Inclusive, no Parâmetro Curricular Nacional (PCN), consta que o professor de Educação Física tem a função de despertar nos alunos o conhecimento pela diversidade de padrões de saúde, beleza e estética corporal existente nos diferentes grupos sociais, compreendendo sua inserção dentro da cultura em que são produzidos, de forma a desenvolver uma análise crítica dos padrões divulgados pelas mídias e, assim, evitando o consumo e preconceito (MEC, 1997).

Como educador, o professor de Educação Física pode promover e mediar debates sobre temas relacionados à promoção da saúde e prevenção da obesidade. E, a escola, pode ser o local para essas discussões promovendo o amadurecimento ao aluno e capacitando-o para enfrentar essa realidade.

Até porque o professor de Educação Física foi qualificado para isso. Ao longo do curso de graduação ele não estudou somente esportes e como ensiná-los, mas também aprendeu fisiologia, nutrição, biologia, biomecânica, psicologia e medidas e avaliação, o que lhe permite olhar o adolescente para além do movimento externo executado.

Assim, o professor de Educação Física pode ajudar a estabelecer o estado nutricional eutrófico do adolescente usando dados coletados pelos nutricionistas. Pode, também, realizar a avaliação do percentual de gordura com um adipômetro. Educar o físico era a função do professor de Educação Física há décadas. Hoje o professor educa de forma biopsicossocial. O olhar sobre o aluno é holístico.

Mas, enquanto as publicações e os diretores atribuíram importância ao professor de Educação Física e sua atuação dentro da escola foi verificada como de grande relevância no processo de contribuição para promoção da qualidade de vida e prevenção da obesidade, por outro lado, desde 2010, existe pensamento contrário por parte do governo. O artigo 31 da Resolução CNE/CEB n. 7, de 14 de dezembro de 2010, por exemplo, determina que "do 1° ao 5° ano, a Educação Física pode estar a cargo do professor de referência[79] da turma ou professores licenciados nos respectivos componentes" (Confef, 2014a, p. 1).

De acordo com a citação, a escola passou a ser desobrigada a ter o professor de Educação Física no primeiro seguimento do ensino fundamental. Exatamente o período que antecede ou até mesmo inicia-se a adolescência. Inserir o professor de Educação Física somente a partir do sexto ano pode significar tempo tardio para prevenir uma DCNT, tal como a obesidade exógena.

> Professores são agentes de importância inestimável na prevenção e intervenção precoce nos distúrbios da alimentação. Esta vigilância torna-se ainda mais importante na adolescência. (Axelrud et al., 1999, p. 87)

---

[79]. Esse professor de referência é o professor que passa mais tempo com a turma. Antigamente era o professor que fazia a formação normal. Hoje é que faz o normal superior ou curso de pedagogia.

Para Corrêa (2014), há a intenção de colocar a Educação Física sob a responsabilidade de pessoas que não possuem as competências e habilidades para desenvolvê-la. E, aos poucos, extinguir com a Educação Física escolar transferindo-a para programas sugeridos pelo governo com desenvolvimento em escolas ou fora delas.

O problema é que os programas de promoção à saúde e/ou prevenção da obesidade ficam aos cuidados do governo federal e não mais da escola, o que implica na possibilidade de transferência de responsabilidade. Ao invés do professor de Educação Física formado e qualificado para o exercício da profissão, entra em cena o monitor e/ou voluntários, moradores vinculados às campanhas políticas, líderes comunitários e ex-jogadores, pessoas sem qualificação acadêmica que recebem baixo salários e não possuem vínculo empregatício.

Interessante é que a regulamentação da profissão do professor de Educação Física foi implantada exatamente com o objetivo de acabar com o exercício da profissão por amadores.

Deve-se atentar mais sobre a participação do professor de Educação Física no que diz respeito à sua participação no cenário epidemiológico atual do Brasil. O professor de Educação Física se apresenta como único profissional que consta em três ministérios: Saúde, Educação e Esporte. Ele atua na escola com regras pautadas no MEC e diretrizes dos PCN. É reconhecido como profissional da saúde desde 1998 e participa no âmbito esportivo no ME. Para o MS, ele é reconhecido como ator que pode intervir na saúde dos adolescentes, diferente do médico que trata, o professor de Educação Física é o profissional que previne a doença e promove a qualidade de vida.

No Quadro 25, apresentam-se ações que podem ser desenvolvidas pelos professores de Educação Física para auxiliar no processo de promoção da saúde e prevenção da obesidade exógena.

**Quadro 25. Ações que podem ser desenvolvidas pelos professores de Educação Física para auxiliar no processo de promoção da saúde e prevenção da obesidade exógena**

| |
|---|
| Ministrar aulas práticas com inclusão de todos os alunos; |
| Conscientizar os alunos sobre os benefícios da atividade física; |
| Acompanhar as mudanças no índice de massa corporal dos alunos; |
| Trabalhar em conjunto com os pais para um melhor desenvolvimento biopsicossocial do aluno; |
| Adaptar os recursos didáticos para aulas práticas, diagnosticar os alunos que não tem habilidade esportiva para colocá-lo em outro desporto ou atividade prazerosa; |
| Indicar locais de baixo custo e atividades gratuitas que possam ser feitas fora da escola; |
| Ser um promotor da saúde e de boas práticas; |
| Usar a pirâmide de atividade física e nutrição. |

Fonte: Elaborado pelo próprio autor.

**4.7 FATOR AMIGOS**

É no ambiente escolar que também pode acontecer a influência dos amigos. Os amigos são tratados em 50% das publicações dos ministérios como um dos fatores que podem influenciar na prevenção da obesidade nos adolescentes. Na percepção dos diretores, o fator "amigo" alcançou 50% da categoria de alta influência.

Embora o círculo de amizades de um adolescente possa ser formado por diferentes ambientes (clubes, igrejas e cursos, por exemplo), na escola são formadas muitas amizades a partir do coleguismo na turma da escola. Os que residem próximo acabam por dar continuidade fora da escola nas relações sociais. Os adolescentes fazem saídas, passeios e outras atividades juntos. Amigos da escola, dentro e fora dela, influenciam-se entre si, tanto de forma positiva quanto negativa.

Para a OMS (2004), os fatores culturais, tais como grupos de amigos, estão entre os determinantes mais fortes da escolha alimentar.

Diretriz que pode ser usada na escola é a identificação de alunos que tem comportamentos saudáveis, que são líderes bem aceitos pelos pares, para atuarem junto a seus amigos socializando ações benéficas para a saúde.

No Quadro 26 apresentam-se ações que o fator "amigos" pode desenvolver para auxílio na prevenção da obesidade exógena e promoção da saúde.

**Quadro 26. Ações que o fator "amigos" pode desenvolver para auxílio na prevenção da obesidade exógena e promoção da saúde**

| |
|---|
| Estimular o amigo a ter bons hábitos alimentares; |
| Ser companheiro e participante das aulas práticas de Educação Física na escola; |
| Valorizar um estilo de vida ativo com diversidade de atividades; |
| Discutir os produtos veiculados na mídia; |
| Liderar, na escola, campanhas de promoção da saúde; |
| Questionar os amigos quando eles realizam práticas inadequadas de saúde. |

Fonte: Elaborado pelo próprio autor.

### 4.8 FATOR "ESPAÇO PÚBLICO ESPORTIVO"

A implantação de espaços públicos pela cidade pode contribuir para o aumento da prática de atividade física e ajudar a manter o equilíbrio energético dos adolescentes.

De acordo com o MS (2013, p. 54), "a disponibilidade de espaços públicos para a prática de exercícios eleva em até 30% a frequência de atividades físicas nessas localidades".

Para Ruano e Pujol (1997), o fato de morar em local que tem diversidade de possibilidades de lazer favorecem o combate ao comportamento passivo, pois a falta de estrutura de lazer nas proximidades pode diminuir a capacidade dos indivíduos para ser fisicamente ativo (Usda, 2010).

Mas, ainda que o espaço público tenha aparecido nas publicações ministeriais como fator contribuinte para a promoção da saúde e prevenção da obesidade, o que se percebe no Brasil é que muitos ambientes da comunidade não proporcionam facilidades para o indivíduo ter um estilo de vida fisicamente ativo (Usda, 2010).

Os resultados da pesquisa mostraram que os diretores consideram o espaço público como fator de alta influência (66,7%). A percepção por parte dos diretores pode ter sido motivada pela ausência ou inadequação de espaços escolares para as aulas de Educação Física e prática de esportes e recreação (MS, 2005a).

O espaço público, seja ele praças, pistas de caminhada, áreas de skate ou ruas fechadas nos finais de semana e feriados, deve ser observado como local para ponto de encontros de amigos que ali podem se socializar, dialogar e, também, se exercitar. Mas só o espaço não garante que o indivíduo se exercite ou tenha estilo de vida mais ativo. É necessária a interação de um professor de Educação Física para que este adolescente saiba como, quanto e o que fazer.

Niterói possui duas academias populares ao ar livre, uma no bairro de Icaraí e outra no Ingá, ambos localizados na Zona Sul da cidade. Mas sua instalação foi "obra para inglês ver"[80]. Os aparelhos e equipamentos ficam expostos ao ar livre e sem a presença do professor de Educação Física e a utilização acaba tendo outro fim que não o da

---

80. Dito popular usado no Brasil para se referir a algo que serve somente para mostrar que tem, pois na prática não funciona.

prática de exercícios. Hoje (2014), todos os equipamentos estão quebrados ou enferrujados. Exercitar-se nestes aparelhos tornou-se um risco para saúde e não um benefício. A cidade de Recife, no estado de Pernambuco[81], possui uma experiência de sucesso no uso do espaço público por programa municipal denominado Academia da Cidade.

> Desde 2001, a Secretaria Municipal de Saúde (SMS) vem mudando a paisagem da cidade com a construção ou requalificação de espaços públicos para a prática de lazer que funcionam diariamente com profissionais de Educação Física e Nutrição, que trabalham em parceria com as equipes de saúde da família. (MS, 2009a, p. 27)

Segundo Matta (2007), passados um século das primeiras políticas de saúde públicas, que estruturaram o país e ajudaram a combater algumas doenças epidêmicas, o Brasil parece não ter entendido nesse intervalo de tempo o quanto o espaço público adequado é favorável para a saúde do indivíduo.

No Quadro 27, apresentam-se algumas intervenções que podem ser realizadas em espaços públicos para auxílio à promoção da saúde e prevenção da obesidade.

**Quadro 27. Intervenções que podem ser realizadas em espaços públicos para auxílio à promoção da saúde e prevenção da obesidade**

| |
|---|
| Existência de praças com quadras e equipamentos esportivos de lazer com constante manutenção; |
| Manter o espaço público aberto no período da noite e início da manhã; |
| Estar localizado em diversas áreas dos bairros; |
| Ter profissionais de Educação Física orientando a utilização dos equipamentos públicos de lazer para a prática de atividade física. |

Fonte: Elaborado pelo próprio autor.

---

81. Região Nordeste do país.

## 4.9 FATOR MÉDICO

O fator médico, quando analisada a opinião dos diretores sobre o quesito, apresentou valores de 50% para alta influência. Acredita-se que para os diretores que consideraram o médico como alta influência na prevenção da obesidade, ele seja visto como um especialista e isso faz com que a pessoa seja impactada com o discurso, seguindo as recomendações na maioria das vezes.

Segundo Bar-on (2000), os médicos devem se tornar educadores sobre os riscos de saúde pública do comportamento sedentário e compartilhar estas informações com os adolescentes e famílias. E, para isso, o MEC (1997) defende o resgate da visão dos médicos do século XIX quando se buscava modificar os hábitos de saúde e higiene da população, propondo a manutenção do físico saudável e equilibrado organicamente, menos suscetível às doenças.

O médico deve estimular a participação comunitária em ações que visem à melhoria da qualidade de vida, realizar ações de promoção de saúde, orientação de alimentação saudável e prevenção do excesso de peso, assim como aferir os dados antropométricos de peso e altura e realizar ações de vigilância nutricional (MS, 2006d).

Entretanto, segundo relato de um dos diretores entrevistados, muitos alunos não têm acesso ao médico, assim ele não tem como influenciar na saúde destes adolescentes escolares da rede pública. A OMS (2004) também alerta para a baixa influência ou até mesmo negativa dos médicos em relação ao controle da obesidade. Geralmente, o médico é contatado quando as doenças consequentes da obesidade se instalam e não como profissional que pode auxiliar na prevenção da obesidade exógena.

Não se pode deixar de considerar a questão cultural brasileira de que o médico é para quem está doente e, assim, muitos não gostam de ir ao médico. Independentemente da idade, a mesma fala é sempre reproduzida: "eu não estou doente". O adolescente não julga necessário o médico.

Se o médico é um ator que está distante dos adolescentes, a escola pode ser o canal de aproximação entre os dois. Como é na escola que os alunos passam grande quantidade de anos de sua vida e normalmente não trocam de escola durante os ciclos (ensino fundamental e médio), aproximar o médico da escola e promover o acompanhamento ano a ano do estado de saúde do adolescente torna-o mais um educador e contribuinte para a promoção da saúde e prevenção da obesidade exógena.

Ademais, o distúrbio alimentar ou a aversão à atividade física pode estar associado a um problema momentâneo que o adolescente está passando. O acompanhamento médico na escola pode deixar o adolescente mais a vontade e produzir maiores resultados.

No Quadro 28, apresentam-se ações que o fator médico pode desenvolver para a promoção da saúde e prevenção à obesidade exógena.

**Quadro 28. Ações que o fator médico pode desenvolver para a promoção da saúde e prevenção à obesidade exógena**

| |
|---|
| Prescrever medicamentos apenas em casos de necessidade; |
| Falar uma linguagem que o aproxime do adolescente; |
| Conhecer a aplicar os princípios de integralidade e acolhimento durante as consultas; |
| Alertar sobre o aumento da obesidade em jovens e das consequências adversas deste excesso de peso. |

Fonte: Elaborado pelo próprio autor.

## 4.10 FATOR "PROPAGANDA"

Resultados de pesquisas em diversos países têm evidenciado a relação entre mídia e desequilíbrio energético dos adolescentes. Segundo o MEC (2007a), a propaganda aparece como um dos fatores contribuintes à obesidade exógena devido aos modismos divulgados através da televisão, internet, jornais e revistas.

A propaganda, na percepção dos diretores, representa 50% na categoria de alta influência. Já nas publicações ministeriais, como fator que pode influenciar a causa da obesidade, os resultados mostram que a propaganda foi apontada com 46,4%.

Taras e Gage (1995) afirmam que a publicidade desempenha papel de informação e influência. E, para a OMS (2004), a publicidade influenciou a alteração dos padrões dietético nas décadas recentes por meio das informações vinculadas pela mídia aos consumidores sobre novos alimentos.

Pesquisa americana descobriu que 93,6% de todos os produtos alimentares anunciados vistos por adolescentes foram elevados em açúcar, gordura ou sódio (Powell et al., 2007).

Na Austrália, pesquisa sobre marketing persuasivo na TV mostrou que a categoria mais frequentemente anunciada foi a de alimentos não essenciais, incluindo 56,4% de todas as propagandas de alimentos (Kelly et al., 2008).

Na Nova Zelândia e no Brasil, pesquisa sobre publicidade televisiva mostrou que a publicidade de alimentos inadequados era de 66% (Jenkin et al., 2009) e 57,8% (Almeida et al., 2002), respectivamente.

A maior parte do dinheiro gasto em publicidade alimentar vem de marcas da indústria de alimentos e cadeias de restaurantes *fast-food* e a televisão é o principal meio utilizado por estas empresas (Coon et al., 2001). Ressalta-se, inclusive, a utilização das técnicas publicitárias para convencer o adolescente a se alimentar mal, como, por exemplo, a estratégia AINDA – atenção, interesse, necessidade, desejo e ação (Quadro 29).

**Quadro 29. Exemplo de utilização da estratégia AINDA para convencer o adolescente a consumir alimentos de baixo valor nutricional**

Ao estar sentado assistindo televisão, o adolescente, ao ver um comercial de um produto alimentício, é tragado a prestar *atenção* em todo o comercial. Em seguida, a publicidade desperta nele o *interesse* de "saborear" o produto apresentado. Depois afirma e convence que aquele produto é *necessário* para a sua alimentação e para suprir as necessidades diárias. Com isso, desperta no inconsciente o *desejo* de consumir. E, por fim, consegue que ele peça para os pais comprarem ou na sua próxima saída de casa ele tem uma *ação* de compra específica do alimento anunciado.

Fonte: Elaborado pelo próprio autor.

A exposição de adolescentes à televisão, em geral, pode aumentar o risco de se transformarem em consumidores mal informados sobre alimentos. Apesar de os pais serem responsáveis por escolher a maioria dos alimentos que chega às cozinhas das famílias, os filhos são expostos a uma gama enorme de mensagens verbais e não verbais sobre comida nos anúncios da TV. Na atualidade, a televisão pode ser a fonte mais importante de informação nutricional, na qual as crianças aprendem sobre os "mais novos e melhores" produtos alimentícios (Fiates et al., 2008).

Quando questionadas sobre alguns comportamentos de risco à vida inculcados pela mídia, as pessoas normalmente pensam em violência, mas a obesidade é um crescente problema de saúde pública agravado pela mídia e pelo marketing na mídia (Susan, 2006).

Publicidade dos *fast-foods* ilude os pais com algumas informações erradas. Por exemplo: colocar informações como: contém 60% do cálcio que seu filho necessita diariamente ou enriquecido com ferro para que seu campeão cresça saudável.

> Dessa forma convencem os pais e filhos que determinado produto é essencial para seu crescimento e desenvolvimento, sendo que, na maioria das vezes, está contribuindo para o crescimento da obesidade e de outras doenças graves. (MEC, 2007b, p. 52)

O que era feito apenas com crianças hoje é feito de forma explícita ou bem sutil para atrair o público adolescente ao consumo. Um exemplo de estratégia publicitária para aumentar as vendas foi demonstrado no filme *Homem-Aranha*. Na cena "1" existia o imperativo coma e na cena "2" McDonald's. Isso, de maneira subliminar, despertou no inconsciente de algumas pessoas a vontade de comer no McDonald's.

A indústria alimentícia cria, diariamente, estratégias publicitárias para atingir segmentos específicos da população. Exemplo específico para adolescentes que pode ser mostrado é o da batata Ruffles. A mensagem enfatizava que a batata Ruffles é adequada ao seu estilo de vida, neste caso, do adolescente, representado pela imagem de jovens no pacote. Ele verá isso e deverá fazer "boas escolhas" independente da condição econômica para adquirir determinados alimentos.

As novelas brasileiras também trabalham com estratégia de *merchandising*. De forma discreta os personagens aparecem comendo ou bebendo produtos de determinada marca. A força da marca é muito grande no estímulo ao consumo. A marca das grandes empresas alimentícias consegue ser tão forte que é atribuída a ela um valor de qualidade.

A PNAN considera importante a adoção de medidas voltadas ao disciplinamento da publicidade de produtos alimentícios, sobretudo em parceria com as entidades representativas da área de propaganda, com as empresas de comunicação, com entidades da sociedade civil e do setor produtivo (MS, 2007a).

Em 2001, o Brasil tornou obrigatória a declaração da rotulagem nutricional nos alimentos que incluem: valor energético, carboidratos, proteínas, gorduras totais, saturadas e trans, fibra alimentar e sódio. Contudo, dados do Ministério da Saúde Brasileiro mostram que "apenas 25,7% dos entrevistados liam os rótulos de todos os alimentos" (MS, 2009a, p. 24).

Parece que só a lei obrigando a rotular os produtos não resolveu o problema. A rotulagem e o valor nutricional de cada alimento devem ser levados para o interior da escola e discutidos, por isso a importância dos nutricionistas. É possível que a informação esclarecedora desperte o adolescente para os riscos a saúde do consumo equivocado.

Além disso, mesma mídia que é usada para pulverizar a informação de estímulo à compra deve ser usada pelo governo para orientar e esclarecer a população de adolescentes sobre o consumo moderno inadequado e as consequências para saúde. A propaganda tanto de alimento quanto de atividade física pode ser contributo para a prevenção da obesidade e promoção da saúde.

> especificamente a ação de monitoramento da publicidade e propaganda de alimentos deve buscar aperfeiçoar o direito à informação, de forma clara e precisa, com intuito de proteger o consumidor das práticas potencialmente abusivas e enganosas e promover autonomia individual para escolha alimentar saudável. (MS, 2012b, p. 51)

No Quadro 30, apresentam-se maneiras de como o fator influenciador propaganda pode contribuir para a promoção da saúde e prevenção da obesidade.

**Quadro 30. Maneiras de como o fator influenciador propaganda pode contribuir para a promoção da saúde e prevenção da obesidade**

| |
|---|
| Ser usada pelo governo para conscientizar a compra de alimento saudável; |
| Explicar a pirâmide alimentar e o equilíbrio energético; |
| Mostrar o número de calorias de cada alimento; |
| Disponibilizar informações para que o adolescente selecione a alimentação com maior discernimento; |
| Incentivar o consumo de frutas e verduras cultivados em casa; |
| Divulgar eventos, gratuitos ou não, relacionados à saúde e bem-estar; |
| Estimular o gasto com produtos saudáveis. |

Fonte: Elaborado pelo próprio autor.

### 4.11 FATOR "AVANÇOS TECNOLÓGICOS"

O fator "avanços tecnológicos", na percepção dos diretores, apresentou 58% de alta influência na prevenção da obesidade. Já em relação às publicações dos ministérios, foi apontado por 42,8%.

Os resultados podem ser explicados pela crescente tendência, no Brasil e no mundo, das pessoas se tornarem cada vez mais inativas fisicamente, principalmente por conta dos avanços tecnológicos que produzem ocupações e profissões cada vez mais sedentárias.

Apesar da tecnologia de proporcionar conforto e maior produtividade, não diminui a necessidade de exercitarmos regularmente nosso organismo para que os males do sedentarismo não prejudiquem nosso estado geral de saúde física e mental, reduzindo a capacidade de realizar tarefas rotineiras e a qualidade de nossas vidas, a médio e longo prazo (Vasconcellos, 2008).

No que diz respeito aos avanços tecnológicos, talvez a principal e maior influência tecnológica esteja relacionado aos celulares, *iphones* e *ipads*. Há dez anos, eram inexistentes ou raros nas escolas. hoje, independentemente da renda familiar, é quase que certo ver assim o adolescente com um desses equipamentos. Estes possuem música, internet, jogos e diversos aplicativos, o adolescente pode se comunicar com colegas e se divertir.

O problema não está nos aparelhos, mas nas ações que poderiam ser feitas com pequenos deslocamentos e gasto de energia e que por comodismo hoje não se faz mais. Pensar no adolescente atravessando a rua para ir à casa de um amigo ver se ele esta lá é coisa do passado. Ademais, a gama de diversão passiva proporcionada pelos eletrônicos acaba por ocupar o tempo que poderia ser utilizado com atividades mais ativas.

Mas, ainda sim, é possível pensar nos mesmos eletrônicos para auxiliar os adolescentes na adoção de medidas que promovam melhor saúde e previnam a obesidade exógena. Aliás, aproveitar-se dessa tecnologia trata-se de uma oportunidade, visto a familiaridade que os adolescentes possuem com ela.

No Quadro 31, apresentam-se propostas de uso de equipamentos eletrônicos para promoção da saúde e prevenção da obesidade em adolescentes.

**Quadro 31. Propostas de uso de equipamentos eletrônicos para promoção da saúde e prevenção da obesidade em adolescentes**

| |
|---|
| Criação de aplicativo para ajudar o adolescente a desenvolver dieta equilibrada; |
| Popularização dos relógios que marcam o gasto energético de cada atividade. |
| Utilizar sites |

Fonte: Elaborado pelo próprio autor.

Os adolescentes precisam usar a tecnologia a seu favor. Se eles não precisam ir ao local para fazer compras, na teoria lhes sobra mais tempo para outras coisas. O problema é que o tempo extra que lhes sobra, na maioria das vezes, continua sendo utilizado em atividades sedentárias.

### 4.12 FATOR "SEGURANÇA PÚBLICA"

Mesmo a segurança pública sendo apontada com menor percentual nas publicações dos ministérios (28,6%) e pelos diretores no quesito alta influência com apenas 16,6%, ela não pode ser ignorada.
O MEC (2007a, p. 52) esclarece que

hoje, devido à preocupação com a segurança, os jovens não brincam mais na rua, de correr ou passear de bicicleta, e acabam passando muito tempo com games, em frente da TV, assistindo a filmes e desenhos. (MEC, 2007b, p. 52)

Em alguns locais, especialmente grandes centros urbanos, a atividade física tornou-se inviável, desagradável e até perigosa (MS, 2005).
Segurança é um serviço público garantido por lei. No Brasil, especificamente o estado do Rio de Janeiro conviveu nos últimos sete anos com a instalação de Unidades de Polícia Pacificadora (UPPs) em favelas[82] na cidade do Rio de Janeiro. Em função disso, muitos marginais migraram para a região de Niterói, aumentando a violência e insegurança no município.
Como a maioria dos adolescentes estuda durante o dia, à noite, por conta da insegurança, ficam em casa. Logo, mais uma vez verifica-se a importância da escola e respectivos atores.

---

82. UPP trata-se de programa de segurança pública que tem como objetivo a retomada dos espaços pelo poder público.

No Quadro 32 mostram-se intervenções que podem ser realizadas no que diz respeito à segurança pública no auxílio da promoção da saúde e prevenção da obesidade.

**Quadro 32. Intervenções que podem ser realizadas no que diz respeito à segurança pública no auxílio da promoção da saúde e prevenção da obesidade**

| |
|---|
| Colocar guardas municipais nos espaços públicos para estimular sua utilização; |
| Ter policiais realizando ronda nos bairros constantemente; |
| Disponibilizar boa iluminação pública para que o cidadão se sinta protegido e seguro; |
| Monitoramento com câmeras. |

Fonte: Elaborado pelo próprio autor.

### 4.13 FATOR PSICOSSOCIAL

Manter o corpo em equilíbrio energético não é fácil para um adolescente, que pode ter um estilo de vida que ocasione um sobrepeso ou obesidade. Uma vez adquirida a obesidade na adolescência, podem ocorrer complicações psicológicas, tais como: distúrbio de imagem corporal; depressão, dificuldade de relacionamento familiar e com colegas; isolamento social; exclusão das atividades sociais, incluindo namoro. Já na vida adulta, este adolescente obeso irá sofrer discriminação no trabalho e as sofridas na adolescência (Axelrud et al., 1999). Além disso, os sintomas relacionados à obesidade em adolescentes incluem problemas psicossociais (OMS, 2004).

A obesidade também está ligada à depressão e ansiedade, estas por sua vez podem acarretar episódios compulsivos de alimentação, na busca pela fuga dos problemas, gerando um sentimento de culpa que agrava o processo de depressão e se transforma em um círculo vicioso (ME, 2007b). Fatores como estresse emocional podem modificar as necessidades calóricas para a manutenção do metabolismo energético. Contudo, a atividade física ainda é a maior responsável pela relação oferta/demanda de nutrientes para indivíduos do mesmo sexo, faixa etária e composição corporal (Silva; Silva, 1995).

A complexidade da obesidade pode estar associada também a desajustes emocionais importantes em que a pessoa utiliza o alimento como válvula de escape para suas frustrações, buscando uma satisfação imediata (Axelrud et al., 1999).

Além disso, pais com filhos deprimidos podem ser mais propensos a usar alimentos insalubres ou televisão como recompensa, fato este que pode contribuir para o aumento do peso (Anderson et al., 2006).

Adolescência é uma fase de muitos conflitos e mudanças. O adolescente vive cercado de dúvidas e transformações. O adolescente obeso vive dificuldades de socialização, pois nem sempre é bem aceito no grupo. Serve, na maioria das vezes, de motivo de brincadeira, apelidos e agressões (Axelrud et al., 1999).

> a alteração psicológica do obeso pode surgir da reação que a sociedade tem contra a gordura e a rejeição que experimenta o obeso devido às fortes pressões da sociedade para serem magras. As pessoas obesas frequentemente sofrem sentimentos de culpa, depressão, ansiedade e baixa auto estima. (Domingues Filho, 2000, p. 9)

Os obstáculos psicológicos que dificultam a adesão dos adolescentes às rotinas de exercícios físicos parecem ser mais acentuados que as barreiras físicas. Indivíduos com excesso de gordura e de peso corporal geralmente incorporam sentimentos negativos em relação aos exercícios físicos em consequência de experiências anteriores inadequadas associadas à realização de esforços físicos. Outro fator inibidor é a consciência de sua imagem corporal indesejada, o que leva à resistência da realização de exercícios físicos pelo receio de assumir uma postura menos aceita pelos pares magros (Guedes; Guedes, 1998).

Katch e McArdle (1984) mencionam que engordar é acompanhado de alterações dos padrões de comportamento e personalidade, frequentemente manifestados sob forma de depressão, abstenção, autopiedade, irritabilidade e agressão. Situações diárias não relacionadas com os alimentos costumam estimular a vontade de comer. Depressão, frustração, tédio, aborrecimento, ansiedade, sentimentos de culpa, cansaço e raiva podem estar ligados a períodos de excessiva ingestão alimentar (Katch; McArdle, 1984).

A importância dos mecanismos alimentares na dieta está na conscientização do indivíduo sobre seu comportamento alimentar; ele deve analisar cuidadosamente a quantidade, frequência e circunstâncias que o estimulam a comer.

O primeiro passo para viabilizar a autoanálise é que o indivíduo tenha total consciência da sua ingestão calórica. Quando isso ocorre, alguns mecanismos alimentares "indesejáveis" devem ser eliminados e substituídos por uma série de respostas alimentares convenientes (Katch; McArdle, 1984).

Frases como: "se você não comer, não cresce", "enquanto não limpar o prato não levanta da mesa" e "se não comer tudo não ganha sobremesa" contribuem para a disseminação da epidemia de obesidade (Varella; Jardim, 2009).

Muitas pessoas obesas possuem uma imagem corpórea alterada, isto é, veem seus corpos como feios e acreditam que os outros desejam excluí-las do convívio social. Isto ocorre com maior frequência com mulheres jovens de classe social média e alta, entre as quais a obesidade é menos prevalente e naquelas que foram obesas desde a infância (OMS, 2004).

Num momento de individualização, de afirmação da personalidade e de integração social, ser diferente do modelo convencional, e habitualmente discriminado, pode ser intolerável para o adolescente. Não sendo bem aceito, sente-se frustrado e encontra na comida um consolo imediato, piorando com isto a situação e estabelecendo um ciclo vicioso (Axelrud et al., 1999).

# CONSIDERAÇÕES FINAIS

Ao longo da história, a Educação Física esteve diretamente relacionada com a saúde dos indivíduos. À Educação Física era atribuída à responsabilidade de provocar no corpo as alterações que pudessem ser úteis para o contexto que o país vivenciava.

Até a metade do século XIX, o corpo tinha que ser saudável para uso como mão de obra, resistência a doenças e defesa da pátria. O papel da Educação Física nessa época era ajudar a disciplinar e a educar o corpo da classe operária e, na classe militar, deixá-lo, além de saudável, forte.

Na segunda metade do século XIX, com a inserção da atividade física no ambiente escolar, o desenvolvimento de um corpo saudável passou a ser importante para contribuir com a atividade intelectual desenvolvida na escola. Assim, iniciou-se um novo tipo de saúde escolar.

No início do século XX, a Educação Física cresceu na escola e passou a integrar os currículos escolares não apenas da capital do país, mas de alguns estados, tais como: São Paulo, Pernambuco, Minas Gerais, Distrito Federal, Ceará e Bahia. Iniciava-se um reconhecimento da importância da Educação Física na escola.

Na segunda década do século XX, a Educação Física escolar e a da classe operária usaram o higienismo como fator de prevenção de doenças. Mas, na década seguinte, voltava a ter o objetivo de fortalecer o trabalhador, melhorar sua capacidade produtiva e desenvolver o ideal de cooperação em benefício da coletividade.

Na década de 1950, outras doenças surgiram no país, resultando, na década de 60, na promulgação da LDB, que obrigava a inclusão da Educação Física no ensino primário e médio. Percebia-se, assim, relação entre o exercício e a saúde. A Educação Física passava a olhar o sujeito de forma integral e a medicina a valorizar o estado biopsicossocial.

Ainda na sequência dos fatos, na década de 1970, o MS passou a entender a necessidade de ações que visassem não somente cura ou tratamento, mas principalmente a prevenção de doenças, situação que poderia ter a Educação Física como auxiliar no processo.

Entretanto, foi também na década de 1970 que se instituiu lei determinando que a Educação Física escolar passasse a ser atividade prática, voltada para o desempenho técnico e físico (*performance*) do aluno. Acontecia a dissociação entre Educação Física e saúde, decisão política devido ao momento vivido pelo país, uma ditadura militar. Neste, a Educação Física era relevante para a formação de um exército jovem, forte e "saudável" apenas para manutenção da ordem e progresso. A estratégia utilizada foi a inserção do esporte de alto rendimento, pois possibilitaria formar mão de obra qualificada e a formação cívica considerada indispensável à criação de uma consciência de direitos e deveres do cidadão.

A década de 1980 ficou marcada como o período de transição da ditadura para a democracia e também pelos debates, por meio do modelo participativo, dos assuntos a serem contemplados por uma nova constituição. Neste período, a escola voltou a ocupar posição de destaque como local para realização de ações de promoção à saúde.

O Ministério da Saúde passou a reconhecer a escola como um espaço adequado para iniciar a conscientização sobre a saúde e as consequências para toda a população por meio do compartilhamento, entre professores e alunos, de material didático relacionado à saúde. A política de Educação Física escolar mudou o enfoque de promoção de esportes de alto rendimento para um modelo que contemplava o desenvolvimento do aluno de forma integral, psicossocial, psicomotor e que fosse capaz de oferecer uma melhor qualidade de vida para a população.

E, com a promulgação da CR/88, a Educação Física tornou-se um direito constitucional e, por meio do esporte e lazer, o cidadão passou a prevenir doenças. Assim, ainda no início dos anos 90, a Educação Física foi inserida nos programas das políticas públicas dos Ministérios da Educação e Saúde para promoção da saúde. Neste contexto, a escola passou a ser reconhecida como ambiente de valorização de práticas saudáveis e preventivas de DCNTs.

No final da década de 90, teve-se a regulamentação da profissão do professor de Educação Física, efetivando o reconhecimento da Educação Física como área da saúde. O início do século XXI é marcado pela consolidação da transição epidemiológica que apresenta a obesidade como DCNT e uma série de medidas começa a ser desenvolvida pelo poder público com o objetivo de intervir no processo.

Neste cenário, a Educação Física passa a ser apontada por três ministérios (MS, MEC, ME) em diversos novos programas para prevenção e controle do aumento no número de pessoas com obesidade. A Educação Física é mais evidenciada cientificamente como fator importante para combater a obesidade e passa a ser integrante primordial nas ações da área de nutrição e saúde. Cresce o número de programas e/ou políticas públicas que incluem a Educação Física como promotora da saúde e qualidade de vida.

Mas, ao mesmo tempo em que se observa maior destaque para a área de Educação Física e a escola como local para a ocorrência de programas e ações para a prevenção da obesidade, ocorrem profundas mudanças em relação à Educação Física no ambiente escolar, entre eles, destaca-se: ausência de infraestrutura para a realização de aulas de Educação Física, redução na quantidade de tempos de aula direcionados à disciplina e permissão para substituir o professor de Educação Física por outro profissional da educação sem as mesmas habilidades e competências.

Ao iniciar esta obra, tinha-se a hipótese de que o governo conseguia identificar e influenciar todos os fatores que contribuem para a prevenção da obesidade exógena. Ideia refutada ao verificar que as referências apontaram onze fatores identificados pelos ministérios e mais dois identificados pelo autor, totalizando treze, dos quais somente sete se apresentam como competências diretas do poder público (Quadro 33).

## Quadro 33. Fatores contributos para prevenção da obesidade e influências do governo

| Fatores | Competência Direta do governo | Competência Indireta do governo | Não compete ao governo |
|---|---|---|---|
| Amigos | | | X |
| Aspectos psicológicos | | | X |
| Avanços Tecnológicos | | | X |
| Diretor de escola | X | | |
| Escola | X | | |
| Espaço público esportivo | X | | |
| Médico | X | | |
| Nutricionista | X | | |
| Pais | | | X |
| Professor de Educação Física | X | | |
| Programas do governo | X | | |
| Propaganda | | X | |
| Segurança pública | X | | |

Fonte: Elaborado pelo autor.

Entretanto, a obra verificou que os fatores para prevenção da obesidade exógena não podem ser analisados de forma independente como vem sendo feito pelo governo. É possível o desenvolvimento de diretriz que contemple até mesmo os fatores que não são de competências diretas do governo por meio da utilização de três fatores que contemplem os segmentos serviços, ambiente e pessoa, representados pelos programas do governo, escola e professor de Educação Física, respectivamente.

Pode-se dizer que a relação dos indivíduos com a escola é uma relação duradoura, pois se inicia na infância e prossegue até a adolescência. Mas também pode ser permanente, no caso de adultos que possuem filhos matriculados na escola. Na escola incutem-se valores que possibilitam o progresso para a independência e autonomia individuais, com foco no aluno e podendo se estender aos pais. Trata-se de um ambiente de discussões e debates.

Dentro deste ambiente está o professor de Educação Física, ator que, de acordo com o PCN, interage com os alunos e ensina-os sobre a influência da mídia no consumo alimentar e na atividade física. Ressalta-se que a *Educa* + Ação física é a profissão que tem o papel de *Conscientizar* + Ação física do adolescente escolar para que ele tenha o físico + *Educado* para interagir com as Ações cotidianas e alcançar melhor qualidade de vida. Por isso a obra define que é o professor de educa + ação física é profissional da saúde mais indicado, nesta fase da vida, para promover uma ação educativa de saúde aos adolescentes escolares.

Também é o professor de Educação Física que, na escola, pode utilizar a ferramenta didática PAAF onde atividade física e alimentação está alinhada energicamente por camadas da pirâmide. E, no caso das escolas que não possuem locais específicos para a realização de atividades físicas e seja necessário negociar com a prefeitura a construção, concessão de espaços ou manutenção dos mesmos, o professor de

Educação Física se apresenta como o mais capacitado para tais verificações, adequações e justificativas.

Ademais, o professor de educação é o único profissional da área da saúde que faz parte do currículo escolar, fazendo a interface educação e saúde e compondo, ainda, a área de esportes o que o possibilita atuar, também, em espaços públicos esportivos.

O governo precisa pensar o professor de Educação Física como ator capaz de promover o diálogo entre os três ministérios (MS, MEC, ME) e propor ações em conjunto. Os ministérios não podem atuar de forma fragmentada (cada um com uma ação sem interligação) para prevenir e combater a obesidade. Isso onera a esfera pública e produz menor resultados.

Esta obra identifica o professor de Educação Física como o ator capaz de agir de forma interministerial e intersecretarial, promovendo o diálogo entre as diferentes esferas e instituições para criação e/ou adequação da agenda política no que se refere à promoção da saúde e prevenção da obesidade exógena. Ademais, aponta-o como o mediador entre as ações governo *versus* escola versus adolescentes, podendo influenciar também os pais e ainda ter capacidade de diagnosticar problemas psicológicos dos adolescentes que necessitem de acompanhamento profissional.

Assim, o governo deve atentar não para a criação de mais ou novos programas para prevenir a obesidade, mas sim atuar na promoção da saúde por meio de programa que contemple a escola pelo fato de ter a possibilidade de atender a sociedade como um todo e incluir o professor de Educação Física como articular entre diferentes atores e, por isso, gestor do processo.

No passado, o poder público usou a força para vacinar as pessoas e prevenir as DCT. Hoje, o governo tem que usar o seu poder para mostrar que só existe uma única vacina contra as DCNT: a conscientização, principalmente no que se refere à obesidade exógena.

Deixam-se registradas possibilidades para novas investigações a partir desta obra:

- Se a ausência de informação dos mecanismos de adesão aos programas pelos diretores é consequente da falha de comunicação ou faz parte de uma estratégia do governo em não democratizar a informação pelo fato de não conseguir dar conta da possível demanda que surgiria;
- Desenvolver uma análise de cada programa voltado para a prevenção da obesidade exógena, por meio de outras vias que não as publicações dos ministérios para verificar aspetos que influenciam no êxito ou fracasso dos mesmos.

E, no que se refere à limitação desta obra, menciona-se a ausência de pesquisa qualitativa com profissionais da saúde para saber a percepção dos mesmos em relação ao papel do professor de Educação Física escolar e dos demais fatores na prevenção da obesidade exógena.

# REFERÊNCIAS

AINSWORTH, B. E.; et al. (1993). Compendium of physical activities: classification of energy costs of human physical activities. **Med Sci Sport Exerc.**, Jan; 25 (1): 71-80.

ALIMENTAÇÃO (2012). **Alimentação saudável na adolescência é tema no 6º ao 8º ano.** In Colégio Marista João Paulo II. Disponível em: <http://colegiomarista.org.br/joaopauloii/alimentacao-saudavel-na-adolescencia-e-tema-no-6-ao-8-ano>. Acesso em: 2 nov. 2014.

ALMEIDA, S. S.; NASCIMENTO, P. C. B.; BOLZAN, T. C. (2002). Quantidade e qualidade de produtos alimentícios anunciados na televisão brasileira. Produtos alimentícios na televisão. **Revista de Saúde Pública**, 36 (3): 353-5.

AMERICAN College of Sports Medicine. [ACMS]. (2010). **Diretrizes do ACSM para os testes de esforço e sua prescrição.** Rio de Janeiro: Guanabara Koogan.

AMIGO, H.; et al. (2007). Factores determinantes del exceso de peso en escolares: Un estudio multinivel. **Rev Méd Chile**, 135 (12): 1510-1518.

ANDERSON, S. E.; et al. (2006). Relationship of childhood behavior disorders to weight gain from childhood into adulthood. **Ambul Pediatr.**, 6 (5) 297-301.

ANJOS, L. A. (1992). Índice de massa corporal (massa corporal.estatura-2) como indicador do estado nutricional de adultos: revisão da literatura. **Rev Saúde Pública**, 26 (6): 431-6.

_____. (2006). **Obesidade e Saúde Pública**. Rio de Janeiro: Fiocruz.

ARANTES, A. C. A. (2011). Jogos escolares brasileiros: Reconstrução histórica. **Revista Motricidade**, Vila Real, suplemento, v. 7.

ARAÚJO, D. S. M. S. (2010). **Corpo e Movimento na educação**. V. 1. Fundamentos históricos, socioculturais e políticos. Rio de Janeiro: Fundação CECIERJ.

AXELRUD, E.; GLEISER, D.; FISCHIMAN, J. B. (1999). **Obesidade na adolescência**. Porto Alegre: Mercado Aberto.

BARDIN, L. (1979). **Análise de conteúdo**. Lisboa: edições 70.

BAR-ON, M. E. (2000). The effects of television on child health: implications and recommendations. **Arch Dis Child.**, 83(4): 289-92.

BARROS, A. J. S.; LEHFELD, N. A. S. (2007). **Fundamentos de Metodologia científica**. 3. ed. São Paulo: Pearson Prentice Hall.

BARROS, M. V. G.; NAHAS, M. V. (2003). **Medidas da atividade física: teoria e prática em diversos grupos populacionais**. Londrina: Midiograf.

BELCHIOR, M. (2013). **Encontro Nacional com Novos prefeitos e prefeitas**. Brasília: Ministério do Planejamento, Orçamento e Gestão.

BERLINGUER, G. (1978). **Medicina e política**. Tradução de Bruno Giuliani. São Paulo: Hucitec.

BIBILONI, M. M.; et al. (2010). Prevalence and risk factors for obesity in Balearic Islands adolescents. **J Nutr**. **Jan**, 103 (1): 99-106.

BRASIL. (1990). Lei 8.069, de 13 de Julho de 1990. **Estatuto da Criança e do Adolescente**. Brasília: Ministério da Justiça.

_____. (2013a). **Previdência Social no Brasil**. Decreto n° 4.682, de 24 de janeiro de 1923. Disponível em: <http://www.brasil.gov.br/linhadotempo/epocas/1923/previdencia-social-no-brasil>. Acesso em: 27 maio 2013.

_____. (2013b). Resolução n° 11 de 7 de maio de 2013. Ministério da Educação. Fundo Nacional de Desenvolvimento da Educação. Conselho deliberativo.

_____. (2014). **História**. Mec. Disponível em: <http://portal.mec.gov.br/index.php?option=com_content&view=article&id=2&Itemid=172>. Acesso em: 21 nov. 2014.

BUSS, P. M. (2003). Uma introdução ao conceito de promoção da saúde. In: **Promoção da Saúde**: conceitos, reflexões e tendências. Rio de Janeiro: Fiocruz.

_____. (2009). Uma introdução ao Conceito de Promoção da Saúde. In: CZERESNIA, I. A.; FREITAS, C. M. (org.). **Promoção da Saúde**: conceitos, reflexões, tendências. Rio de Janeiro: Fiocruz, p. 19-42.

CAMPBELL, K. J.; CRAWFORD, D. A. (2001). Family food environments as determinants of preschool-aged children's eating behaviors: implications for obesity prevention policy. **Australian Journal of Nutrition and Dietetics**, 2001; 58 (1): 19-24.

CAMPBELL, K.; et al. (2002). Interventions for preventing obesity in children. **The Cochrane Database of Systematic Reviews**, (2): CD001871.

CAMPOS, J. Q.; TINÔCO, A. F. (1986). **Política e planejamento de Saúde**. São Paulo: Campos.

CARNOY, M. (1988). **Estado e teoria Política**. Tradução pela equipe de tradutores do instituto de letras da PUC--Campinas. 2. ed. Campinas-SP: Papirus.

CASPERSEN, C. J.; POWELL, K. E.; CHRISTENSON, G. M. (1985). Physical Activy, exercice, physical Fitness: definitions and distinctions for hearth-related research. **Public Health Rep.**, Mar-Apr; 100 (2): 126-31.

CELESTRINO J. O.; COSTA, A. S. (2006). A prática de atividade física entre escolares com sobrepeso e obesidade. **Rev. Mack Educ Física Esporte**, 5 (3): 47-54.

CONSELHO Federal de Educação Física. [CONFEF]. (2004). Conferência Nacional de Esportes. **Revista de educação Física: EF**, Rio de Janeiro, p. 22-24, maio.

_____. (2010). **Recomendações sobre Condutas e Procedimentos do Profissional de Educação Física**. In: SILVA, Francisco Martins da (org.). Rio de Janeiro: Confef.

_____. **(2012). Guia da Educação em família**. 26 motivos para fazer atividades físicas e esporte na escola. Instituto Unibanco.

_____. (2013). **Revista de educação Física**. Órgão oficial do Confef. Ano XII, n. 47, março.

_____. (2014a). **Educação física escolar**. Disponível em: <http://www.confef.org.br>. Acesso em: 5 abr. 2014.

_____. (2014b). O Órgão oficial do Confef. **Revista Educação Física**, Ano XIII, n. 51, março.

COON, K. A.; et al. (2001). Relationships Between Use of Television During Meals and Children's Food Consumption Patterns. **Pediatr.**, 107 (1): 1-9.

CORBIN, C. B.; PANGRAZI, R. P.; LE MASURIER, G. C. (2004). Physical activity for children: current patterns and guidelines. **Res Dig.**, 5 (2): 1-8.

COSTA, F.; CINTRA, I. P.; FISBERG, M. (2006). Prevalência de Sobrepeso e Obesidade em Escolares da Cidade de Santos, SP. **Arq Bras Endocrinol Metab.**, fev.; 50 (1): 60-67.

COSTA, N. R. (1985). **Lutas Urbanas e Controle Sanitário**: origens das políticas de saúde no Brasil. Rio de Janeiro: Vozes.

CRICK, B. (1981). **Em defesa da Política**. Tradução de Juan A. Gili Sobrinho. Brasília: Universidade de Brasília.

CUNHA, W. F. (2002). **Introdução a Ciência Política**. Goiânia: Edição do autor.

D'ALAMA, L. (2013). **Ministério da Saúde publica novas regras para a cirurgia bariátrica no SUS**. Normas incluem redução da idade mínima de pacientes de 18 para 16 anos. Idade máxima foi retirada, e nova técnica e plástica foram acrescentadas. Disponível em: <http://g1.globo.com/bemestar/noticia/2013/03/ministerio-da--saude-publica-novas-regras-para-cirurgia-bariatrica-no--sus.html>. Acesso em: 1º nov. 2014.

DANIELS, S. R.; et al. (2005). Overweight in children and adolescents: pathophysiology, consequences, prevention, and treatment. **Circulation**, 2005 Apr 19; 111 (15): 1999-2012.

DE ONIS, M.; et al. (2007). Development of a WHO growth reference for school-aged children and adolescents. **Bull World Health Organ.**, 85 (9): 660-7.

DECORAH. (2009, 13 de novembro). **Propagandas subliminares.** Homem Aranha I. Disponível em: <http://decorahmyblog.wordpress.com/category/imagens-subliminares/propagandas-subliminares/>. Acesso em: 20 nov. 2014.

DECRETO-LEI n° 9.394/96 de 20 de dezembro. Diretrizes e bases da educação nacional.

DECRETO-LEI n° 9.696/98 de 1 de setembro. Regulamentação da Profissão de Educação Física e Criação dos respectivos Conselho federal e Conselhos Regionais de Educação Física. Disponível em: <http://www.planalto.gov.br/ccivil_03/leis/l9696.htm>. Acesso em: 20 nov. 2014.

DELMAS, C.; et al. Association between television in bedroom and adiposity throughout adolescence. **Obesity**, 2007 Oct; 15 (10): 2495-50.

DENNISON, B. A.; ERB, T. A.; JENKINS, P. L. (2002). Television Viewing and Television in Bedroom Associated With Overweight Risk Among Low-Income Preschool Children. **Pediatrics**, 2002; 109 (6): 1028- 35.

DERNTL, A. M.; LITVOC, J. (2002). Capacidade funcional do idoso: características. In: CIANCIARULLO, T. I. **Envelhecimento, Prevenção e Saúde.** São Paulo: Atheneu, p. 96-117.

DOMINGUES FILHO, L. A. (2000). **Obesidade & Atividade Física.** Jundiaí: Fontoura.

DR. BARAKAT. (2012). **Saiba como calcular o seu IMC**. Disponível em: <https://goo.gl/aWYxCg>. Acesso em: 1º nov. 2014.

DRISKELL, M. M.; et al. (2008). Relationships among multiple behaviors for childhood and adolescent obesity prevention. **Prev Med.**, 2008 Mar; 46 (3): 209-15.

DYE, T. (2002). **Understanding Public Policy**. Upper Saddle River (New Jersey): Prentice-Hall.

EBBELING, C. B.; et al. (2004). Effects of fast food on total energy intake in obese and nonobese adolescents. **Obesity Research**; 12: 171.

EVANS, P.; RUECHEMEYER, D.; SKOPOL, T. (1985). **Bringing the State Back**. Cambridge: Cambridge University. Press.

FARIA JUNIOR, A. G. (1981). **Didática de Educação Física**: formulação de objetivos. Rio de Janeiro: Interamericana.

FARIA, L. (2007). **Saúde e Política**: a fundação Rockefeller e seus parceiros em São Paulo. Rio de Janeiro: Fiocruz.

FARIA, N. R. (2009). **Ciência Política estratégia e planejamento**. Bauru: Canal 6.

FERREIRA, M. M. (1997). Niterói Poder. A cidade como centro político. In: MARTINS, I. L.; KNAUSS, P. (org.). **Cidade Múltipla**: temas de história de Niterói. Niterói: Niterói Livros.

FIATES, G. M. R.; AMBONI, R. D. M.; TEIXEIRA, E. (2008). Comportamento do consumidor, hábitos alimentares e consumo de televisão por escolares de Florianópolis. **Revista Nutrição**, Campinas, 21 (1): 105-114.

FOX, E. L.; BOWERS, R. W.; FOSS, M. (2007). **Bases Fisiológicas da Educação Física e dos Desportos**. 4. ed. Rio de Janeiro: Guanabara.

FULTON, J. E.; et al. (2009). Television viewing, computer use, and BMI among U.S. children and adolescents. **J Phys Act Health**, 6 (l): 8-35.

FUNDO das Nações Unidas para a Infância. [UNICEF]. (2013). **Infância e adolescência no Brasil**. Disponível em: <https://goo.gl/2qVQYn>. Acesso em: 1º jun. 2013.

GARROW, J. S. (1988). **Obesity and related diseases**. London, churchill livingstone.

GOLAN, M.; CROW, S. (2004). Targeting parents exclusively in the treatment of childhood obesity: long-term results. **Obes Res**., 12 (2): 357-361.

**GOMES, F. S.; ANJOS, L. A.;** VASCONCELLOS, M. T. L. (2010). Antropometria como ferramenta de avaliação do estado nutricional coletivo de adolescentes. **Rev. Nutr**., 23 (4):, 591-605.

GORTMAKER, S. L.; et al. (1993). Social and economic consequences of overweight in adolescence and young adulthood. **N Engl j Med**., Sep 30; 329 (14): 1008-12.

GOUVEIA, E. L. C. (1999). **Nutrição Saúde & Comunidade**. 2. ed. Rio de Janeiro: Revinte.

GRACEY M. (1995). New World syndrome in Western Australian aborigines. **Clin Exp Pharmacol Physiol**., Mar; 22 (3): 220-5.

GRANDELLE, R. (2013). Obesidade é uma doença. Mudança de classificação: Nova definição de autoridade médica dos EUA poderia agilizar o tratamento. **Jornal o Globo**, p. 32.

GUEDES, D. P.; GUEDES, J. E. R. P. (1998). **Controle do peso corporal**: composição corporal, atividade física e nutrição. Londrina: Midiagraf.

HAESER, L. M.; BUCHELE, F.; BRZOZOWKI, F. S. (2012). Considerações sobre a autonomia e a Promoção da Saúde. **Physis**, 22( 2): 605-620.

HALLAL, P. C.; et al. (2006). Prevalência de sedentarismo e fatores associados em adolescentes de 10-12 anos de idade. **Cad Saude Publica**; 22 (6): 1277-87.

HASKELL, W. L.; et al. (2007). Physical activity and public health: updated recommendation for adults from the American College of Sports Medicine and the American Heart Association. **Med Sci Sports Exerc.**, Aug; 39 (8): 1423-34.

HEBEBRAND, J.; HINNEY, A. (2009). Environmental and genetic risk factors in obesity. **Child Adolesc Psychiatr Clin N Am.**, Jan; 18 (1): 83-94.

HOCHMAN, G.; FONSECA, C. M. O. (1999). O que há de novo? Políticas de saúde pública e previdência, 1937-45. In: PANDOLFI, D. (org.). **Repensando o Estado Novo**. Rio de Janeiro: FGV.

HÜBNER, L. C. M.; FRANCO, T. B. (2007). O Programa Médico de Família de Niterói como Estratégia de Implementação de um Modelo de Atenção que Contemple os Princípios e Diretrizes do SUS. **Physis**: Rev. Saúde Coletiva, Rio de Janeiro, 17 (1): 173-191.

INÁCIO JOSÉ. (2009, 4 de julho). **O mercado** – novas embalagens Ruffles. Disponível em: <https://goo.gl/on4knp>. Acesso em: 12 nov. 2014.

INSTITUTO Brasileiro de Geografia e Estatística. [IBGE]. (2010a). **Pesquisa de Orçamentos Familiares 2008-2009.** Antropometria e estado nutricional de crianças, adolescentes e adultos do Brasil. Brasília: Ministério do Planejamento, Orçamento e Gestão, IBGE.

JANSSEN, I.; et al. (2005). Comparison of overweight and obesity prevalence in school-aged youth from 34 countries and their relationships with physical activity and dietary patterns. **Obes Rev.**, May; 6 (2): 123-32.

JENKIN, G.; WILSON, N.; HERMANSON, N. (2009). Identifying "unhealthy" food advertising on television: a case study applying the UK Nutrient Profile model. **Public Health Nutr.**, May; 12 (5): 614-23.

JOHNSON, J. M.; BALLIN, S. D. (1996). Surgeon General's Report on Physical Activity and Health Is Hailed as a Historic Step Toward a Healthier Nation. **Circulation**, 1996 Nov 1; 94 (9): 2045.

KAC, G.; VELASQUEZ-MELÉNDEZ, G. (2003). A transição nutricional e a epidemiologia da obesidade na América Latina. **Cad. Saúde Públ.**, 19(Sup. 1):S4-S.

KATCH, F. K. I.; MCARDLE, W. (1984). **Nutrição, Controle de Peso e Exercício.** 2. ed. Rio de Janeiro: Medsi.

KEENDY, E.; GOLDBERG J. (1995). What are American children eating? Implications for public policy. **Nutrition Reviews**, 53 (5): 111-126.

KELLY, B.; et al. (2008). Persuasive food marketing to children: use of cartoons and competitions in Australian commercial television advertisements. **Health Promot Int.**, Dec; 23 (4): 337-44.

KIMM, S. Y. S.; et al. (2005). Relation between the changes in physical activity and body-mass index during adolescence: a multicentre longitudinal study. **Lancet**, 366 (9482): 301-307.

KOTANI, K.; et al. (1997). Two decades of annual medical examinations in Japanese obese children: do obese children grow into obese adults? **Int J Obes Relat Metab Disord.**, Oct; 21 (10): 912-21.

KURIYAN, R.; et al. (2007). Television viewing and sleep are associated with overweight among urban and semi--urban South Indian children. **J Nutr.**, 6(25):1-4.

LABRA, M. E. (1996). **Poder médico y políticas de salud em Chile**. Salud y Cambio, Santiago, 6 (21): 5-14.

_____. (1999). Análise de Políticas Públicas, Modos de Policy Making e Intermediação de Interesses. **Physis: Revista de Saúde Coletiva**, Rio de Janeiro, 9 ( 2): 131-166.

LAXMAIAH, A.; et al. (2007). Factors affecting prevalence of overweight among 12- to 17-year-old urban adolescents in Hyderabad, India. **Obesity**, 2007, Jun;15 (6): 1384-90.

LEFEVRE, F.; LEFEVRE, A. M. C. (2004). **Promoção da Saúde, ou, a negação da negação**. Rio de Janeiro: Vieira & Lent.

LHERING, R. V. (2003). **A luta pelo direito**: texto integral. Tradução Mario de Méroe. São Paulo: Centauro.

MARK, A. E.; JANSSEN, I. (2008). Relationship between screen time and metabolic syndrome in adolescents. **J Public Health.**, Jun; 30 (2): 153-60.

MATTA, G. C. (2007). **Políticas de saúde:** organização e operacionalização do sistema único de saúde. In: MATTA, G. C.; PONTES, A. L. M. (orgs.). Rio de Janeiro: EPSJV/Fiocruz.

MEIRELLES, E. (2010). **Como praticar esportes em escolas sem quadra.** A falta de infraestrutura não pode impedir que ocorram boas aulas. Veja como propor jogos e atividades de atletismo em espaços adaptados. Disponível em: <https://goo.gl/kpGSp8>. Acesso em: 24 nov. 2014.

MELKEVIK, O.; et al. (2010). Is spending time in screen-based sedentary behaviors associated with less physical activity: a cross national investigation. **Int J Behav Nutr Phys Act**; 7:46.

MELLO, E. D.; LUFT, V. C.; MEYER, F. (2004). Obesidade infantil: como podemos ser eficazes? Childhood obesity. Towards Effectiveness. **Jornal de Pediatria**, 80(3):173-182.

MENDES, E. V. (1993). **Distrito Sanitário:** o processo social de mudança das práticas sanitárias do Sistema único de Saúde. São Paulo: Hucitec, Abrasco.

MINAYO, C. S. (2010). **Pesquisa social:** teoria, método e criatividade. 29. ed. Petrópolis-RJ: Vozes.

MINISTÉRIO da Educação e Cultura. [MEC]. (1986). **Exercício e saúde.** Secretaria de Educação Física e Desporto: Brasília: SEED.

_____. (1997). **Parâmetros curriculares nacionais:** Educação física. Secretaria de Educação Fundamental. Brasília: MEC/SEF.

_____. (2007a). **Módulo 10:** Alimentação e nutrição no Brasil I. Ministério da Educação. Secretaria de Educação Básica. Brasília: Universidade de Brasília.

_____. (2007b). **Módulo 11:** Alimentação saudável e sustentável. Secretaria de Educação Básica. Brasília: Universidade de Brasília.

_____. (2010). **Estratégias para a promoção da alimentação saudável na escola.** Cecane Paraná: UFPR.

_____. (2012). **Semana saúde na escola.** Guia de sugestões de atividades. Brasília: Ministério da Saúde.

_____. (2013). **Programa Atleta na Escola. Manual de Orientações.** Secretaria de Educação Básica. Diretoria de Formulação de Conteúdos Educacionais.

MINISTÉRIO da Saúde. [MS]. (2002a). **Agita Brasil:** Programa Nacional de Promoção da Atividade Física. Secretaria Executiva. Coordenação de Promoção da Saúde. Brasília: Ministério da Saúde.

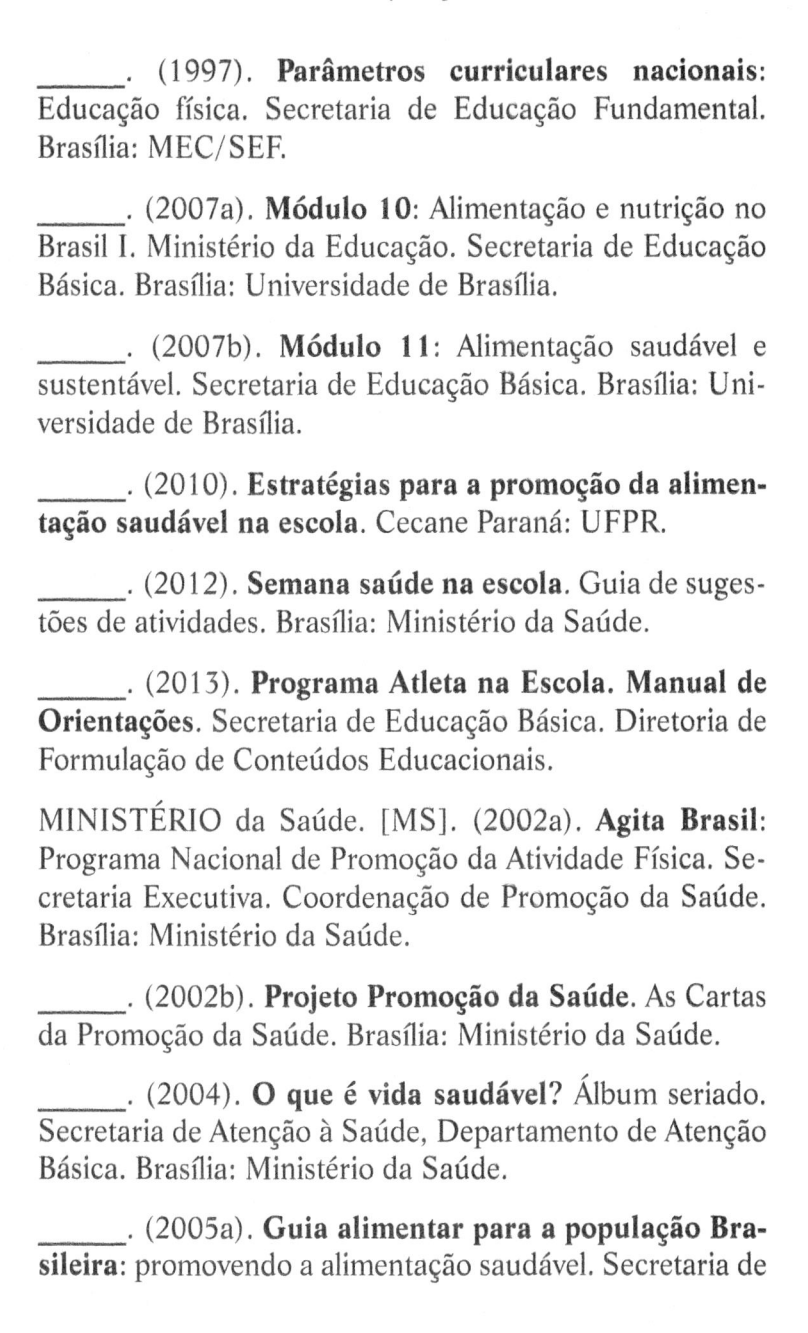

_____. (2002b). **Projeto Promoção da Saúde.** As Cartas da Promoção da Saúde. Brasília: Ministério da Saúde.

_____. (2004). **O que é vida saudável?** Álbum seriado. Secretaria de Atenção à Saúde, Departamento de Atenção Básica. Brasília: Ministério da Saúde.

_____. (2005a). **Guia alimentar para a população Brasileira:** promovendo a alimentação saudável. Secretaria de

Atenção à Saúde. Coordenação-Geral da Política de Alimentação e Nutrição. Brasília: Ministério da Saúde.

_____. (2005b). Análise da Estratégia Global para Alimentação Atividade Física e Saúde, da Organização Mundial da Saúde. **Epidemiologia e Serviços de Saúde**, v. 14, n. 1, jan./mar.

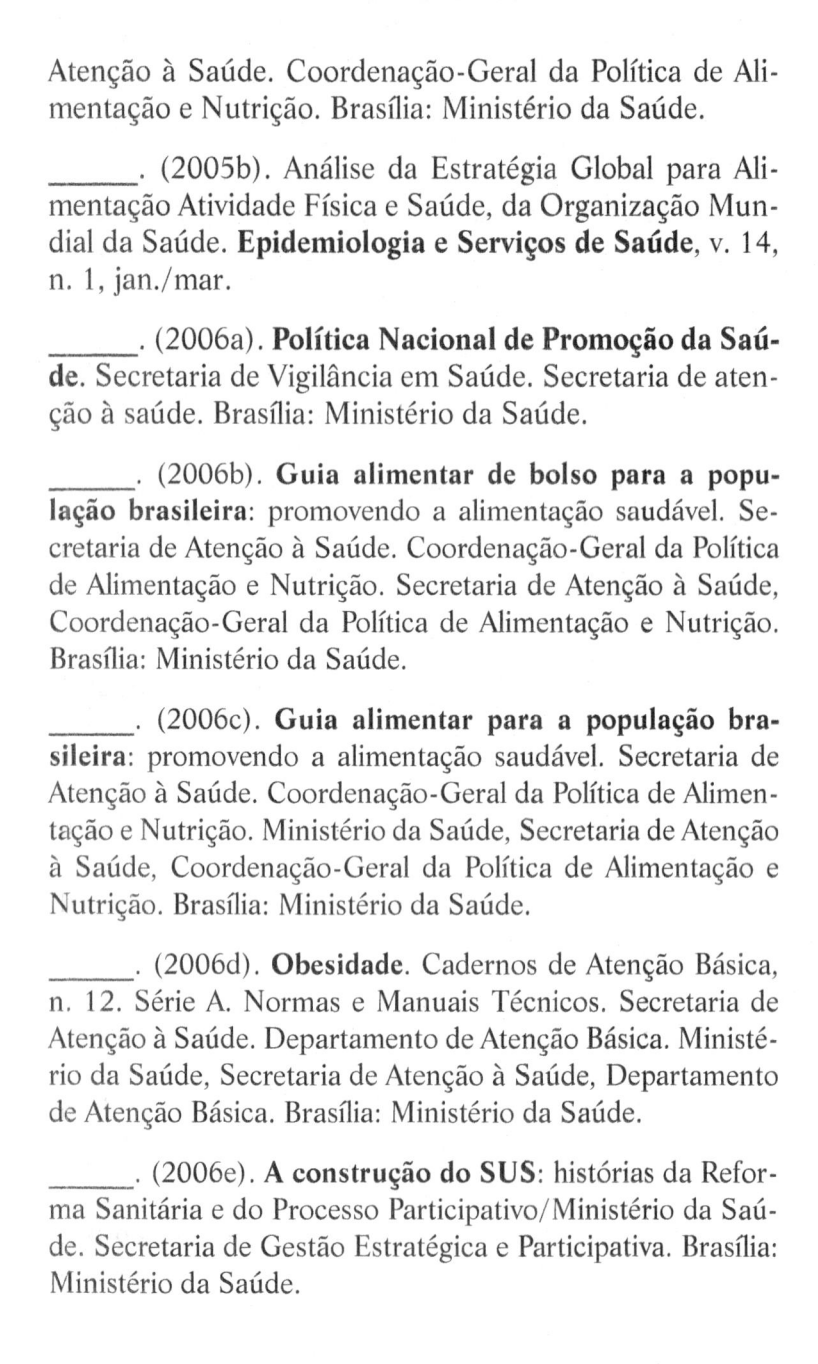

_____. (2006a). **Política Nacional de Promoção da Saúde**. Secretaria de Vigilância em Saúde. Secretaria de atenção à saúde. Brasília: Ministério da Saúde.

_____. (2006b). **Guia alimentar de bolso para a população brasileira**: promovendo a alimentação saudável. Secretaria de Atenção à Saúde. Coordenação-Geral da Política de Alimentação e Nutrição. Secretaria de Atenção à Saúde, Coordenação-Geral da Política de Alimentação e Nutrição. Brasília: Ministério da Saúde.

_____. (2006c). **Guia alimentar para a população brasileira**: promovendo a alimentação saudável. Secretaria de Atenção à Saúde. Coordenação-Geral da Política de Alimentação e Nutrição. Ministério da Saúde, Secretaria de Atenção à Saúde, Coordenação-Geral da Política de Alimentação e Nutrição. Brasília: Ministério da Saúde.

_____. (2006d). **Obesidade**. Cadernos de Atenção Básica, n. 12. Série A. Normas e Manuais Técnicos. Secretaria de Atenção à Saúde. Departamento de Atenção Básica. Ministério da Saúde, Secretaria de Atenção à Saúde, Departamento de Atenção Básica. Brasília: Ministério da Saúde.

_____. (2006e). **A construção do SUS**: histórias da Reforma Sanitária e do Processo Participativo/Ministério da Saúde. Secretaria de Gestão Estratégica e Participativa. Brasília: Ministério da Saúde.

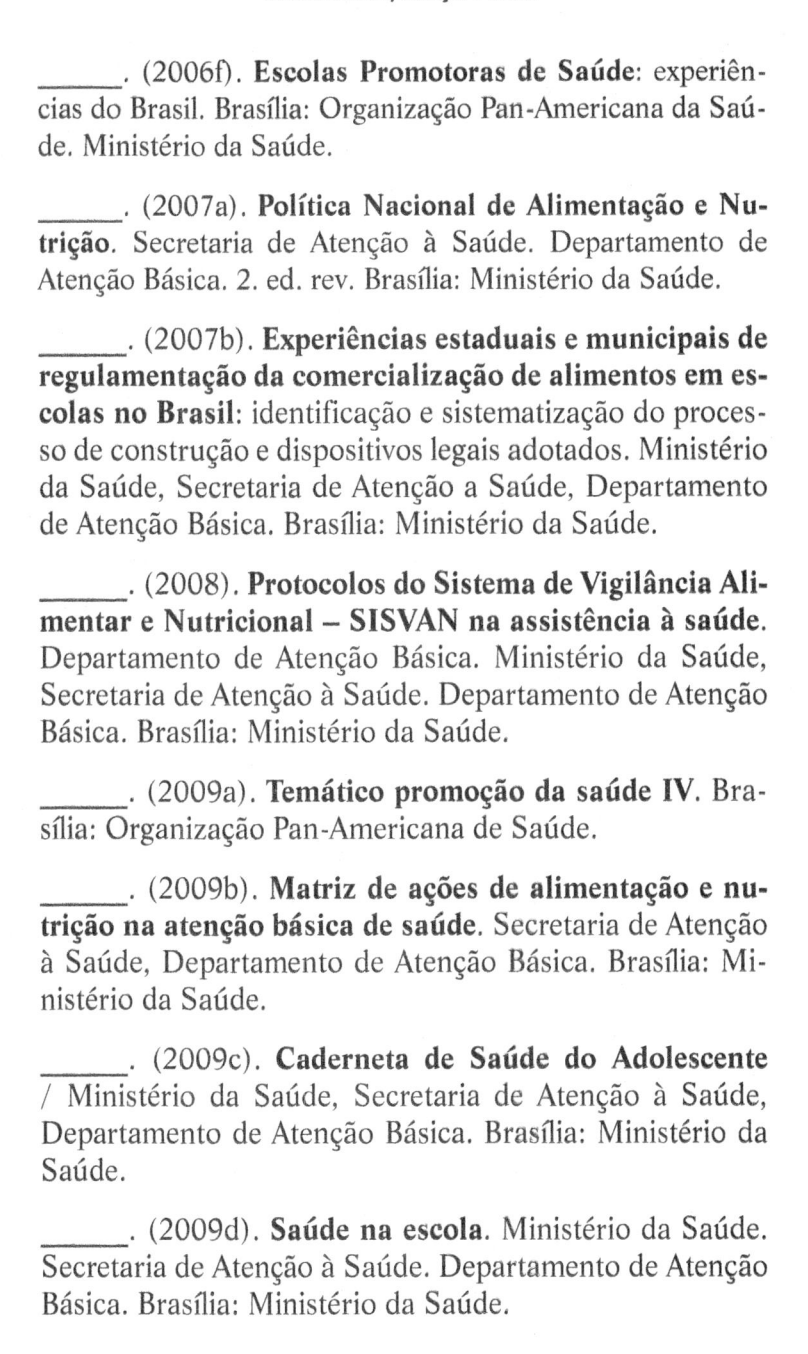

_____. (2006f). **Escolas Promotoras de Saúde**: experiências do Brasil. Brasília: Organização Pan-Americana da Saúde. Ministério da Saúde.

_____. (2007a). **Política Nacional de Alimentação e Nutrição**. Secretaria de Atenção à Saúde. Departamento de Atenção Básica. 2. ed. rev. Brasília: Ministério da Saúde.

_____. (2007b). **Experiências estaduais e municipais de regulamentação da comercialização de alimentos em escolas no Brasil**: identificação e sistematização do processo de construção e dispositivos legais adotados. Ministério da Saúde, Secretaria de Atenção a Saúde, Departamento de Atenção Básica. Brasília: Ministério da Saúde.

_____. (2008). **Protocolos do Sistema de Vigilância Alimentar e Nutricional – SISVAN na assistência à saúde**. Departamento de Atenção Básica. Ministério da Saúde, Secretaria de Atenção à Saúde. Departamento de Atenção Básica. Brasília: Ministério da Saúde.

_____. (2009a). **Temático promoção da saúde IV**. Brasília: Organização Pan-Americana de Saúde.

_____. (2009b). **Matriz de ações de alimentação e nutrição na atenção básica de saúde**. Secretaria de Atenção à Saúde, Departamento de Atenção Básica. Brasília: Ministério da Saúde.

_____. (2009c). **Caderneta de Saúde do Adolescente** / Ministério da Saúde, Secretaria de Atenção à Saúde, Departamento de Atenção Básica. Brasília: Ministério da Saúde.

_____. (2009d). **Saúde na escola**. Ministério da Saúde. Secretaria de Atenção à Saúde. Departamento de Atenção Básica. Brasília: Ministério da Saúde.

_____. (2009e). **Indicadores de Vigilância Alimentar e Nutricional**: Brasil 2006. Ministério da Saúde, Secretaria de Atenção à Saúde, Departamento de Atenção Básica. Brasília: Ministério da Saúde.

_____. (2010). **Manual das cantinas escolares saudáveis**: promovendo a alimentação saudável. Secretaria de Atenção à Saúde, Departamento de Atenção Básica. Brasília: Ministério da Saúde.

_____. (2011). **Orientações para a coleta e análise de dados antropométricos em serviços de saúde**: Norma Técnica do Sistema de Vigilância Alimentar e Nutricional – SISVAN. Ministério da Saúde, Secretaria de Atenção à Saúde, Departamento de Atenção Básica. Série G. Estatística e Informação em Saúde. Brasília: Ministério da Saúde.

_____. (2012a). **Vigitel Brasil 2011**: Vigilância de Fatores de Risco e Proteção para Doenças Crônicas por Inquérito Telefônico. Brasília: Ministério da Saúde.

_____. (2012b). **Política Nacional de Alimentação e Nutrição**. Secretaria de Atenção à Saúde. Departamento de Atenção Básica. Brasília: Ministério da Saúde.

_____. (2013a). **Ministério da Saúde e municípios**: juntos pelo acesso integral e de qualidade à saúde. Ministério da Saúde. Secretaria Executiva. 2. ed. Brasília: Ministério da Saúde.

_____. (2013b). **Pesquisa Nacional de Saúde do Escolar**. Instituto Brasileiro de Geografia e Estatística – IBGE. Rio de Janeiro.

_____. (2013c). Secretaria de Atenção à Saúde. Departamento de Atenção Básica. Política Nacional de Alimentação e Nutrição/Ministério da Saúde, Secretaria de Atenção à Saúde. Departamento de Atenção Básica.Básica. 1. ed. 1. reimpr. Brasília.

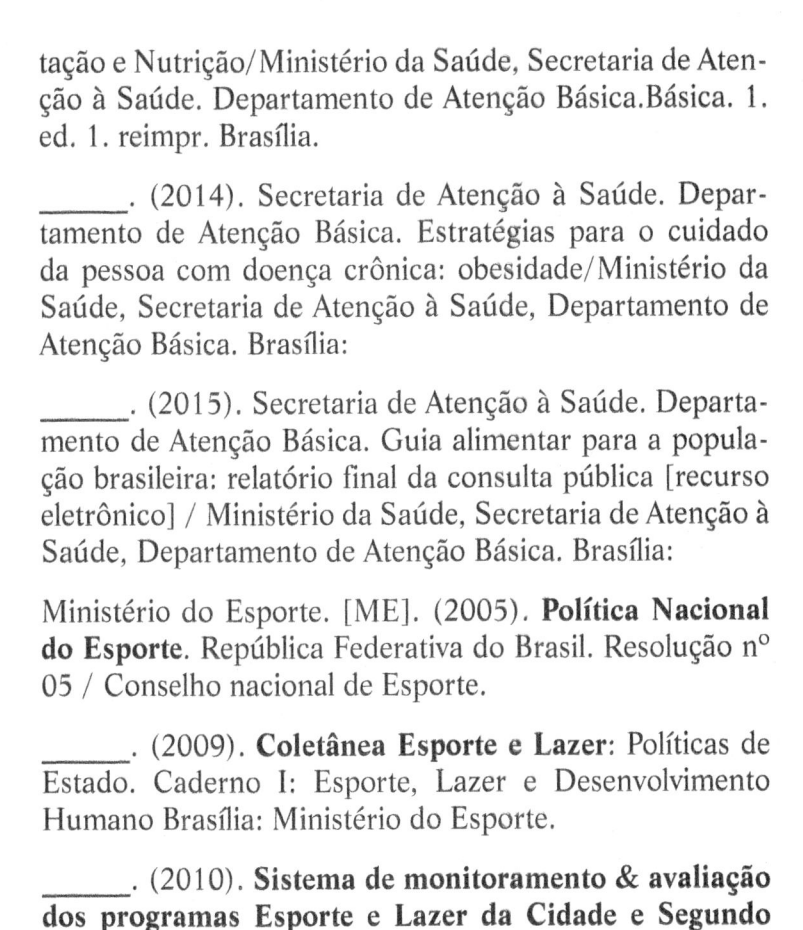

_____. (2014). Secretaria de Atenção à Saúde. Departamento de Atenção Básica. Estratégias para o cuidado da pessoa com doença crônica: obesidade/Ministério da Saúde, Secretaria de Atenção à Saúde, Departamento de Atenção Básica. Brasília:

_____. (2015). Secretaria de Atenção à Saúde. Departamento de Atenção Básica. Guia alimentar para a população brasileira: relatório final da consulta pública [recurso eletrônico] / Ministério da Saúde, Secretaria de Atenção à Saúde, Departamento de Atenção Básica. Brasília:

Ministério do Esporte. [ME]. (2005). **Política Nacional do Esporte**. República Federativa do Brasil. Resolução nº 05 / Conselho nacional de Esporte.

_____. (2009). **Coletânea Esporte e Lazer:** Políticas de Estado. Caderno I: Esporte, Lazer e Desenvolvimento Humano Brasília: Ministério do Esporte.

_____. (2010). **Sistema de monitoramento & avaliação dos programas Esporte e Lazer da Cidade e Segundo Tempo do Ministério do Esporte**. In: SOUSA, E. S.; et al. Belo Horizonte: O Lutador.

_____. (2013). **Histórico**. Disponível em: <http://www.esporte.gov.br/institucional/historico.jsp>. Acesso em: 22 jul. 2013.

Monteiro, C. A. (2000). **The epidemiologic transition in Brazil**. In: Pan American Health Organization. Obesity and Poverty. Washington.

_____. (2011). **Estado nutricional, tempo assistindo televisão e atividade física de escolares do ensino fundamental do município de Niterói, RJ**. Dissertação de Mestrado. Programa de Saúde Coletiva da Universidade Federal Fluminense, 2011.

_____. (2005b). **Mini Poster. Steps to a healthier you. Mypyramid.gov. Center for nutrition policy and promotion**. U. S. Department of Health and Human Services. U. S. Department of Agriculture. Disponível em: <www.mypyramid.gov/pyramid/index.html>. Acesso em: 6 ago. 2013.

_____. (2010). **Dietary Guidelines for Americans. U.S. Department of Agriculture**. U.S. Department of Health and Human Services. Disponível em: <www.dietaryguidelines.gov. 2010>. Acesso em: 6 ago. 2013.

MOTA, J.; SALLIS, J. F. (2002). **Actividade física e saúde**. Factores de influencia da atividade física nas crianças e adolescentes. Porto: Campos da letra.

MUST, A.; PARISI, S. M. (2009). Sedentary behavior and sleep: paradoxical effects in association with childhood obesity. **Int J Obes**; 33 (1): 82-6.

NAHAS, M. V. (2003). **Atividade física, saúde e qualidade de vida: conceitos para um estilo de vida ativo**. 3. ed. ver. e atual. Londrina: Midiograf.

NEUMARK-SZTAINER, D.; et al. (2003). Factors associated with changes in physical activity: a cohort study of inactive adolescent girls. **Arch Pediatr Adolesc Med.**, Aug; 157 (8): 803-10.

NOGUEIRA FILHO, O. C. (2010). **Introdução à ciência política**. 2. ed. Brasília: Senado Federal, Unilegis.

NOGUEIRA, M. A. (2001). **Em defesa da Política**. Série livre pensar. 6. ed. São Paulo: Senac São Paulo.

NOWICKA, P. (2005). Dietitians and exercise professionals in a childhood obesity treatment team. **Acta Paediatr Suppl.**, Jun; 94 (448): 23-9.

O GLOBO. (2013). **Campanha de Dubai contra obesidade oferece ouro por quilos perdidos**. Fantástico. Edição do dia 18/08/2013. Disponível em: <https://goo.gl/EmTMZh>. Acesso em: 22 ago. 2013.

OLIVEIRA, A. M. A.; et al. (2003). Sobrepeso e Obesidade Infantil: Influência de Fatores Biológicos e Ambientais em Feira de Santana, BA. **Arq Bras Endocrinol Metab.**, abr; 47 (2): 144-50.

OLIVEIRA, C. L.; FISBERG, M. (2003). Obesidade na Infância e Adolescência – Uma Verdadeira Epidemia. **Arq Bras Endocrinol Metab**, 47(2): 107-108.

OLIVEIRA, J. A. A.; TEIXEIRA, S. M. F. (1985). **(Im) Previdência social**. 60 anos de história da previdência no Brasil. Petrópolis-RJ: Vozes-Abrasco.

OLIVEIRA, M. P.; MIZUBUTI, S. (2009). Niterói: o jogo político e sua repercussão na paisagem, cultura e representações. **Espaço e Cultura**: UERJ, Rio de Janeiro, n. 25, p. 69-83, jan./jun.

ORGANIZAÇÃO das Nações Unidas para Alimentação e Agricultura. [FAO] (2013). **FAO Brasil**. Disponível em: <https://www.fao.org.br/quemSomos.asp>. Acesso em: 1º jul. 2013.

ORGANIZAÇÃO Mundial da Saúde. [OMS]. (2004). **Obesidade**: prevenindo e controlando a epidemia global.

Relatório da consultoria da OMS; Tradução Andrea Favano. São Paulo: Roca.

ORGANIZAÇÃO Pan-Americana da Saúde. [OPAS]. (2013). **Opas/OMS Brasil.** Disponível em: <https://goo.gl/9By38O>. Acesso em: 1º jul. 2013.

OUTHWAITE, W.; BOTTOMORE, T. (1996). **Dicionário do pensamento social do Século XX**. Tradução de Eduardo Francisco Alves, Álvaro Cabral. Rio de Janeiro: Jorge Zahar.

PARIZKOVÁ J. (1993). Obesity and its treatment by diet and exercise. **World review nutrition dietec**, v. 72, p. 79-91.

PEREIRA, J.; MATEUS, C. (2003). Custos indirectos associados à obesidade em Portugal. **Revista Portuguesa de Saúde Pública**, 21: (3): 65-80.

PETERS, B. G. (1998). Review: Understanding Governance: Policy Networks, Governance, Reflexivity and Accountability by R. W. Rhodes. **Public Administration**, (76): 408-509.

PHILIPPI, S. T.; SZARFARC, S. C.; LATTERZA, A. R. **Virtual Nutri (software) versão 1.0 for Windows**. Departamento de Nutrição da Faculdade de Saúde Pública da Universidade de São Paulo, 1996.

PINHEIRO, A. R. O.; FREITAS, S. F. T.; CORSO, A. C. T. (2004). Uma abordagem epidemiológica da obesidade. **Revista de Nutrição**, Campinas, 17(4): 523-533.

PI-SUNYER, F. X. (1993). Medical hazards of obesity. **Ann Inter Med.**, Oct 1; 119 (7 Pt 2): 655-60.

PLOURDE, G. (2006). Preventing and managing pediatric obesity. Recommendations for family physicians Canadian Family Physician. **Can Fam Physician.**, Mar; 52: 322-8.

POPE, C.; MAYS, N. (2009). **Pesquisa qualitativa em atenção a saúde.** Tradução Ananyr Porto Fajardo. 3. ed. Porto Alegre: Artmed.

POPKIN, B. M. (2001). The nutrition transition and obesity in the developing world. **J Nutr.** Mar; 131 (3): 871S--873S.

POWELL, L. M.; et al. (2007). Nutritional content of television food advertisements seen by children and adolescents in the United States. **Pediatrics,** Sep; 120 (3): 576-83.

REIS, C. E. G.; VASCONCELOS, I. A. L.; BARROS, J. F. N. (2011). Políticas públicas de nutrição para o controle da obesidade infantil. **Rev Paul Pediatr;** 29 (4): 625-33.

_____. Políticas públicas de nutrição para o controle da obesidade infantil. **Rev Paul Pediatr,** 2011; 29 (4): 625-33.

RIBEIRO, E.; LÂNES, P. (2006). **Diálogo nacional para uma política pública de juventude.** Rio de Janeiro: Ibase; São Paulo: Pólis.

RISSANEN, A.; et al. (1990). Risk of disability and mortality due to overweight in a finnish population. **BMJ,** Oct 13; 301 (6756): 835-7.

RODRIGUES, J. C. (2006). **Comunicação e significado:** escritos indisciplinares. Rio de Janeiro: Mauad X: Puc-Rio.

RUANO, I. R.; PUJOL, M. E. S. (1997). Hábitos de vida en una población escolar de Mataró (Barcelona) asociados al número de veces diarias que ve television y al consumo de azúcares. **Rev. Esp. Salud Publica,** 71(5): 487-498.

RUBEN, A. M.; BAPTISTA, T. W. F. (2011). **Caminhos para Análise das Políticas de Saúde**. Rio de Janeiro: ENSP, IMS, Faperj.

SALMON, J.; et al. (2005). Association of family environment with children's television viewing and with low level of physical activity. **Obes Res.**, 13 (1): 1939-5.

SAMUELSON, G. (2000). Dietary habits and nutritional status in adolescents over Europe. An overview of current studies in the Nordic countries. **Eur J Clin Nutr.**, Mar; 54 (1): 21-8.

SANTANA, L. A. A.; SANTOS, S. M. C. (2004). Sistema de Vigilância Alimentar e Nutricional na implementação do programa Leite é Saúde: avaliação em municípios baianos. **Rev. Nutr.**, [S.l.], v. 17, n. 3, p. 282-290.

SANTIAGO, M. T. (2010). **Uma história da Secretaria Municipal de Saúde de Niterói (1975-1991)**. Tese (Doutorado) – Universidade do Estado do Rio de Janeiro, Instituto de Medicina Social.

SERRA, J. (2002). **Ampliando o possível**: a política de saúde do Brasil. Rio de Janeiro: Campus.

SICHIERI, R.; SOUZA, R. A. (2008). Estratégias para prevenção da obesidade em crianças e adolescentes. **Cad Saude Publica**, 24 (2): 209-34.

SILVA FILHO, J. A. (2003). **Ciências sociais e políticas**: na área de segurança, saúde e meio ambiente. São Paulo: LTR.

SILVA, M. S.; et al. (2007). Relação do tempo de TV e aptidão física de escolares de uma região de baixo nível sócio-econômico. **R Bras Ci Mov.**, 15 (4): 21-30.

SILVA, O. J.; SIVA, T. J. C. (1995). **Exercício e Saúde:** fatos e mitos. Florianópolis: UFSC.

SIMINO, L. (2014). **Peso na balança X gordura corporal:** entendendo as diferenças. Disponível em: <https://goo.gl/CDB9ZC>. Acesso em: 12 nov. 2014.

SINGAPURA. (1996). **Update on trim and fit programme.** Singapure: Ministetry of Education, 1996.

SINGH, G. K.; et al. (2008). Racial/ethnic, socioeconomic, and behavioral determinants of childhood and adolescent obesity in the United States: analyzing independent and joint associations. **Ann Epidemiol.**, 2008 Sep; 18 (9): 682-95.

SISTEMA Único de Saúde. [SUS]. (2009). **Agita Família. Atividade física faz bem em qualquer idade.** Faça pelo menos 30 minutos de exercícios todos os dias. Ministério da Saúde. Cartilha do Governo de Tocantins: SUS.

SIZER, F. S. (2003). **Nutrição conceitos e controvérsias.** Tradução de Eleonor Noss Whitney. 8. ed. Barueri-SP: Manole.

SJOSTROM, L.; NARBRO, K.; SJOSTROM, D. (1995). Costs and benefits when treating obesity. **International Journal of obesity and related metabolic disorders**, 19 (Suppl. 6) S9-S12.

SKENDER, M. L.; et al. (1996). Comparison of 2-year weight loss trends in behavioral treatments of obesity: diet, exercise, and combination interventions. **J AM Diet Assoc.**, Apr; 96 (4): 342-6.

SOBAL, J.; KHAN, L. K.; BISOGNI, C. (1998). A conceptual model of the food and nutrition system. **Soc. Sci. Med.**, oct; 47 (7): 853-63.

SOCIEDADE Brasileira de Pediatria. [SBP]. (2008). Departamento de Nutrologia. Obesidade na infância e adolescência. Manual de Orientação / Sociedade Brasileira de Pediatria. Departamento de Nutrologia. São Paulo: Sociedade Brasileira de Pediatria. Departamento de Nutrologia.

SOUZA, C. (2006). Políticas Públicas: uma revisão da literatura. **Sociologias**, Porto Alegre, 8 (16): 20-45.

STEIN, R. (1999). Atividade física e saúde pública. **Rev Bras Med Esporte**, 5(4):147-49..

STRONG, W. B.; et al. (2005). Evidence based physical activity for school-age youth. **J Pediatr.**, Jun; 146 (6): 732-7.

SUSAN, L. (2006). Na magreza e na obesidade: o pesado problema do marketing de alimentos. In: **Crianças do consumo**. Tradução de Cristina Tognelli. São Paulo: Instituto Alama.

TANASESCU, M.; et al. (2000). Biobehavioral Factors Are Associated with Obesity in Puerto Rican Children. Predicting obesity in Puerto Rican Children. **J Nutr.**, Jul; 130 (7): 1734-42.

TARAS, H. L.; GAGE, M. (1995). Advertised foods on children's television. **Arch Pediatr Adolesc Med.**, Jun; 149 (6): 649-52.

TEIXEIRA, S. C. S.; MONTEIRO, V. O.; MIRANDA, V. (1999). Programa médico de família no município de Niterói. **Estud. avançados**, 13(35): 147-155.

THOMPSON, G.; HIRST, P. (1998). **Globalização em questão**: a economia internacional e as possibilidades de governabilidade. Tradução Wanda Caldeira Brant. Petrópolis: Vozes.

TROST, S. G.; et al. (2001). Physical activity and determinants of physical activity in obese and non-obese children. **Int J Obes**; 25: 822-9.

UNITED States Departament of Agriculture. [USDA]. (2005a). **Finding Your Way to a Healthier You: Based on the Dietary Guidelines for Americans**. U. S. Department of Health and Human Services. U. S. Department of Agriculture. Disponível em: <www.healthierus.gov/dietaryguidelin>.

VALENTE, F. L. S. (2002). **Direto humano à alimentação**: desafios e conquistas. São Paulo: Cortez.

VARELLA, D.; JARDIM, C. (2009). **Obesidade e Nutrição**. Guia prático de saúde e bem estar. Coleção Doutor. São Paulo: Gold.

VASCONCELLOS, M. B. (2008). Como anda sua Saúde?. **JP Jornal Paraíso**, Rio de Janeiro, p. 9-9, 01 nov.

VASCONCELLOS, M. B.; ANJOS, L. Estado nutricional, tempo de tela e atividade física de escolares adolescentes. Jundiaí: Paco editorial, 2016.

VASCONCELLOS, M. B.; ANJOS, L. A.; VASCONCELLOS, M. T. L. (2013a). Estado nutricional e tempo de tela de escolares da Rede Pública de Ensino Fundamental de Niterói, Rio de Janeiro, Brasil. **Cad. Saúde Pública**, 29 (4): 713-722.

WANG, Y.; et al. (2007). Obesity and related risk factors among low socio-economic status minority students in Chicago. **Public Health Nutr.**, 10 (9): 927-38.

WEINTRAU, M. (1992). Long-term weight control study: conclusions. **Clin Pharmacol Ther.**, May; 51 (5): 642-6.

WILKEN, P. R. C. (2005). **Política de Saúde no Brasil.** O sistema único de saúde (SUS): uma realidade em construção. Rio de Janeiro: HP Comunicação Associados.

WILKINSON, R.; PICKETT, K. (2010). Obesidade: quanto maior a desigualdade salarial, mais largas as cinturas. In: **O espírito da igualdade:** por que razão sociedades igualitárias funcionam quase sempre melhor. Lisboa: Presença.

WILSON, L. F. (2007). Adolescents attitudes about obesity and what they want in obesity prevention programs. **J Sch Nurs.**, 2007 Aug; 23 (4): 229-38.

WONG, N. D.; et al. (1992). Television viewing and pediatric hypercholesterolemia. **Pediatrics**, 90 (1): 75-9.

WORLD Health Organization. [WHO]. (2005). **Food, Nutrition and the Prevention of Chronic Diseases.** Geneva, 1990. (Technical report, 797).

ZANELLA, L. C. H. (2009). **Metodologia de estudo e de pesquisa em administração.** Florianópolis: Departamento de ciências da administração: Capes – UAB.

ZIPPLIUS, R. (1985). **Teoría geral del estado. Ciencia de la política.** Traduccíon por Hector Fix-Fierro. Universidad Nacional Autonoma de Mexico, Mexico.

|  |  |
|---|---|
| **Título** | Atividade Física, Nutrição e Saúde: Políticas Públicas de Prevenção e Controle de Obesidade em Adolescente |
| **Autor** | Marcelo Barros de Vasconcellos |
| **Assistência Editorial** | Paloma Almeida |
| **Capa e Projeto Gráfico** | Wendel de Almeida |
| **Preparação** | Stephanie Andreossi |
| **Revisão** | Taine Barrivieira |
| **Formato** | 14x21 cm |
| **Número de Páginas** | 284 |
| **Tipografia** | Life BT |
| **Papel** | Offset 75g/m² |
| **1ª Edição** | Maio de 2017 |

Caro Leitor,

Esperamos que esta obra tenha correspondido às suas expectativas.

Compartilhe conosco suas dúvidas e sugestões escrevendo para:

atendimento@editorialpaco.com.br

Compre outros títulos em

**www.pacolivros.com.br**

**Publique Obra Acadêmica pela Paco Editorial**

**Teses e dissertações**
Trabalhos relevantes que representam contribuições significativas para suas áreas temáticas.

**Grupos de estudo**
Resultados de estudos e discussões de grupos de pesquisas de todas as áreas temáticas. Livros resultantes de eventos acadêmicos e institucionais.

**Capítulo de livro**
Livros organizados pela editora dos quais o pesquisador participa com a publicação de capítulos.

Saiba mais em
**www.editorialpaco.com.br/publique-na-paco/**

PACO EDITORIAL

Av. Carlos Salles Block, 658
Ed. Altos do Anhangabaú – 2° Andar, Sala 21
Anhangabaú - Jundiaí-SP - 13208-100
11 4521-6315 | 2449-0740
contato@editorialpaco.com.br